U0500551

本书系国家社科基金教育学一般课题"中西部乡村高中校长发展困境及对策研究"（BFA170237）成果

乡村 高中校长 发展困境与对策研究

徐金海◎著

知识产权出版社

全国百佳图书出版单位

——北京——

图书在版编目（CIP）数据

乡村高中校长发展困境与对策研究/徐金海著. —北京：知识产权出版社，2023.7
ISBN 978 - 7 - 5130 - 8588 - 5

Ⅰ.①乡… Ⅱ.①徐… Ⅲ.①农村学校—高中—学校管理—研究—中国 Ⅳ.①G637

中国国家版本馆 CIP 数据核字（2023）第 000913 号

责任编辑：贺小霞　　　　　　　责任校对：潘凤越
封面设计：邵建文　马倬麟　　　责任印制：孙婷婷

乡村高中校长发展困境与对策研究

徐金海　著

出版发行：知识产权出版社 有限责任公司	网　　址：http：//www. ipph. cn
社　　址：北京市海淀区气象路 50 号院	邮　　编：100081
责编电话：010 - 82000860 转 8129	责编邮箱：2006HeXiaoXia@ sina. com
发行电话：010 - 82000860 转 8101/8102	发行传真：010 - 82000893/82005070/82000270
印　　刷：北京中献拓方科技发展有限公司	经　　销：新华书店、各大网上书店及相关专业书店
开　　本：787mm×1092mm 1/16	印　　张：16
版　　次：2023 年 7 月第 1 版	印　　次：2023 年 7 月第 1 次印刷
字　　数：270 千字	定　　价：78.00 元

ISBN 978 - 7 - 5130 - 8588 - 5

序　言

"一个好校长就是一所好学校"，校长成长与学校发展是一体化的过程，研究校长就需要研究其所在的学校，看校长的成长就需要看其所在学校的发展。校长成长过程中面临的很多问题、困境与挑战，一方面受到校长自身因素的影响，另一方面则受到学校发展中相关因素的制约。因此，研究乡村高中校长发展困境就离不开对乡村高中发展状况的深度研究。国家在一系列政策中都做了有关发展乡村高中的规定，例如，1995 年国家教委发布的《关于大力办好普通高级中学的若干意见》指出，"农村高中要从实际出发，加大办学模式改革的力度，根据本地经济建设和社会发展的需要，调整和改革课程结构与教学内容，教育学生热爱家乡，为建设社会主义现代化农村培养一代新型的建设者"。2003 年国务院印发的《国务院关于进一步加强农村教育工作的决定》强调，"经济发达地区的农村要努力普及高中阶段教育，其他地区的农村要加快发展高中阶段教育"。2004 年，国务院批转《2003—2007 年教育振兴行动计划》要求，"加大对农村高中发展的支持力度"。2010 年，中共中央、国务院印发的《国家中长期教育改革和发展规划纲要（2010—2020 年）》强调，"加大对中西部贫困地区高中阶段教育的扶持力度"。2016 年，国务院办公厅发布的《国务院办公厅关于加快中西部教育发展的指导意见》指出，要"办好乡村高中"。2018 年，中共中央、国务院颁布的《中共中央 国务院关于实施乡村振兴战略的意见》强调，"推进农村普及高中阶段教育，支持教育基础薄弱县普通高中建设"。大力普及发展乡村高中，办好乡村高中，越来越成为国家教育发展的重大关切。

乡村高中无疑一直受到关注，但其一直是"被扶持""被改进"的对象，也一直处于"洼地"状态。《关于大力办好普通高级中学的若干意见》曾指出，普通高中教育在总体上还不能适应我国社会主义现代化建设的需要。这主要表现在以下几个方面：办学体制缺乏活力，办学模式单一，还没有形成与社会主义市场经济体制相适应的灵活机制；教育思想、课程结构、教学内容、教学方法、考试制度等在某些方面不能适应社会对高素质、多规格人才的需求；一些地方和学校应试教育的倾向仍较严重，学生课业负担过重；办学效益不高，经费投入不足，办学条件较差，校际间很不平衡，师资队伍不稳，素质亟待提高。这些问题在今天的乡村高中依然存在，有些则表现得更为突出，而这也是乡村高中校长办学治校过程中亟须改进的问题。带着对这些问题的思考，本研究基于乡村普通高中发展的视角，通过政策梳理、背景分析、区域比较、现状调查等方法，全面、客观地展现乡村高中的发展状况，进一步透视乡村高中校长的发展困境。

教育政策是教育发展的基本遵循，它引领教育改革发展的方向、规模、结构及资源配置等。乡村普通高中发展是在普通高中一系列教育政策影响下有序推进的，通过梳理探讨中华人民共和国成立以来普通高中教育的"重点"举办政策、"分级"管理政策以及"普及"发展政策等，本研究认为在"重点"举办政策、"分级"管理政策影响下，普通高中发展逐步走向分流，"好学校"与"差学校"的标签越来越明显，重点高中发展越来越好，一般高中尤其是乡村高中发展越来越差，乡村高中逐步失去了与重点高中同步发展、共同提高的机会，教育生态环境不断遭到破坏，生存环境越来越差，生存空间越来越小，发展举步维艰。同时，"普及"发展政策的推进，为乡村高中发展提供了底线保障等。这些都是乡村普通高中校长办学治校过程中不容回避的问题，也是厘清乡村普通高中校长发展困境的重要政策依据。

城镇化是我国社会经济发展尤其是21世纪以来社会经济发展的重要主题和战略任务，为我国城乡经济社会发展带来了重要影响与重大改变。城镇化驱动着城乡人口流动的巨大变化，尤其是深度影响着教育人口的流动变化。本研究将依据统计数据厘清城乡教育人口的变化趋势，并进一步探讨因城乡教育人口变化而产生的城乡教育规模的发展变化，从中看出乡村教育发展的艰难与不易，进而明晰乡村普通高中校长发展面临的挑战与困境。

城镇化发展速度不同会带来城乡社会经济发展变化的差异，也会带来区域之间教育发展状况的不同。本研究重点探讨东部地区、中部地区及西部地区人口流动状况，尤其是教育人口流动状况，进而探讨因教育人口流动而带来的不同区域之间城乡教育规模发展状况的不同，从而厘清不同区域乡村普通高中教育的发展状况，认识到不同区域乡村普通高中校长发展面临问题的差异，实现对不同区域乡村普通高中校长发展困境的客观认知。

办学资源是办好学校的重要条件保障，不足或缺失都难以实现学校教育质量的有效提升。在区域乡村普通高中小学资源配置状况方面，本研究主要探讨东部地区、中部地区及西部地区乡村普通高中办学硬件及软件条件资源配置状况，从而更加全面客观地认识乡村普通高中在区域之间、城乡之间办学资源配置的差异，看清乡村普通高中办学资源配置的优势与不足，厘清乡村普通高中发展的可为与难为，为乡村普通高中校长实现困境超越提供学理支撑。

乡村普通高中相关统计数据较为客观地展现了乡村普通高中发展的样貌。乡村普通高中发展的现状调查与发展逻辑方面，主要通过实证研究与学理分析，探讨乡村普通高中发展的现实样态以及逻辑理路，实现客观数据及实证调研数据的有机结合，进而立体、全面、深刻地呈现乡村普通高中发展的状况，实现对乡村普通高中发展的立体化认识；同时，通过对乡村普通高中发展的裹挟式逻辑、内隐式逻辑、虹吸式逻辑以及嵌入式逻辑的理论分析，洞悉乡村普通高中发展逐渐式微的主要原因，厘清乡村普通高中校长发展困境的内在机理。

通过对乡村普通高中发展政策、社会背景、区域差异及现状调查的分析，表明乡村普通高中校长的发展困境主要来自两个方面：一是外部困境，即乡村普通高中的发展困境。从一定意义上说，乡村普通高中面临的困境与挑战是校长面临的最大发展困境与挑战，这是校长自身难以解决的，需要国家、社会共同作用于乡村普通高中的发展，以乡村教育高质量发展解决校长发展的外部困境。二是内部困境，即乡村普通高中校长自身的发展困境。乡村普通高中校长面临着自身理论知识缺乏、能力素质不高、实践能力不强等局限，难以更好地引领乡村普通高中走向高质量发展，需要校长不断提高自身综合素质，实现对校长内部发展困境的超越。

目　录

第一章　普通高中教育发展的政策审视

教育政策是教育发展的基本遵循，它引领教育改革发展的方向、规模、结构及资源配置等。乡村普通高中教育发展是在普通高中一系列教育政策影响下有序推进的。普通高中教育发展的政策审视主要探讨中华人民共和国成立以来，普通高中教育尤其是乡村普通高中教育在重点举办政策、分级管理政策以及普及发展政策等主要教育政策影响下，是如何走向"边缘"，走向"弱势"，走向"落后"的，以及如何获得发展底线保障的。这是乡村普通高中校长办学治校过程中不容回避的问题，也是厘清乡村普通高中校长发展困境的重要政策依据。

第一节　普通高中教育重点举办政策

普通高中教育重点举办政策体现为办学过程中发展重点中学的政策。何谓重点？《现代汉语词典》将其解释为"同类事物中重要的或主要的部分"，因此，重点中学也即同类学校中重要的或主要的学校，在现实学校中则主要体现为前者，即"重要"的学校。由于是"重要"的学校，所以在发展中就可以享受同类学校所特有的优惠政策与条件，使这类学校逐步发展成为"好学校"。重点举办政策经历了提出与探索、停滞与恢复、大力发展与创新等发展阶段。

一、重点中学政策的提出与探索

新中国成立以后，百废待兴，各行各业都需要进行改革、改造，教育也不例外。当时的教育方针即"为工农服务，为生产建设服务"。1951 年 10 月，中央人民政府颁布了《关于改革学制的决定》，奠定了新中国学制的基础。这些都没有明确体现办重点中学的思想，但在对教育工作的评价中，已经看到其存在的缺点和不足，认为"教育缺乏计划和远见，与经济发展不够协调，盲目冒进，在扫盲和小学教育中，注重了数量忽视了质量"。因此，1953 年 5 月，中共中央政治局举行会议讨论教育工作，毛泽东提出，会议决定"要办重点中学"。这是最早提出要办重点中学的思想。同年 6 月，教育部在北京召开了第二次全国教育工作会议，提出了《关于有重点地办好一些中学与师范学校的意见》，这是最早关于办重点中学的政策文件。正式讨论了有重点地办好一批中学的方案，确定了全国重点中学 194 所，占全部中学总数的 4.4%。新中国第一批重点中学就在如此背景下应运而生了。❶ 从此也就开始了重点中学的实践与探索。

1959 年 4 月，周恩来在二届人大一次会议上作《政府工作报告》指出，"我们必须特别注意提高各类学校的教学质量"，"在各级全日制的正规学校中，应当把提高教学质量作为一个经常的基本任务，而且应当首先集中较大力量办好一批重点学校，以便为国家培养更高质量的专门人才，迅速促进我国科学文化水平的提高"❷。1960 年 12 月，教育部原部长杨秀峰在全国文教会议上的发言中强调要"认真办好一批全日制重点中学和小学"。❸ 1962 年 12 月，《教育部关于有重点地办好一批全日制中小学校的通知》要求各省、自治区、直辖市选定若干所中学，"选定的学校数目，各地可根据具体情况确定，基础好的地区可以多一些，基础差的地区可以少一些。总的数目不宜过多，以便集中力量，尽快地把这批学校办好，然后视可能条件，再分期分批地扩大这批

---

❶ 傅禄建. 对我国重点中学发展历史的考察［J］. 教育评论，1994（4）：28 - 31.

❷ 何东昌. 中华人民共和国重要教育文献：1949—1975［M］. 海口：海南出版社，1998：859.

❸ 何东昌. 中华人民共和国重要教育文献：1949—1975［M］. 海口：海南出版社，1998：1023.

中、小学校的数量"，"这批中、小学校的经费，要本着勤俭办学、防止浪费的原则，尽先安排好，以保证学校正常进行工作，不要与一般学校平均分配"❶。在这一政策影响下，很多省、市、自治区都迅速办了一些重点中学，致使非重点中学特别是半工半读、半农半读的农村中学大幅度下降，1960年农业中学最高时达到22597所，在校生230万人。1962年锐减至3715所，在校生26万人。❷ 截至1963年，全国重点中学共有487所，占全部中学总数的3.1%。❸ 1963年1月，《教育部关于选定有重点地办好一批中小学校的有关问题的复函》强调，"有重点地办好一批基础较好的学校，是指先集中力量办好一批'拔尖'学校的意思"。❹ 在举办重点中学过程中，由于学校非常关注升学率，因而就开始了学校之间的竞争，导致学生的课业负担非常沉重。1964年3月6日，北京铁路二中原校长魏莲一向中央写信，反映了中小学生负担十分沉重的问题。毛泽东在这封信上批示："现在的课程太多，学生压力太大，讲授又不甚得法。考试方法以学生为敌人，举行突然袭击。这三项都是不利于培养青年们在德智体诸方面生动活泼地主动地得到发展的。"❺

二、重点中学发展的停滞与恢复

由于"文化大革命"的影响，学校即社会、学校即工厂、学校即农厂的现象出现，学校放弃了知识的传授，放弃了学术的标准，放弃了对人进行真善美的教育，几乎走向了崩溃的边缘。重点中学被看作"无非是为复辟资本主义准备一批用起来得心应手的精神贵族"，"是培养'夹子'的'小宝塔'，是贵族学校"。1968年，"四人帮"在上海主管文教工作的一个余党，带领2000余名文攻武卫战士，包围强占了上海中学，恶狠狠地宣布："上海中学是封资修的百年老店，要彻底砸碎！"其后，张春桥亲自下令停办上海中学。上海市

❶ 何东昌. 中华人民共和国重要教育文献：1949—1975 ［M］. 海口：海南出版社，1998：1133.
❷ 袁振国. 论中国教育政策的转变：对我国重点中学平等与效益的个案研究 ［M］. 广州：广东教育出版社，1999：155.
❸ 傅禄建. 对我国重点中学发展历史的考察 ［J］. 教育评论，1994（4）：28-31.
❹ 何东昌. 中华人民共和国重要教育文献：1949—1975 ［M］. 海口：海南出版社，1998：1144.
❺ 何东昌. 中华人民共和国重要教育文献：1949—1975 ［M］. 海口：海南出版社，1998：1261.

向明中学还办了一个"封闭式学习班",变相隔离了全校教师、干部,并对其中多名教师、干部进行点名批判、毒打。❶"四人帮"为了搞垮无产阶级教育事业,实现其篡党夺权、复辟资本主义的罪恶目的,向重点学校大兴问罪之师,污蔑重点学校是"修正主义的黑染缸""培养精神贵族的小宝塔",罗织了许多罪名,把重点学校压在"两个估计"的最底层。在"两个估计"的精神枷锁下,广大教师的积极性受到严重压抑,青少年学生政治热情衰退,歪风邪气盛行,教育质量惊人下降,"文化大革命"前省重点配备的图书资料和教学仪器损失殆尽。给学校带来的后果,确确实实是灾难性的。❷

"文化大革命"结束后,党和国家的教育方针和政策得以重新确立。为了多出人才、快出人才、出好人才,邓小平明确提出,"我们要实现现代化,关键是科学技术要能上去。发展科学技术,不抓教育不行。靠空讲不能实现现代化,必须有知识,有人才。没有知识,没有人才,怎么上得去?科学技术这么落后怎么行?""办教育要两条腿走路,既注意普及,又注意提高。要办重点小学、重点中学、重点大学。要经过严格考试,把最优秀的人集中在重点中学和大学。"❸ 1978 年 1 月,经国务院批准,教育部颁发《关于办好一批重点中小学的试行方案的通知》(以下简称《试行方案》)强调,"切实办好一批重点中小学,以提高中小学的质量,总结经验,推动整个中小学教育革命的深入发展"。《试行方案》指出,"大中城市,可在市和区县两级举办重点学校。市办好一批重点中小学;区县可办二三所重点中学,五六所重点小学。各省、自治区,可在省、地市、县三级举办重点学校。省和地市两级可各自办好一批重点中小学;县可办好二三所重点中学,五六所重点小学。教育部也要办好一批重点中学和重点小学"。❹

❶ 傅禄建. 对我国重点中学发展历史的考察 [J]. 教育评论,1994 (4):28-31.
❷ 安庆九·一六中学党总支. 高举毛主席教育革命的旗帜 努力办好重点中学:纪念毛主席视察我校二十周年 [J]. 安徽教育,1978 (9):2-4.
❸ 何东昌. 中华人民共和国重要教育文献:1976—1990 [M]. 海口:海南出版社,1998:1573.
❹ 何东昌. 中华人民共和国重要教育文献:1976—1990 [M]. 海口:海南出版社,1998:1591.

三、重点中学的大力发展与创新

1980年7月28日至8月4日，教育部在哈尔滨召开了全国重点中学工作会议，讨论修改了《关于分期分批办好重点中学的决定》（以下简称《决定》），并在同年10月经国务院批准颁发。《决定》指出，"两年多来，各省、市、自治区党委和教育部门认真贯彻执行党中央关于重点学校的指示，先后确定了一批重点中学。目前，全国共有5000多所。各地加强了对重点中学的领导，在整顿、恢复方面做了大量工作。""重点中学是中学教育的骨干。办好重点中学是迅速提高中学教育质量的一项战略措施。这对于更快更好地培养人才，总结、积累经验，起示范作用，带动一般学校前进，以适应社会主义现代化的迫切需要，具有重要意义。我国人口多，底子薄，各地发展不平衡，师资、经费、设备又有限，如果平均使用力量，所有中学齐头并进提高教育水平，是不可能的，也是不符合事物发展的客观规律的。因此，必须首先集中力量办好一批条件较好的重点中学。"❶《决定》进一步地肯定了重点中学的积极作用，并强调要继续办好重点中学。1983年8月，教育部在《关于进一步提高普通中学教育质量的几点意见》中指出，"当前的一个重要任务是，进一步加强和改革普通中学教育，继续办好重点中学，同时努力把占绝大多数的一般中学分期分批办好，大面积提高教育质量"。重申了办好重点中学的必要性，并要求重点中学应"成为模范地贯彻党的教育方针，教育质量较高，具有示范性、实验性的学校"，"应逐步成为本地区中学开展教育、教学研究活动的中心"。❷

20世纪90年代，重点中学又有了新的发展，1995年6月，国家教委印发《关于大力办好普通高级中学的若干意见》指出，"根据《纲要》实施意见的要求，到本世纪末，有计划、分步骤地重点建设好1000所左右起实验、示范作用的普通高中"。❸同年7月，国家教委发出《关于评价验收1000所左右示

---

❶ 何东昌. 中华人民共和国重要教育文献：1976—1990［M］. 海口：海南出版社，1998：1860.

❷ 何东昌. 中华人民共和国重要教育文献：1976—1990［M］. 海口：海南出版社，1998：2113 - 2114.

❸ 何东昌. 中华人民共和国重要教育文献：1991—1997［M］. 海口：海南出版社，1998：3830.

范性普通高级中学的通知》，要求根据有计划、有步骤、分期分批建设的原则，将于 1997 年前后，分三批评估验收 1000 所左右示范性高中。《示范性普通高级中学评估验收标准（试行）》指出，"示范性高中是指全面贯彻教育方针，模范执行教育法律、法规和有关政策，办学思想端正，积极开展教育教学改革，教师素质和办学条件好，管理水平和教育质量高，办学有特色，学生德智体全面发展，社会和高等院校对其毕业生评价较好，有较长的办学历史，在省（自治区、直辖市）内、外有较高声誉的普通高级中学"。❶ 1999 年 8 月，《教育部关于积极推进高中阶段教育事业发展的若干意见》强调，"加强示范性高中的建设，扩大示范性高中的招生规模，努力满足人民群众对高质量高中阶段教育的需求"。虽然没有提重点中学的概念，但其在本质上具有相似性，渗透着办好重点中学的思想。

随后，各省市都大力开展示范学校建设工程。1997 年，安徽省颁布《安徽省示范性普通高级中学评估验收实验方案及评估细则》。2002 年，为指导各地进一步加强普通高中的建设和管理，以适应基础教育改革和发展的要求，安徽省教育厅对该评估细则作了部分修订。2004 年，安徽省教育厅发布《关于修订安徽省示范性普通高级中学评估实施方案及评估细则的通知》，重新修改了评估细则。2008 年，安徽省教育厅发布《关于组织开展优秀省级示范普通高中评估工作的通知》，再次修改评估细则。到 2012 年，安徽全省已建成 155 所省级示范性普通高中，各市也以此为参照，制定了市级示范性普通高中评估验收实施方案及评估细则，并创建、评估了一批市级示范性普通高中。1999 年初，北京市教委下发《关于示范性普通高中建设工作的若干意见》，提出分期分批建设并评估 60 所左右示范性普通高中。同年 12 月，中共北京市委、北京市人民政府发布的《关于深化教育改革全面推进素质教育的意见》把"示范性学校"列为重点建设工程，指出"示范性学校建设是扩大优质教育规模、加速高素质人才培养、带动各类学校实施素质教育的战略性措施。要在加强各级各类学校硬、软件建设的同时，通过调整结构、优化教育资源配置，建设一批在全市和全国都具有重要影响和显著特色的示范性、标志性学校"。2001 年

---

❶ 国家教委关于评估验收 1000 所左右示范性普通高级中学的通知［EB/OL］.（1995 - 07 - 03）［2022 - 11 - 19］. https：//law. lawtime. cn/d488678493772. html.

12 月，北京市认定首批示范性高中 14 所，截至 2006 年先后四批共建成 68 所市级示范性高中。2002 年，广东省教育厅发布的《关于启动"1521"工程建设示范性普通高中的通知》提出："十五期间在建设 200 所省一级普通高中的基础上，建设 100 所国家级示范性普通高中（统称 1521 工程），扩大优质普通高中教育规模，提升普通高中教育的整体水平。"截至 2008 年，广东省共创建 129 所国家级示范性普通高中。2001 年，贵州省启动省级示范性普通高中创建工作；截至 2016 年 9 月，共创建省级示范性普通高中 130 所（一类学校 13 所、二类学校 61 所、三类学校 56 所）。

四、重点中学的"是"与"非"

经过 60 多年的发展变化，重点中学一直在曲折中前行，发展至今，重点中学在特定时期发挥了积极的作用，一些研究者认为重点中学之所以存在自有其必然性。

一是重点中学培养了优秀的具有适应社会发展能力、潜力的人才。重点中学集中了各地区优秀的师资，具有丰富的教育资源，能够满足一部分精英人才的需求，也能够为国家培养一批高精尖的人才，是早出、快出人才的一条捷径，无疑具有重要的现实意义。

二是事物的发展总是不平衡的，不平衡是必然的。社会的发展总是有差异的，不可能是一致的、均衡的。学校的发展也不可能同步，它也会在一定时间、一定条件下侧重某一方面的发展，然后倾向另一方面的发展，总会有好学校与差学校之分，也总会有重点学校与一般学校之别，最后求得整体的提高。因此，重点学校的高质量发展能够带动一般学校教育质量的提升。

三是重点中学适应了社会分工发展的需要。一个国家、一个社会的发展需要有不同的社会分工，社会分工的发展总是要求进行不同类型、不同层次的教育和培训，而重点学校能够为社会培养更高层次的人才，也能够培养不同类型的复合型人才。

四是重点中学有助于优化教育资源，使有限的教育资源实现其价值利益的最大化。由于我国现在还处于社会主义初级阶段，还属于发展中国家，教育资源相当有限，不能够满足教育的发展需求，还不能使教育完全走向均衡化与均等化，只能使一部分学校先发展起来，然后通过它们先进的办学思想、办学经验、办学模式去影响其他一般学校，从而使所有学校都能够获得整体更好的发展，进而提高整个国家的教育质量。

五是重点中学满足了不同家庭对子女接受不同教育的需求。社会上由于每个家庭的经济、文化背景的差异，他们对教育的需求也是有差异的，他们可以根据自己的实际情况选择不同的教育，这在某种意义上也适应了市场经济发展的需要。

虽然一些研究者看到了重点中学存在的合理性，但随着我国社会经济现代化发展程度的不断提升，我们也要看到重点中学存在一定的问题。

一是重点中学培养了一定数量的优秀人才却是以牺牲绝大多数学校绝大多数学生为代价换来的。由于大批的优秀教师都被送进重点中学，大量的教育经费被重点中学"瓜分"，使一般学校失去了应有的教育师资和经费，最终导致少数学校的"富有"和绝大多数学校的"贫穷"，这使本来就不平等的教育又进一步被人为地拉大了差距，由此带来的不仅是学校之间的"贫富"不均，更多的是对教育"产品"极大的伤害。"搞重点中学，不论出发点如何，其结果就是面向少数，放弃大多数。从在校学生的比例来看，以四川为例，1984年重点中学在校生数占全体中学生数的9%，一般中学在校生数占90%。从高考升学率来看，上海市1984年16所重点中学高考升学额占全市高考升学额的80%多，而270多所一般中学的升学额仅占百分之十几，有的区只占5%。由于在各级设立重点初、高中，由此导致考重点初中、高中的竞争日益激烈，它使得青少年学生从小就苦于记诵备考。这种'层层八股'、日趋激化的'拔尖方式'，其结果必然使得大量可造之才夭折枯萎，使得普通教育忽略了为地方提供大面积合格初级人才的基本任务。"❶

二是重点中学根本没有起到示范的作用，相反它在某种意义上却起到失范的作用。多年来，人们一直期待着重点中学能够为一般中学带来示范作用，即重点中学用自己先进的办学理念、有效的办学目标、适合的课程体系、优质的师资队伍、科学的办学机制、民主的学校管理和良好的学校文化去影响和带动一般学校的发展。但由于一般学校无论是在办学人力、物力、财力还是文化底

---

❶ 纪大海. 对重点中学制度的再认识 [J]. 四川师范大学学报：社会科学版，1986 (1)：68–73.

蕴等方面都与重点中学有质的差别，所以，重点中学的那一套办学思想、模式很显然不适应于一般学校。而在教育的失范行为方面重点中学却起了带头作用，也即重点中学之间的"高升学率"的竞争导致了所有学校之间的"唯升学率"的竞争，致使学校教育对人的身心发展产生了一定的负面影响。有研究指出，"示范性高中本应具有的引领示范作用却未能得到充分、有效地发挥。有研究者在黔东南州的调研显示，全州16所示范性普通高中均有不同程度出现学生的'进口成绩'和'出口成绩'不对称的现象，省级示范性普通高中的贡献率不高，没有达到预期的示范效果"❶。

三是重点中学未使教育资源得到优化，相反却产生了教育资源的垄断。社会历史发展的规律告诉我们，垄断是特定历史时期的产物，是生产社会化程度不高，社会市场机制发育不够健全，法制建设不够完善所产生的结果。而且垄断带来的是市场发展的不合理竞争和无序性竞争，它也不可能给社会带来更大的发展空间。所以，重点中学所产生的教育资源的垄断也不可能使教育资源得到优化，更多的是使教育资源产生有形和无形的浪费，并进而导致教育发展的低水平和低层次。以河南省鲁山县为例，河南省鲁山县地处河南省中西部，伏牛山东麓，是国家扶贫重点县，目前全县共有公办普通高中3所，鲁山县一中、二中以及鲁山县江河高中，其中，鲁山县一中于2007年2月晋升为河南省示范性高中，二中、江河高中为市级示范性高中。长期以来，当地政府将有限的教育资源重点向一中倾斜，致使三所高中在办学规模、教育经费等方面存在巨大差异。调研显示，在办学规模方面，2017年，鲁山县一中共有两个校区，占地面积600余亩，高中部教学班96个，在校学生8230余名，教职工近500人；而二中共有教学班52个，学生3600人，办学规模不及一中的一半；江河中学仅有学生1352人。在经费投入方面，2016年，鲁山县二中共收到县级财政拨款1617.4万元，江河高中为846.2万元；而鲁山县一中的财政拨款收入达到3253.9万元，是另外两所高中财政拨款总和的1.32倍。2016年鲁山县一中在校生数是二中的2.29倍，但在基础设施购置、维护支出方面的费用

---

❶　于璇. 我国中西部贫困地区普通高中教育发展困境与治理路径研究［D］. 上海：华东师范大学，2019：152.

是二中的 6 倍多。❶

四是重点中学满足了不同家庭对教育的不同需求也只是"虚伪"的谎言。作为任何一个健康的社会人，任何一个家庭，他们都希望获得优质的教育资源，他们也都希望接受良好的教育。没有一个人，也没有一个家庭希望自己的孩子只能获得差等的教育，即使对富有家庭来说，他们也同样不希望付出更多的代价让自己的孩子去上重点中学，只是因为人为地把教育分成优差之别而被迫为之。所以，作为公共资源的教育是每个家庭、每个孩子都希望获得的，政府理应为每个家庭提供相对公平的享有教育资源的环境。

中学教育是基础教育，重点中学也同样如此。那么，什么是基础教育呢？1974 年联合国教科文组织在内罗毕召开的高级教育计划官员讨论会上提出："基础教育，是向每个人提供的并为一切人所共有的最低限度的知识、观点、社会准则和经验。它的目的是使每一个人能够发挥自己的潜力、创造性和批判精神，以实现自己的抱负和幸福，并成为一个有益的公民和生产者，对所属的社会发展贡献力量。"❷《教育的使命——面向二十一世纪的教育宣言和行动纲领》也指出："每一个人——儿童、青年和成人——都应能获得旨在满足其基本学习需要的受教育机会。基本学习需要包括基本的学习手段（如读、写、口头表达、演算和问题解决）和基本的学习内容（如知识、技能、价值观念和态度）。这些内容和手段是人们为能生存下去、充分发展自己的能力、有尊严地生活和工作、充分参与发展、改善自己的生活质量、作出有见识的决策并能继续学习所需要的。"❸ 这里无疑体现了基础教育中关于人的全面发展观与公平发展观。重点中学政策显然并没有更好地体现这些内涵。由于重点中学绝大多数都被布局在城市，乡村几乎没有所谓的重点高中，这也就导致乡村高中失去了与重点高中同步发展、共同提高的机会，使本就不占优势的乡村高中，在重点中学政策影响下，教育生态环境不断遭到破坏，生存环境越来越差，生存空间越来越小，其发展更是举步维艰。

---

❶ 于璇. 我国中西部贫困地区普通高中教育发展困境与治理路径研究［D］. 上海：华东师范大学，2019：152.

❷ 谢宁. 面向 21 世纪的基础教育和民族教育［M］. 北京：气象出版社，1992：89.

❸ 赵中建. 教育的使命：面向二十一世纪的教育宣言和行动纲领［M］. 北京：教育科学出版社，1996：15－16.

第二节　普通高中教育分级管理政策

普通高中教育分级管理与基础教育分级管理具有内在的一致性。本研究通过对基础教育发展过程中的分级管理来审视普通高中教育的分级管理。基础教育分级管理是在"中央集中统一领导、地方分级负责"的教育管理体制下运行的。在这种教育管理体制下，中央和地方有各自的职责范围，维持着一种领导与被领导的隶属关系及其相对独立的事权关系。按照统一领导和分级管理原则，要求在设计合理的管理层次，实行分级管理时，把集权和分权正确地结合起来。中华人民共和国成立以来，基础教育分级管理政策经历了分级管理的起步阶段、规范阶段及创新阶段。

一、普通高中教育分级管理的起步阶段

1954 年 4 月，《中央人民政府政务院关于改进和发展中学教育的指示》指出，"按统一领导、分级管理的原则，省辖市内的中学由省辖市管理，县（市）内的中学亦应逐步做到由县（市）管理"。[❶] 1958 年 8 月，《中共中央、国务院关于教育事业管理权下放问题的规定》指出，"为了充分地发挥各省、市、自治区举办教育事业的主动性和积极性，并且加强协作区的工作，实行全党、全民办学，加速实现文化革命和技术革命，今后对教育事业的领导，必须改变过去条条为主的管理体制，根据中央集权和地方分权相结合的原则，加强地方对教育事业的领导管理"。[❷] 1958 年 9 月，《中共中央、国务院关于教育工作的指示》指出，"为了多快好省地发展教育事业，必须动员一切积极因素，既要有中央的积极性，又要有地方的积极性和厂矿、企业、农业合作社、学校和广大群众的积极性，为此必须采取统一性与多样性相结合，普及与提高相结

---

❶ 何东昌. 中华人民共和国重要教育文献：1949—1975 [M]. 海口：海南出版社，1998：306.
❷ 何东昌. 中华人民共和国重要教育文献：1949—1975 [M]. 海口：海南出版社，1998：850.

合，全面规划与地方分权相结合的原则"。❶ 1962 年 12 月，《教育部关于有重点地办好一批全日制中小学校的通知》指出，"在各地党委领导下，教育行政部门对这批中、小学校应当实行分级管理，双重领导的办法。中学由省、市、自治区教育厅（局）负责管理。实行省、市、自治区和学校所在县（市）教育行政部门双重领导"。❷

　　1957 年，安徽省教育厅指出，为了加强对初等教育事业的领导，草拟了《省、市、县、乡镇对小学、幼儿园分级管理试行方案（草案）》（以下简称《方案》）。《方案》对省教育厅、市教育局、县教育局及乡（镇）人民委员会管理的职责都作了明确的规定。比如，省教育厅在省人民委员会统一领导下，领导全省小学、幼儿园教育事业。具体工作职责包括：根据中央既定的教育方针、政策、法令和规章制度，拟订执行计划、具体实施办法和适合地方情况的补充规定。根据中央的方针、要求，结合地方实际情况，协助省计委编制本省小学和幼儿园教育事业计划和平衡、综合市、县上报的公立小学、幼儿园的发展计划、财务计划和师资计划；统一规划全省小学、幼儿园教师的在职进修和市、县教育行政干部的训练工作；检查督促市、县教育行政工作，重点视导小学、幼儿园教育工作，组织教学研究工作，总结推广先进经验，编写必要的补充教材和教学参考资料；办理上级教育行政部门委托的各项事宜，比如，县教育局、科在县人民委员会统一领导下，领导本县小学、幼儿园教育事业。具体工作职责包括：具体执行中央和省既定的教育方针、政策、法令和规章制度。编制全县小学和幼儿园教育事业计划，负责全县小学、幼儿园（包括国家设立、机关、企业、厂矿、街道、合作社、群众设立）的设置、调整事项。根据人事管理制度管理小学、幼儿园师资调配、评级、奖惩和退职、退休等事项。管理全县小学、幼儿园教师、教养员的在职学习工作；负责训练小学、幼儿园师资。视察和督导小学、幼儿园的教育与教学工作，总结与推广经验。管理本县公立小学、幼儿园教育事业的预决算；负责管理和使用公立小学、幼儿园的学费工作；管理和监督公立小学、幼儿园福利费的使用。办理上级教育行

❶ 何东昌. 中华人民共和国重要教育文献：1949—1975［M］. 海口：海南出版社，1998：859.
❷ 何东昌. 中华人民共和国重要教育文献：1949—1975［M］. 海口：海南出版社，1998：1133.

政部门委托的各项事宜。❶《方案》作为分级管理的地方政策规定，对真正落实分级管理具有积极意义。

普通高中教育在财务管理上也实行分级管理。早在1951年2月，教育部印发的《工农速成中学暂行实施办法》第十七条规定，"中央人民政府教育部直接举办之实验工农速成中学，其经费由中央人民政府教育部教育事业费内开支报销。各大行政区人民政府（军政委员会）、各省（行署）、市人民政府举办之工农速成中学，其经费由各该大行政区、省（行署）、市教育事业费内开支报销"。❷1952年3月，教育部颁发的《小学暂行规程（草案）》第三十九条规定，"市、县所办小学的经费，由地方人民政府依照需要，负责统一筹措、调配、支给"。❸1959年11月，国务院批转《教育部、财政部关于进一步加强教育经费管理的意见》指出，"根据'条条''块块'相结合，以'块块'为主的精神，密切联系、加强协作，共同负责管理好教育经费。"❹1960年1月，《财政部党组、文化部党组、教育部党组、卫生部党组关于全国文教财务工作会议的报告》指出，"应该在现行财政体制规定的范围内，根据'统一领导、分级管理、条块结合、块块为主'的精神，分款下达指标，作为各级政府统一安排预算的参考。"❺有研究者在《一九五一年开始实行初步分级管理的财政体制》中谈到，"1951年3月，政务院颁发关于1951年财政收支系统划分的决定。这个决定把国家财政的收支由高度集中，统一于中央人民政府，改为在中央的统一领导下，实行初步的分级管理。这就是说，中央的统一领导和集中管理还要保持，同时要注意因地制宜，分级负责，国家财政划分为中央、大行政区和省（市）三级来管理。这个决定在我国财政管理体制演变的历史上具有重要的意义，它标志着我国的财政收支开始向分级管理的办法过渡"。❻这一阶段，不管是教育领导体制还是财务管理体制都开始建立起分级管理制度，制定了一些分级管理政策，在教育管理实践中予以践行。

---

❶ 安徽省教育厅. 安徽省教育厅草拟省、市、县、乡（镇）对小学、幼儿园分级管理试行方案（草案）[J]. 安徽教育, 1957（12）: 32.

❷ 何东昌. 中华人民共和国重要教育文献: 1949—1975 [M]. 海口: 海南出版社, 1998: 80.

❸ 何东昌. 中华人民共和国重要教育文献: 1949—1975 [M]. 海口: 海南出版社, 1998: 144.

❹ 何东昌. 中华人民共和国重要教育文献: 1949—1975 [M]. 海口: 海南出版社, 1998: 932.

❺ 何东昌. 中华人民共和国重要教育文献: 1949—1975 [M]. 海口: 海南出版社, 1998: 947.

❻ 兴华. 一九五一年开始实行初步分级管理的财政体制 [J]. 财政, 1982（12）: 32 – 34.

二、普通高中教育分级管理的规范阶段

1985 年 5 月,《中共中央关于教育体制改革的决定》指出,"把发展基础教育的责任交给地方","实行基础教育由地方负责、分级管理的原则"。❶ 1986 年 4 月,《中华人民共和国义务教育法》(以下简称《义务教育法》)规定,"在国务院领导下,实行地方负责,分级管理。"从法律上规定义务教育实施分级管理。虽然是对基础教育阶段义务教育的规定,但对基础教育阶段的高中教育也有一定的参照价值和规范约束力。《义务教育法》对不同层级教育行政部门的职责也作了规定,"国务院教育主管部门应当根据社会主义现代化建设的需要和儿童、少年身心发展的状况,确定义务教育的教学制度、教学内容、课程设置,审订教科书。""地方各级人民政府应当合理设置小学、初级中等学校,使儿童、少年就近入学。"❷ 1993 年 2 月,《中国教育改革和发展纲要》强调,"改革办学体制。改变政府包揽办学的格局,逐步建立以政府办学为主体、社会各界共同办学的体制。在现阶段,基础教育应以地方政府办学为主。"❸ 1994 年 7 月,《国务院关于〈中国教育改革和发展纲要〉的实施意见》指出,"基础教育实行在国家宏观指导下主要由地方负责、分级管理体制。"并对各级教育行政部门的工作职责作了具体规定:(1)国家负责制定有关基础教育的法规、方针、政策及总体发展规划、基本学制、课程设置和课程标准;设立用于贫困地区、民族地区、师范教育的专项补助基金;对省级教育工作进行监督、指导等。(2)省级政府负责本地区基础教育的实施工作,包括制定本地区基础教育发展规划,确定教学计划、选用教材和审定省编教材;组织对本地区基础教育的评估、验收;建立用于补助贫困地区、少数民族地区的专项基金,对县级财政教育事业费有困难的地区给予补助等。(3)地、市政府根据中央和省级政府制定的法规、方针、政策,对本地区实施义务教育进行统筹和指导。(4)县级政府在组织义务教育的实施方面负有主要责任,包括统筹管

❶ 何东昌. 中华人民共和国重要教育文献:1976—1990 [M]. 海口:海南出版社,1998:2286.
❷ 何东昌. 中华人民共和国重要教育文献:1976—1990 [M]. 海口:海南出版社,1998:2415.
❸ 何东昌. 中华人民共和国重要教育文献:1991—1997 [M]. 海口:海南出版社,1998:3469.

理教育经费，调配和管理中小学校长、教师，指导中小学教育教学工作等。
（5）乡级政府负责落实义务教育的具体工作，包括保障适龄儿童、少年按时
入学。有条件的经济发展程度较高的地区，义务教育经费可仍由县、乡共管，
充分发挥乡财政的作用。❶

　　1995 年 3 月，《中华人民共和国教育法》（以下简称《教育法》）第十四
条规定，"国务院和地方各级人民政府根据分级管理、分工负责的原则，领导
和管理教育工作。""中等及中等以下教育在国务院领导下，由地方人民政府
管理。"第十五条规定，"国务院教育行政部门主管全国教育工作，统筹规划、
协调管理全国的教育事业。""县级以上地方各级人民政府教育行政部门主管
本行政区域内的教育工作。"❷ 1999 年 6 月，《中共中央国务院关于深化教育改
革全面推进素质教育的决定》指出，"继续完善基础教育主要由地方负责、分
级管理的体制。根据各地实际，加大县级人民政府对教育经费、教师管理和校
长任免等方面的统筹权。""在高中及其以上教育的办学水平评估、人力资源
预测和毕业生就业指导等方面，进一步发挥非政府的行业协会组织和社会中介
机构的作用。"❸ 2001 年 5 月，《国务院关于基础教育改革与发展的决定》强
调，"实行在国务院领导下，由地方政府负责、分级管理、以县为主的体
制。"❹ 2002 年 4 月，《国务院办公厅关于完善农村义务教育管理体制的通知》
指出，"农村义务教育实行'在国务院领导下，由地方政府负责、分级管理、
以县为主'的体制。"❺ 2004 年 3 月，国务院批转《2003—2007 年教育振兴行
动计划》要求进一步落实"在国务院领导下，由地方政府负责、分级管理、
以县为主"的农村义务教育管理体制。县级政府要切实担负起对本地教育发
展规划、经费安排使用、教师和校长人事等方面进行统筹管理的责任。❻

　　在财务管理上，1980 年 3 月，《关于实行"划分收支、分级包干"财政管
理体制的通知》规定，"从 1980 年起，地方教育事业经费实行由各级地方政

❶ 何东昌. 中华人民共和国重要教育文献：1991—1997 [M]. 海口：海南出版社，1998：3663.
❷ 何东昌. 中华人民共和国重要教育文献：1991—1997 [M]. 海口：海南出版社，1998：3791.
❸ 何东昌. 中华人民共和国重要教育文献：1998—2002 [M]. 海口：海南出版社，2003：288.
❹ 何东昌. 中华人民共和国重要教育文献：1998—2002 [M]. 海口：海南出版社，2003：887.
❺ 何东昌. 中华人民共和国重要教育文献：1998—2002 [M]. 海口：海南出版社，2003：1181.
❻ 国务院批转教育部 2003—2007 年教育振兴行动计划的通知 [2023 - 01 - 09] http：//
www. moe. gov. cn/jyb_xxgk/moe_1777/moe_1778/tnull_27717. html.

府统筹安排。"● 1985 年,《中共中央关于教育体制改革的决定》指出,"基础教育管理权属于地方。""为了保证地方发展教育事业,除了国家拨款以外,地方机动财力中应有适当比例用于教育,乡财政收入应主要用于教育。地方可以征收教育费附加,此项收入首先用于改善基础教育的教学设施,不得挪作他用。"● 1986 年,《义务教育法》规定,"义务教育经费投入实行国务院和地方各级人民政府根据职责共同负担,省、自治区、直辖市人民政府负责统筹落实的体制。农村义务教育所需经费,由各级人民政府根据国务院的规定分项目、按比例分担。"1993 年,《中国教育改革和发展纲要》强调,"省(自治区、直辖市)本级财政、县(市)级财政支出中教育经费所占比例,由各省、自治区、直辖市政府确定。乡(镇)财政收入主要用于发展教育。"2001 年,《国务院关于基础教育改革与发展的决定》强调,"县级人民政府要强化对教师工资的管理,从 2001 年起,将农村中小学教师工资的管理上收到县,为此,原乡(镇)财政收入中用于农村中小学教职工工资发放的部分要相应划拨上交到县级财政,并按规定设立'工资资金专户'。"2002 年 4 月,《国务院办公厅关于完善农村义务教育管理体制的通知》指出,"农村中小学教职工工资要上收到县集中管理,按 2001 年国家统一规定的工资项目和标准将农村中小学教职工工资总额上划到县(实际发放数低于国家标准工资的,按实际发放数上划),并相应调整县、乡财政体制,由县按照国家统一规定的工资项目和标准,统一发放农村中小学教职工工资。"●

这一阶段普通高中教育分级管理更加规范,从 1985 年中央文件的发布,到《义务教育法》《教育法》等法规的出台,分级管理有了政策法规基础。且本阶段分级管理也经历了从"地方负责、分级管理、以乡为主"的体制(1985—1994 年)到"地方负责、分级管理、以县为主、乡镇为辅"的体制(1995—2000 年)再到"地方负责、分级管理、以县为主"的体制(2001—2005 年)的转变,并最终确定"以县为主",明确了县级政府对农村中小学教育的领导与管理权及财政投入的责任。

---

❶ 何东昌. 中华人民共和国重要教育文献:1976—1990 [M]. 海口:海南出版社,1998:1800.
❷ 何东昌. 中华人民共和国重要教育文献:1976—1990 [M]. 海口:海南出版社,1998:2286.
❸ 何东昌. 中华人民共和国重要教育文献:1998—2002 [M]. 海口:海南出版社,2003:1182.

三、普通高中教育分级管理的创新阶段

2006 年 6 月，新修订的《义务教育法》第七条规定，"义务教育实行国务院领导，省、自治区、直辖市人民政府统筹规划实施，县级人民政府为主管理的体制。县级以上人民政府教育行政部门具体负责义务教育实施工作；县级以上人民政府其他有关部门在各自的职责范围内负责义务教育实施工作。"❶ 2010 年 7 月，《国家中长期教育改革和发展规划纲要（2010—2020 年）》指出，健全统筹有力、权责明确的教育管理体制。以转变政府职能和简政放权为重点，深化教育管理体制改革，提高公共教育服务水平。明确各级政府责任，规范学校办学行为，促进管办评分离，形成政事分开、权责明确、统筹协调、规范有序的教育管理体制。中央政府统一领导和管理国家教育事业，制定发展规划、方针政策和基本标准，优化学科专业、类型、层次结构和区域布局。整体部署教育改革试验，统筹区域协调发展。地方政府负责落实国家方针政策，开展教育改革试验，根据职责分工负责区域内教育改革、发展和稳定。各级政府要切实履行统筹规划、政策引导、监督管理和提供公共教育服务的职责，建立健全公共教育服务体系，逐步实现基本公共教育服务均等化，维护教育公平和教育秩序。改变直接管理学校的单一方式，综合应用立法、拨款、规划、信息服务、政策指导和必要的行政措施，减少不必要的行政干预。2013 年 1 月，《教育部关于 2013 年深化教育领域综合改革的意见》指出，"健全中央和地方统筹有力、责权明确的教育管理体制。坚决实行简政放权，进一步推进中央向地方放权，扩大省级政府教育统筹权。……省级人民政府要切实负起加大教育统筹的职责，统筹落实推进各级各类教育协调发展职责，统筹落实城乡教育协调发展职责，统筹编制办学条件、教师编制、招生规模等基本标准，统筹确定合理教育支出结构。"2016 年 7 月，《国务院关于统筹推进县域内城乡义务教育一体化改革发展的若干意见》指出，"各地要深化义务教育治理结构改革，完善县域内城乡义务教育一体化改革发展监测评估标准和督导评估机制，切实

---

❶ 中华人民共和国义务教育法［EB/OL］.（2006 - 06 - 30）［2022 - 11 - 19］. http：//www. gov. cn/ziliao/flfg/2006 - 06 - 30/content_323302. htm.

提高政府教育治理能力。在实行'以县为主'管理体制基础上，进一步加强省级政府统筹。"

　　在财务管理制度上，2005 年 12 月，《国务院关于深化农村义务教育经费保障机制改革的通知》指出，"按照'明确各级责任、中央地方共担、加大财政投入、提高保障水平、分步组织实施'的基本原则，逐步将农村义务教育全面纳入公共财政保障范围，建立中央和地方分项目、按比例分担的农村义务教育经费保障机制。"2006 年，《义务教育法》第四十四条规定，"义务教育经费投入实行国务院和地方各级人民政府根据职责共同负担，省、自治区、直辖市人民政府负责统筹落实的体制。农村义务教育所需经费，由各级人民政府根据国务院的规定分项目、按比例分担。"第四十二条规定，"国家将义务教育全面纳入财政保障范围，义务教育经费由国务院和地方各级人民政府依照本法规定予以保障。"2010 年，《国家中长期教育改革和发展规划纲要（2010—2020 年)》强调，"进一步明确各级政府提供公共教育服务职责，完善各级教育经费投入机制，保障学校办学经费的稳定来源和增长。""义务教育全面纳入财政保障范围，实行国务院和地方各级人民政府根据职责共同负担，省、自治区、直辖市人民政府负责统筹落实的投入体制。""非义务教育实行以政府投入为主、受教育者合理分担、其他多种渠道筹措经费的投入机制……普通高中实行以财政投入为主，其他渠道筹措经费为辅的机制。"2013 年，《教育部关于 2013 年深化教育领域综合改革的意见》指出，"健全各级政府教育经费分担机制，进一步明晰中央和地方的教育事权和财政支出责任。"2017 年 3月，《高中阶段教育普及攻坚计划（2017—2020 年）》指出，"科学核定学校办学成本，建立合理的成本分担机制。落实以财政投入为主、其他渠道筹措经费为辅的普通高中投入机制。"2019 年 6 月，《国务院办公厅关于新时代推进普通高中育人方式改革的指导意见》指出，"完善经费投入机制。各省（区、市）要完善普通高中建设经费投入机制，明确省市县分担责任。在严格遵守政府债务管理规定的前提下，多渠道筹措普通高中建设资金。"

　　在分级管理创新进程中，基础教育更加明确下放教育管理权力，以县为主的管理体制得到真正落实。政府职能不断转型与变革使学校获得了一定程度的办学自主权，办学形式从政府办学的单一化逐步走向以地方政府办学为主、社会各界共同参与的多样化。管理学校更加注重方式的多元，综合应用立法、拨款、规划、信息服务、政策指导和必要的行政措施，减少不必要的行政干预。经费筹措也由政府过去大包大揽的单一模式逐渐转变为由政府、学校、学生及社会力量共同承担的成本分担机制。尤其是建立教育经费保障机制，为普通高中教育普及发展奠定了坚实的基础。

　　教育分级管理与我国的基本国情紧密相关，我国人口多、底子薄，大包大揽办教育难以完成教育发展的基本诉求，所以实行"中央统一领导、地方分级管理"也就成为必然。分级管理在一定程度上既有利于合理地调配各种教育资源，实现地区间教育的均衡发展，也有利于调动各地办教育的积极性、主动性和创造性，体现教育发展的区域性、多样化及特色化；既有利于教育管理主体民主集中、集思广益，合理地规划教育发展的蓝图，也有利于教育管理客体合理地进行自我角色定位，更好地认识和理解教育管理的意义所在。正如有地方教育行政部门在《分级管理好　教育气象新》一文中所言，分级管理一是调动了基层干部和群众办学的积极性。分级管理、分级办学一经落实，乡、村干部和群众都把办好所属学校看成应尽的职责。二是加速了办学条件的改善。体制下放后，各试点乡都制定了改善办学条件的规划，短短几个月，四乡新建的校舍就有七所。三是尊师重道的传统得到发扬。教师更加受到尊重。四是教师经济收入有了提高。五是激发了教师的积极性。改革中，教师社会地位的提高、自我价值的肯定和岗位责任制的建立，激起了他们的责任感、事业感和紧迫感，工作的主动精神和积极性大大提高。不少教师表示，不干出点成绩，无颜见乡里父老。各校教师研究教学成风，互相听课成风，辅导学生成风，他们以校为家，处处关心学校，为学校着想，为学生着想。❶ 也有地方教育行政领导在《分级管理解决了教育上的一大难题》一文中指出，分级管理措施实施两年来，全县教育出现了一派喜人的景象。一是办学条件有了很大改善。以前，多数区、乡校舍长年失修，破败不堪，危房严重。村办小学多数与居民区挤在一起，道路泥泞，简陋阴暗。现在，全县除一两个区还有少量旧房正在改造外，80%以上的校舍全都是砖瓦结构，宽敞明亮，场面开阔，有的还迁到新址。二是普及初等教育的速度大大加快。分级管理激发了广大群众办学的热情，各区、乡在积极改变办学条件的同时，主动按照教育部《关于普及初等

---

❶　彭山县教育局. 分级管理好 教育气象新［J］. 四川教育，1985（4）：4-5.

教育基本要求的暂行规定》，大抓"四率"，建立和健全各种普及资料。三是师资培训受到重视。分级管理后，各区、乡自想办法，积极开办进修班、单科培训班、集体备课等，旨在提高教师业务能力。四是出现多体制、多层次的办学形式。分级管理使各级党委和政府有了办学的主动性，它们可以根据实际需要来培养自己的人才。❶

分级管理也存在一些问题，尤其在财务管理上表现尤为明显，由于中央财政投入总量的不足，全国教育发展的基本需求难以被满足。根据联合国教科文组织 1991 年统计，中国公共教育支出约占世界的 1.04%，三级正规教育学生数却占世界的 17.9%，人均教育经费只有 10.13 美元，相当于发展中国家平均水平的 1/3。❷ 直到 2012 年我国财政性教育经费支出占比才首次突破 4%，达到 4.28%。且国家财政性教育经费支出占国内生产总值 4% 的指标仅仅是世界衡量教育水平的基础线而已，很多发展中国家早就突破 4% 的指标了。可见，我国教育事业的发展整体上还缺少足够的教育经费支持。分级负责、分级管理后，出现地区不平衡以及不同教育层次投入的差异。比如，东部地区投入较多发展较快，成为教育发展的优先区；中西部地区教育投入明显不足，教育发展整体较为落后。以我国中部地区某市 2008 年为例，高中、初中、小学生均教育事业费比全国 2007 年的平均水平分别低 277.42 元、114.96 元、451.32 元；高中、初中、小学生均公用经费比全国 2007 年的平均水平分别低 269.47 元、15.98 元、30.41 元。与发达地区上海相比，某市 2008 年生均教育事业费仅为上海 2007 年小学的 1/6、初中的 1/5、高中的 1/5；生均公用经费仅为上海 2007 年小学的 1/8、初中的 1/6、高中的 1/12。❸ 在"效率优先"、大力发展重点中小学政策影响下，普通高中教育尤其是乡村普通高中教育投入严重不足，正如有地方教育行政领导在《政策支持：农村普通高中教育改革和发展的当务之急》一文中所指出的，国家对基础教育实行的是地方负责，分级办学，普通高中是县办县管。实行分税制，对调动地方政府办学积极性起到了积极的作用。但由于大部分县，特别是贫困县的财政收入主要靠农业，农副产品

---

❶ 周田. 分级管理解决了教育上的一大难题 [J]. 安徽教育, 1986 (11): 3 – 4.
❷ 刘冬梅. 我国普通高中教育投资体制政策的价值分析 [J]. 基础教育, 2011 (4): 30 – 35.
❸ 刘贵华. 区域推进教育发展的若干问题 [J]. 大学: 学术版, 2010 (11): 37 – 47.

的饱和使其价格长期低迷，税收增长缓慢，大多数县区市财政增收的部分所能用于教育的仅仅是保人头工资，甚至保不住。对普通高中学校公用经费就难以落实到位，拿不出过多的资金用于标准化建设投入。咸阳市 1999—2000 年普通高中预算内教育经费投入分别为 3800 万元、4296 万元，其中用于人头工资的部分分别为 3413 万元、4089 万元；公用经费投入分别为 386 万元、205 万元，仅占预算内经费的 10.2% 和 4.8%。2000 年生均公用经费仅达到 31.23元，比 1999 年减少 5.4 个百分点。❶ 无疑，分级管理政策对教育发展有极大的政策支撑优势，但也给中西部落后地区教育投入不足带来了政策局限，这些都需要给予思考与关注。

第三节　普通高中教育普及发展政策

普及教育是指国家对全体学龄儿童实施某种程度的普通教育。教育普及发展与一个国家的社会、经济、政治发展紧密相关，随着社会、经济、政治发展水平的不断提高，教育普及发展程度也会相应提高。我国普通高中教育普及发展是在义务教育全面普及后才逐渐受到重视的。因此，普通高中教育普及发展政策与义务教育普及发展具有内在的相关性，要把普通高中教育普及发展放在整个基础教育发展进程中进行政策考察。

一、小学教育普及发展的提出与实施

1949 年 9 月，《中国人民政治协商会议共同纲领》规定，"中华人民共和国的文化教育为新民主主义的，即民族的、科学的、大众的文化教育。""有计划有步骤地实行普及教育。"❷ 它明确了新中国教育的性质，并首次提出普及教育。1956 年 1 月，教育部印发的《十二年国民教育事业规划纲要（草

---

❶ 刘世民，姚立斌. 政策支持：农村普通高中教育改革和发展的当务之急 [J]. 教育科学研究，2001（5）：15 - 19.

❷ 何东昌. 中华人民共和国重要教育文献：1949—1975 [M]. 海口：海南出版社，1998：1.

稿)》指出，"普及义务教育，使新生一代人人受到国民必须接受的教育，成为社会主义社会全面发展的成员，同时在普及义务教育的基础上大力发展中学，以进一步提高青年一代的文化水平。"❶ 1956 年 9 月，中共八大提出，"为了实现我国的文化革命，必须用极大的努力逐步扫除文盲，并且在财政力量许可的范围内，逐步地扩大小学教育，以求在 12 年内分区分期地普及小学义务教育。"❷ 1958 年 4 月，邓小平指出，"目前教育方面要解决的问题，主要是普及与提高的问题。我们的方针是，一要普及，二要提高，两者不能偏废。光普及不提高，科学文化不能很快进步；只提高不普及，也不能适应国家各方面的需要。社会主义建设需要有文化的劳动者。所有劳动者也都需要文化，教育普及了，群众的科学文化水平提高了，发明创造就会多起来。我们在任何时候都要坚持'两条腿走路'，做到在普及基础上的提高和在提高指导下的普及。"❸ 1958 年，《中共中央、国务院关于教育工作的指示》指出，"为了多快好省地发展教育事业，必须动员一切积极因素，既要有中央的积极性，又要有地方的积极性和厂矿、企业、农业合作社、学校和广大群众的积极性，为此必须采取统一性与多样性相结合，普及与提高相结合，全面规划与地方分权相结合的原则。"❹ 1959 年，周恩来在《政府工作报告》中指出，"我国的教育事业的发展，必须采取普及和提高相结合的办法。"❺ 可见，普及教育、普及与提高相结合成为新中国成立之初我国教育尤其是初等教育发展的基本方略，在一些相关政策文件及领导人的讲话中都有提及，也在实践中逐步予以践行。

1963 年 11 月，教育部原部长杨秀峰在二届人大第四次会议上的讲话中指出，"在我国的大中城市，已经基本上普及了六年制的小学教育。在农村，有些地区已经基本上普及了初小教育；部分农村，由于连续几年的灾荒以及工作中的缺点，学龄儿童入学率还不够高，在灾荒严重的地区，小学在校学生数有时还有下降。"❻ 据统计，1963 年全国 7～12 周岁学龄儿童为 10967 万人，小

❶ 何东昌. 中华人民共和国重要教育文献：1949—1975 [M]. 海口：海南出版社，1998：551.
❷ 何东昌. 中华人民共和国重要教育文献：1949—1975 [M]. 海口：海南出版社，1998：689.
❸ 何东昌. 中华人民共和国重要教育文献：1949—1975 [M]. 海口：海南出版社，1998：820-821.
❹ 何东昌. 中华人民共和国重要教育文献：1949—1975 [M]. 海口：海南出版社，1998：859.
❺ 何东昌. 中华人民共和国重要教育文献：1949—1975 [M]. 海口：海南出版社，1998：895.
❻ 何东昌. 中华人民共和国重要教育文献：1949—1975 [M]. 海口：海南出版社，1998：1234.

学在校学生数约为 7300 万人，其中 7～12 周岁学龄儿童入学的约为 6465 万人，学龄儿童入学率为 59%，尚有 4502 万学龄儿童未入学。在未入学的儿童中绝大部分是农村儿童（4126 万人），其中贫、下中农子女（尤其是女孩子）又占大多数。❶ 1964 年 1 月，《教育部关于中小学教育和职业教育七年（1964—1970）规划要点（初步草案）》强调，"逐步普及小学教育，进一步改进农村小学教育工作。""普及小学教育，应该根据不同地区、不同的经济条件和文化基础，按照不同要求，采取多种形式，有计划、有步骤地进行。农村可以办六年制的全日制完全小学，可以办四年制的初级小学，可以办简易小学（包括半日制小学、巡回小学、识字班、早晚班等等），在山区和经济、文化条件较差的地区，特别要提倡办简易小学。""普及小学教育要贯彻群众路线，依靠群众办学。要以公办为主、民办为辅。现有的公办学校一般不再转为民办。对民办学校要加强领导，有困难的学校，国家要予以必要的补助。"❷ 1964 年 6 月 2 日，《人民日报》发表题为《阳原县普及小学教育是教育战线上的一面旗帜》的社论指出，"在我们这样一个大国里，各个地区的条件不尽相同，小学教育不可能采取一种办法，更不可能靠一次两次突击运动就能普及，而需要因地制宜地进行长期的，艰苦的，一点一滴的工作"。❸ 1965 年 7 月，《中共中央关于半农半读教育工作的指示》强调，"大力普及小学教育。普及小学教育，一般先要普及四年制的初小教育，然后进一步普及五年制或六年制的完全小学教育。还不能普及初小教育的地方，也要设法使儿童读书识字，不再产生新文盲。学龄儿童入学率已达到 90% 以上的地方，主要是做好巩固提高工作。"❹ 经过新中国成立后十几年的努力，普及小学教育已经取得了一定的成效，且普及小学教育的方法也更加多元。

　　1972 年 3 月 26 日，《人民日报》发表评论文章《普及小学教育是农村教育的重点》指出，"当前农村普及教育的重点应当放在普及小学五年教育上，首先满足广大贫下中农子女上小学的要求；在有条件的地区普及七年教育。""在普及农村小学五年教育中，要采取多种形式办学，把学校办在家门口，让

---

❶ 何东昌. 中华人民共和国重要教育文献：1949—1975 [M]. 海口：海南出版社，1998：1240.
❷ 何东昌. 中华人民共和国重要教育文献：1949—1975 [M]. 海口：海南出版社，1998：1240.
❸ 何东昌. 中华人民共和国重要教育文献：1949—1975 [M]. 海口：海南出版社，1998：1284.
❹ 何东昌. 中华人民共和国重要教育文献：1949—1975 [M]. 海口：海南出版社，1998：1358.

农民子女就近上学。对那些中途停学的学生，要给他们重新入学或补习的机会。各地还要特别注意发动和组织女孩子入学。"[1] 1975 年 4 月，《国务院批转教育部关于边疆和少数民族地区普及小学五年教育问题的请示报告》指出，"普及农村小学五年教育，是关系到我国亿万农民文化翻身、巩固工农联盟、加强无产阶级专政、促进社会主义革命和社会主义建设的一项大政。""要切实解决边疆、少数民族地区普及教育工作中的实际问题。"[2] 1979 年 1 月，《教育部关于继续切实抓紧普及农村小学五年教育的通知》指出，"强调提高教育质量，特别是提高农村小学教育的质量，是完全应该的。但不能把普及与提高对立起来，抓提高就忽视普及。党中央要求我们极大地提高整个中华民族的科学文化水平，不是提高一部分，放弃一部分。当前，由于小学五年教育没有真正普及，文盲半文盲大量存在并不断产生，值得严重注意。我们应该努力做到在普及的基础上提高，在提高的指导下普及。"[3] 1980 年 12 月，中共中央、国务院颁布的中华人民共和国成立以来普及小学教育的第一个纲领性的重要文献《中共中央、国务院关于普及小学教育若干问题的决定》指出，"在 20 世纪 80 年代，全国应基本实现普及小学教育的历史任务，有条件的地区还可以进而普及初中教育。小学教育是整个教育的基础，要提高教育质量，提高全民族的科学文化水平，必须从小学抓起。""普及小学教育应当根据各地区经济、文化基础和其他条件的不同，由各省、自治区、直辖市进行分区规划，提出不同要求，分期分批予以实现。绝不要搞'一刀切'。"[4] 1982 年 12 月，《中华人民共和国宪法》第十九条规定，"国家举办各种学校，普及初等义务教育。"[5]首次从法律上规定普及小学教育。1983 年 5 月，《中共中央、国务院关于加强和改革农村学校教育若干问题的通知》强调，"普及初等教育，是培养现代化建设人才的奠基工程。必须坚决贯彻执行 1980 年 12 月《中共中央、国务院关于普及小学教育若干问题的决定》，力争 1990 年前在我国除少数山高林深、人口特别稀少的地区外，基本普及初等教育。普及初等教育的规划和措施，要落实

---

[1] 何东昌. 中华人民共和国重要教育文献：1949—1975 [M]. 海口：海南出版社，1998：1483.
[2] 何东昌. 中华人民共和国重要教育文献：1949—1975 [M]. 海口：海南出版社，1998：1536.
[3] 何东昌. 中华人民共和国重要教育文献：1976—1990 [M]. 海口：海南出版社，1998：1661.
[4] 何东昌. 中华人民共和国重要教育文献：1976—1990 [M]. 海口：海南出版社，1998：1878.
[5] 何东昌. 中华人民共和国重要教育文献：1976—1990 [M]. 海口：海南出版社，1998：2054.

到县和区乡、社队。省、自治区、直辖市应当参照教育部制定的基本要求，结合本地区实际情况，确定普及的具体标准。"❶

中华人民共和国成立以后至 20 世纪 80 年代初期的 30 多年里，普及小学教育经历了奠定基础阶段（1949—1957 年）、冒进调整阶段（1958—1965 年）、畸形跨越阶段（1966—1976 年）、步入正轨阶段（1977—1984 年）等。❷一是整体上普及教育年限基本限定在初等教育阶段即小学五年，有条件的地区可以普及初中教育。二是主要以教育行政规章、领导人讲话指示、权威媒体宣传及法律法规为主，法律层面也只停留在宪法上，缺乏专门法律的有力保障。在 1982 年以前，没有明确规定普及教育的强制性、义务性和公益性等。三是推进策略灵活多样，"分阶段分步骤""两条腿走路""多种形式办学"是普及教育的基本方略。但由于我国经济生产方式较为落后，经济发展水平较为低下，再加上十年"文化大革命"的影响，普及小学教育目标仍然没有实现，普及任务依然十分艰巨。正如《人民教育》发表的评论文章《大力普及小学教育》所指出的，"我国普及小学教育至今总的说'三、六、九'的问题尚未解决，就是说学龄儿童入学率虽然统计表上已达到 90% 以上，但巩固率只在 60% 左右，合格率只有 30% 左右。今后在普及工作中绝对不要再搞形式主义、自欺欺人的那一套了。各地必须千方百计使入学儿童坚持读满修业年限，尽最大努力保证程度合格，至少要在语文、数学两科上达到小学毕业应有的程度。"❸ 这一阶段小学教育普及实施的思路、做法及经验为下一阶段推进义务教育普及提供了非常好的借鉴意义，也为更好地普及义务教育打下了较为坚实的基础。

二、义务教育普及发展的提出及实施

1985 年，《中共中央关于教育体制改革的决定》指出，"把发展基础教育的责任交给地方，有步骤地实行九年制义务教育。""现在，我们完全有必要

❶ 何东昌. 中华人民共和国重要教育文献：1976—1990 [M]. 海口：海南出版社，1998：2087.
❷ 王慧，梁雯娟. 新中国普及义务教育政策的沿革与反思 [J]. 河北师范大学学报：教育科学版，2015（3）：31 – 38.
❸ 人民教育编辑部. 大力普及小学教育 [J]. 人民教育，1981（2）：10 – 13.

也有可能把实行九年制义务教育当作关系民族素质提高和国家兴旺发达的一件大事，突出地提出来，动员全党、全社会和全国各族人民，用最大的努力，积极地、有步骤地予以实施。"❶ 这是中华人民共和国成立以来首次在中央文件中提出普及九年义务教育，并要求根据经济文化发展水平在全国分地区、有步骤地实现普及九年义务教育。1986 年《义务教育法》第二条规定，"国家实行九年制义务教育。省、自治区、直辖市根据本地区的经济、文化发展状况，确定推行义务教育的步骤。"第七条规定，"义务教育可以分为初等教育和初级中等教育两个阶段。在普及初等教育的基础上普及初级中等教育。初等教育和初级中等教育的学制，由国务院教育主管部门制定。"❷ 这是中华人民共和国第一个义务教育专门法律，它的颁布实施标志着我国义务教育法律体系初步建成，普及义务教育开始步入法制化的轨道。1992 年 3 月，《中华人民共和国义务教育法实施细则》从实施步骤、就学、教育教学、实施保障、管理与监督、罚则等方面对义务教育法落实作了全面规定。1992 年 10 月，中共十四大明确提出，到 20 世纪末，基本实现九年制义务教育。1993 年《中国教育改革和发展纲要》继续把"全国基本普及九年义务教育"确定为 20 世纪 90 年代教育发展的重要目标。1994 年 6 月，第二次全国教育工作会议提出，要力争到 20 世纪末在 85% 左右人口的地区普及九年义务教育，使青壮年中的非文盲率达到 95% 左右。❸ 1994 年 7 月，《国务院关于〈中国教育改革和发展纲要〉的实施意见》指出，到 2000 年全国基本普及九年义务教育（包括初中阶段的职业教育），即占全国总人口 85% 的地区普及九年义务教育。初中阶段的入学率达到 85% 左右，全国小学入学率达到 99% 以上。1994 年 9 月，《国家教委关于在 90 年代基本普及九年义务教育和基本扫除青壮年文盲的实施意见》对"基本普九"的目标、实施原则和步骤作出了详细规定。

1995 年 3 月，《教育法》第十八条规定，"国家实行九年制义务教育制度。各级人民政府采取各种措施保障适龄儿童、少年就学。"进一步明确了义务教育的权利与义务。同时第五十七条、第五十八条对实施义务教育的经费来源作

---

❶ 何东昌. 中华人民共和国重要教育文献：1976—1990 [M]. 海口：海南出版社，1998：2286.
❷ 何东昌. 中华人民共和国重要教育文献：1976—1990 [M]. 海口：海南出版社，1998：2414 – 2415.
❸ 何东昌. 中华人民共和国重要教育文献：1991—1997 [M]. 海口：海南出版社，1998：3651.

出了明确规定。故而，由宪法、教育法、义务教育法和实施细则等组成的义务教育法律体系，为"普九"提供了法律依据，推动着"基本普九"工作的稳步发展。1997年9月，中共十五大提出，"大力普及九年义务教育"。1998年12月，《面向21世纪教育振兴行动计划》指出，"普及义务教育工作的重点和难点在中西部地区，在'十五'计划期间继续实施'国家贫困地区义务教育工程'，重点放在山区、牧区和边境地区。"1999年6月，《中共中央国务院关于深化教育改革　全面推进素质教育的决定》规定，基本普及九年义务教育是全面推进素质教育的基础。地方各级人民政府要继续将"普九"作为教育工作的"重中之重"，确保2000年"普九"目标的实现和达标后的巩固与提高。各地要从实际出发，改造薄弱学校，提高义务教育阶段的整体办学水平。2000年后要继续实施"国家贫困地区义务教育工程"，加大对贫困地区和少数民族地区的扶持力度，继续加强发达地区对少数民族贫困地区的教育对口支援工作，切实解决农村初中辍学率偏高的问题，同时大力提高义务教育阶段残疾儿童少年的入学率。2000年底，党的十四大提出的"到20世纪末基本普及九年义务教育"的目标如期实现，"普九"人口覆盖率继续提高。全国普及九年义务教育的地区人口覆盖率达到85%，"普九"验收的县（市、区）总数达到2541个（含其他县级行政区划单位156个），11个省市已按要求实现"普九"。全国小学55.36万所，在校生13013.25万人，小学适龄儿童入学率（按各地相应学龄、学制计算）达到99.1%，比上年提高0.01个百分点，其中男女童入学率分别是99.14%和99.07%。小学生辍学率为0.55%，比上年下降0.35个百分点。小学五年巩固率为94.54%，其中女童五年巩固率为94.48%，分别比上年提高2.06和1.86个百分点。全国初中学校6.39万所，在校生6256.29万人，初中阶段毛入学率88.6%。初中辍学率3.21%，比上年下降0.07个百分点。❶

随着21世纪的到来，我国已经实现了"基本普九"任务，但仍有15%的西部和贫困、落后地区没有实现"普九"，且实现"普九"的地区也存在"普九"质量不高、城乡严重失衡、拖欠教师工资等问题。2001年，《国务院关于

❶ 教育部. 2000年全国教育事业发展统计公报［EB/OL］.（2001-06-01）［2022-11-29］. http：//www.moe.gov.cn/jyb_sjzl/sjzl_fztjgb/tnull_843.html.

基础教育改革与发展的决定》指出，"确立基础教育在社会主义现代化建设中的战略地位，坚持基础教育优先发展。"明确了基础教育的战略地位及优先发展要求，并进一步要求地方各级人民政府要坚持将普及九年义务教育作为教育工作的"重中之重"，进一步扩大九年义务教育人口覆盖范围，初中阶段入学率达到90%以上，青壮年非文盲率保持在95%以上。2002年11月，中共十六大提出，"继续普及九年义务教育。"2003年9月，《国务院关于进一步加强农村教育工作的决定》规定，到2007年，西部地区普及九年义务教育人口覆盖率要达到85%以上，青壮年文盲率降到5%以下，并要求已经实现"普九"目标的地区特别是中部和西部地区，要巩固成果、提高质量。2004年3月，《2003—2007年教育振兴行动计划》指出，"努力提高普及九年义务教育的水平和质量，为2010年全面普及九年义务教育和全面提高义务教育质量打好基础。"开始重视"普九"发展的质量水平，并正式提出全面普及义务教育问题。2005年5月，《教育部关于进一步推进义务教育均衡发展的若干意见》指出，充分认识推进义务教育均衡发展在构建社会主义和谐社会中的重要作用，把这项工作作为实现"两基"之后义务教育发展的一项重要任务，研究提出本地区推进义务教育均衡发展的目标任务、实施步骤和政策措施，并纳入当地教育改革与发展的总体规划。2005年12月，《国务院关于深化农村义务教育经费保障机制改革的通知》强调，按照"明确各级责任、中央地方共担、加大财政投入、提高保障水平、分步组织实施"的基本原则，逐步将农村义务教育全面纳入公共财政保障范围，建立中央和地方分项目、按比例分担的农村义务教育经费保障机制。中央重点支持中西部地区，适当兼顾东部部分困难地区。进一步凸显了义务教育的公益性。2007年10月，中共十七大提出，促进义务教育均衡发展。《2010年全国教育事业发展统计公报》指出，在全国城乡普遍实行免费义务教育。突出了义务教育的免费性。截至2010年底，全国2856个县（市、区）全部实现"两基"，全国"两基"人口覆盖率达到100%。全国小学普及程度继续保持高位，女童净入学率继续超过男童。小学学龄儿童净入学率达99.7%。其中，男童小学净入学率为99.68%，女童小学

净入学率为99.73%。全国初中普及程度继续提高，全国初中阶段毛入学率达100.1%。❶

义务教育全面普及宏伟目标实现后，开始重点推进义务教育均衡发展。2010年7月，《国家中长期教育改革和发展规划纲要（2010—2020年）》指出，"把促进公平作为国家基本教育政策。教育公平是社会公平的重要基础。教育公平的关键是机会公平，基本要求是保障公民依法享有受教育的权利，重点是促进义务教育均衡发展和扶持困难群体，根本措施是合理配置教育资源，向农村地区、边远贫困地区和民族地区倾斜，加快缩小教育差距。"义务教育均衡发展作为教育公平发展的重点被提出。2011年《政府工作报告》强调，促进义务教育均衡发展。加强义务教育阶段学校标准化建设，公共资源配置重点向农村和城市薄弱学校倾斜。2012年9月，《关于深入推进义务教育均衡发展的意见》指出，"率先在县域内实现义务教育基本均衡发展，县域内学校之间差距明显缩小。到2015年，全国义务教育巩固率达到93%，实现基本均衡的县（市、区）比例达到65%；到2020年，全国义务教育巩固率达到95%，实现基本均衡的县（市、区）比例达到95%。"2012年11月，中共十八大提出，"均衡发展九年义务教育。"2013年11月，中共十八届三中全会提出，"统筹城乡义务教育资源均衡配置。"2016年7月，《关于统筹推进县域内城乡义务教育一体化改革发展的若干意见》对统筹推进县域内城乡义务教育一体化改革发展的指导思想、基本原则、工作目标、主要措施、组织保障等问题作了具体规定。2017年4月，《县域义务教育优质均衡发展督导评估办法》颁布实施，对巩固义务教育基本均衡发展成果，引导各地将义务教育均衡发展向着更高水平推进，全面提高义务教育质量具有重要意义。2017年10月，中共十九大提出，"推动城乡义务教育一体化发展，高度重视农村义务教育。"城乡义务教育均衡发展和一体化发展的短板是乡村小规模学校和乡镇寄宿制学校的办学条件。2018年4月，国务院办公厅印发《关于全面加强乡村小规模学校和乡镇寄宿制学校建设的指导意见》，就全面加强乡村小规模学校和乡镇寄宿制学校建设的指导思想、基本原则、主要目标、统筹学校布局规划、改善办学

---

❶ 教育部. 2010年全国教育事业发展统计公报［EB/OL］.（2012 – 03 – 21）［2022 – 11 – 29］. http：//www.moe.gov.cn/srcsite/A03/S180/moe_633/201203/t20120321_132634.html.

条件、强化师资建设、强化经费保障、提高办学水平等问题作出了规定。2019年6月,《中共中央 国务院关于深化教育教学改革全面提高义务教育质量的意见》对全面提高义务教育质量作出了系统部署。据统计,截至2019年12月底,全国累计2767个县通过了国家义务教育基本均衡认定,占比达到95.32%。❶义务教育正在从实现基本均衡的决战期,走向扎实推进优质均衡发展的新阶段。我国教育发展尤其是义务教育发展实现了从"有学上"到"上好学"的跨越,教育整体上在向高质量发展阶段迈进。

我国九年义务教育的真正实现经历了30多年的时间。1985年,《中共中央关于教育体制改革的决定》提出"实行九年义务教育";1986年,我国正式实施《义务教育法》,开始了义务教育的法治化进程;2000年,基本普及九年义务教育;2006年,重新修订《义务教育法》,使义务教育在制度层面上更加完善,以法律的形式明确了义务教育的各种实现条件;2010年,全面普及九年义务教育,并开始重点推进义务教育均衡发展;2019年,实现义务教育基本均衡,并开始走向优质均衡。综合而言,义务教育普及发展经历了起步发展、全面推进、基本普及、全面普及、基本均衡及优质均衡发展等阶段,在普及发展实践中,一是重视政策法规的建立与实施,制定了一系列义务教育普及发展政策法规,从义务教育发展战略定位、经费保障、师资队伍、办学标准、管理标准、督导评估制度等方面作出了全面系统的安排,同时通过颁布《义务教育法》《教师法》《教育法》等法规进一步规范义务教育发展。二是明确义务教育的战略地位,优先发展义务教育,党和国家不断强化和加大对义务教育普及发展的投入,由中央安排专项经费启动实施了"国家贫困地区义务教育工程""国家西部地区'两基'攻坚计划(2004—2007年)""全国中小学校舍安全工程""农村义务教育薄弱学校改造计划""农村义务教育学生营养改善计划"等一系列的计划和工程,大力推进"两免一补"政策的实施,推动了我国义务教育的普及发展。三是重视义务教育师资队伍建设,加大发展义务教育师资队伍保障力度,尤其是21世纪以来,为进一步提高义务教育师资队伍整体素质,优化师资队伍结构,完善教师管理体制机制,通过推行师范生

---

❶ 梁丹,王家源. 全国95.32%的县通过国家义务教育基本均衡发展督导评估认定:义务教育迈向优质均衡阶段 [N]. 中国教育报,2020 – 05 – 19.

免费教育、构建现代教师教育体系、创新教师培养培训机制、创新教师管理体制机制等多种形式，全面加强义务教育师资队伍建设。四是重视义务教育均衡优质发展，在实现义务教育全面普及后，重点要巩固义务教育普及成果，推进义务教育均衡优质发展，实现义务教育从面上发展到内涵发展的转型升级。故而，义务教育从基本普及到全面普及以及优质均衡发展目标的实现，为进一步推进普通高中普及发展打下了坚实基础。

三、普通高中教育普及发展的提出与实施

普通高中在我国社会主义教育体系中处于十分重要的位置，是培养德智体美劳全面发展的社会主义建设者和接班人的重要基地，是联系义务教育和高等教育的纽带。没有义务教育的普及与高质量发展，就不会有高中教育的普及与高质量发展。在我国义务教育普及进程中，普及发展高中教育也逐渐被提出，并被不断深入推进。1993 年，《中国教育改革和发展纲要》提出，"大城市市区和沿海经济发达地区积极普及高中阶段教育。"这是我国教育政策文本首次把"普及发展高中阶段教育"的概念提出来。1994 年，《国务院关于〈中国教育改革和发展纲要〉的实施意见》指出，"大城市市区和有条件的沿海经济发展程度较高地区要在普及九年义务教育的基础上，积极普及高中阶段教育（包括普通高中和高中阶段的职业教育）。普通高中可根据各地的需要和可能适量发展。到 2000 年普通高中在校生要达到 850 万人左右。"1998 年，《面向21 世纪教育振兴行动计划》指出，"到 2010 年，在全面实现'两基'目标的基础上，城市和经济发达地区有步骤地普及高中阶段教育。"1999 年，《教育部关于积极推进高中阶段教育事业发展的若干意见》指出，"各地教育行政部门要在确保实现'两基'目标和巩固提高的基础上，重视发展高中阶段教育事业。城市和经济发达的地区要有步骤地普及高中阶段教育，满足初中毕业生接受高中阶段教育的需求。已经基本普及高中阶段教育的地方，要优化教育结构和教育资源配置，进一步提高教育质量和办学效益。"2001 年，《国务院关于基础教育改革与发展的决定》指出，"大力发展高中阶段教育，促进高中阶段教育协调发展。有步骤地在大中城市和经济发达地区普及高中阶段教育。支持已经普及九年义务教育的中西部农村地区发展高中阶段教育。""'十五'期

间，高中阶段入学率达到 60% 左右。"2002 年，中共十六大把"基本普及高中阶段教育"列入全面建设小康社会的奋斗目标之中。2004 年，《2003—2007 年教育振兴行动计划》将普及高中阶段教育纳入中国特色社会主义现代化教育体系，提出"到 2020 年，要全面普及九年义务教育，基本普及高中阶段教育"。

2007 年 10 月，中共十七大提出，"促进义务教育均衡发展，加快普及高中阶段教育。"在中央政策文件中首次明确要加快普及高中阶段教育。2010 年，《国家中长期教育改革和发展规划纲要（2010—2020 年)》提出，到 2020 年，普及高中阶段教育，毛入学率达到 90%，并要求"加快普及高中阶段教育"。2012 年 11 月，中共十八提出，"基本普及高中阶段教育。"2015 年，党的十八届五中全会强调，"提高教育质量，推动义务教育均衡发展，普及高中阶段教育。"2017 年 3 月，《高中阶段教育普及攻坚计划（2017—2020 年)》指出，"到 2020 年，全国普及高中阶段教育，适应初中毕业生接受良好高中阶段教育的需求。全国、各省（区、市）毛入学率均达到 90% 以上，中西部贫困地区毛入学率显著提升；普通高中与中等职业教育结构更加合理，招生规模大体相当；学校办学条件明显改善，满足教育教学基本需要；经费投入机制更加健全，生均拨款制度全面建立；教育质量明显提升，办学特色更加鲜明，吸引力进一步增强。"这也是我国高中教育发展政策中首次以普及命名的文件，文件从总体要求、重点任务、主要措施、组织实施等方面对普及高中教育作了系统规定。2017 年 10 月，中共十九大提出，"推动城乡义务教育一体化发展，普及高中阶段教育，努力让每个孩子都能享有公平而有质量的教育。"在普及的基础上，更加重视教育质量的提升。

2019 年 2 月，《中国教育现代化 2035》提出，"到 2035 年，全面普及高中阶段教育。高中阶段教育普及与完成水平进入世界先进行列，城乡新增劳动力普遍接受高中阶段教育。普通高中与中等职业教育协调发展，有效满足学生个性化、多样化发展需求，学生自主发展能力显著增强，为成长成才提供坚实的知识和能力储备。""高中阶段教育毛入学率达到 97%。"《加快推进教育现代化实施方案（2018—2022 年)》指出，"全面实施高中阶段教育普及攻坚计划。推动地方新建、改扩建一批学校，扩大教育资源。统筹普通高中和中等职业教育协调发展，保障招生规模大体相当，职业教育比例较低的地区要重点扩大中等职业教育资源。继续支持改善普通高中办学条件。修订完善普通高中学校校舍建设标准和装备配备标准。组织开展普及高中阶段教育评估验收。"对全面普及高中阶段教育作了系统安排，同时提出"推动普通高中优质特色发展"的战略任务。2019 年 6 月，《关于新时代推进普通高中育人方式改革的指导意见》提出，"到 2022 年，德智体美劳全面培养体系进一步完善，立德树人落实机制进一步健全。普通高中新课程新教材全面实施，适应学生全面而有个性发展的教育教学改革深入推进，选课走班教学管理机制基本完善，科学的教育评价和考试招生制度基本建立，师资和办学条件得到有效保障，普通高中多样化有特色发展的格局基本形成。"普通高中育人方式改革是提升普通高中教育质量的重要形式，也是高中教育普及攻坚的重要措施，是一种要求有质量的普及。据《2020 年全国教育事业发展统计公报》数据显示，全国共有高中阶段教育学校 2.45 万所，比上年增加 82 所，增长 0.34%；招生 1521.10 万人，比上年增加 81.24 万人，增长 5.64%；在校生 4163.02 万人，比上年增加 168.12万人，增长 4.21%。高中阶段毛入学率 91.2%，比上年提高 1.7 个百分点。❶我国已如期实现 2010 年《国家中长期教育改革和发展规划纲要（2010—2020年)》所提出的"到 2020 年普及高中阶段教育，毛入学率达到 90%"的发展任务，实现"基本普及高中阶段教育"的发展目标。

我国高中阶段教育普及从 1993 年提出，到 2020 年实现"基本普及高中阶段教育"发展目标，经历了近 30 年的时间。综合而言，高中阶段教育普及发展经历了提出普及、推进普及、加快普及、基本普及等阶段。高中阶段教育普及发展相较于义务教育普及发展而言，一是高中阶段教育普及提出相对较晚，是普及义务教育发展 8 年后才提出要逐步普及高中阶段教育，是义务教育发展到一定阶段和水平后逐步认识到高中阶段教育普及的重要性，尤其是义务教育与高中阶段教育一体化发展的重要性而作出的重要决定。二是高中阶段教育普及发展也是通过一定政策法规自上而下逐步推进的。尤其是对中西部高中阶段教育普及专门制定了相关政策文件，比如，《改善普通高中学校办学条件补助资金管理办法》《关于免除普通高中建档立卡家庭经济困难学生学杂费的意见》《教育脱贫攻坚"十三五"规划》《深度贫困地区教育脱贫攻坚实施方案

---

❶　2020 年全国教育事业发展统计公报［EB/OL］.（2021 - 08 - 27）［2022 - 11 - 29］. http：//www. moe. gov. cn/jyb_sjzl/sjzl_fztjgb/202108/t20210827_555004. html.

（2018—2020年）》等，通过政策强化，不断弥补中西部地区高中阶段教育发展的短板，统筹推进高中阶段教育普及发展。三是非常重视有质量的教育普及。这是义务教育实现全面普及走向优质均衡发展的必然要求，高中阶段教育普及不能走低质量普及之路，而是要在义务教育发展更优质的基础上进一步延伸，进一步深化，只有如此，才可能满足人民日益增长的对优质教育资源需求的愿望，也是新时代赋予高中阶段教育发展的新使命、新任务。

通过对高中教育重点举办政策、分级管理政策以及普及发展政策的梳理分析可知，重点举办政策体现出"效率优先"的价值内涵，在这一价值内涵影响下，一般高中、乡村高中属于"被忽视"的对象，尤其是乡村高中一直在"被忽视"政策影响下，发展逐步趋于"萧条"样态。分级管理政策意味着管理权力的下放，尤其是基础教育阶段管理权力下放后，出现"人民教育人民办"的现象，由于乡镇及县级财政存在脆弱性，再加上明显的地区差异，尤其是中西部地区的乡镇及县级财政难以满足基础教育发展的基本需求，乡村高中更是难以得到更多的财力支持，既不像义务教育受到《义务教育法》的法律保护，也不像示范性高中能够得到重点关照，在发展过程中深陷"重灾区"。普及教育政策的实施意味着兜住了基础教育发展的底线，通过普及可以让基础教育阶段的所有学校都能获得基本的发展，尤其是义务教育走向优质均衡以及我国教育逐步迈向高质量发展阶段后，通过实施全面普及教育，乡村高中发展获得了保障，乡村高中若是没有得到更高程度的普及和更高质量的发展，仍然会影响到我们国家实现教育现代化的发展目标。故而，普及政策为乡村高中迈向高质量发展提供了坚实的政策基础，乡村高中的更好发展也进一步弥补了我国教育现代化发展的"短板"，有利于促进我国教育现代化发展目标的全面实现。

第二章　城镇化与教育发展

城镇化是我国社会经济发展尤其是 21 世纪以来社会经济发展的重要主题和战略任务，为我国城乡经济社会发展带来了重要影响与重大改变。城镇化与教育发展主要以国家与各省市近 20 年《国民经济和社会发展统计公报》《中国教育统计年鉴》等统计数据为依据，重点探讨城镇化背景下城乡人口的流动状况，尤其是教育人口的流动状况，从而厘清城乡教育人口的变化趋势，并进一步探讨因城乡教育人口变化而产生的城乡教育规模的发展变化，从中看出乡村教育发展的艰难与不易，进而明晰乡村普通高中校长发展面临的挑战与难题。这是理解乡村普通高中校长发展困境的重要社会背景。

第一节　城镇化与人口流动

城镇化是指随着一个国家或地区社会生产力的发展、科学技术的进步以及产业结构的调整，其社会由以农业为主的传统乡村型社会向以工业和服务业等非农产业为主的现代城市型社会逐渐转变的历史过程。城镇化的本质是生产要素在空间上的集聚，集聚形成相应的产业规模和市场效益，前者通过社会分工实现专业化的产品集中生产并实现成本上的优势，后者通过更为便利快捷的交通、交易渠道以及有效的服务方式获得消费和扩大再生产。城镇化的深入推进带来了大量的人口流动，尤其是带来了大量的教育人口流动。

一、我国城镇化发展概述

我国城镇化发展随着社会政治、经济、文化的发展变化而变化。有研究者把我国城镇化发展进程分为四个阶段：改革开放之前的城镇化阶段（1949—1978 年）、改革开放之初的城镇化阶段（1979—1995 年）、社会主义市场经济初期的城镇化阶段（1996—2011 年）和新型城镇化阶段（2012 年至今）❶。也有研究者把我国城镇化分为六个阶段：1949—1957 年城市化起步发展、1958—1965 年城市化曲折发展、1966—1978 年城市化停滞发展、1979—1984 年城市化恢复发展、1985—1991 年城市化稳步发展、1992 年至今城市化快速发展❷。结合已有研究成果，本研究把我国城镇化分为改革开放之前的城镇化阶段（1949—1978 年）、改革开放之初的城镇化阶段（1979—1991 年）、社会主义市场经济初期的城镇化阶段（1992—2011 年）和新型城镇化阶段（2012 年至今）四个阶段。

（一）改革开放之前的城镇化（1949—1978 年）

中华人民共和国成立后，党领导全国各族人民开始了有步骤地从新民主主义到社会主义的转变。经过三年经济恢复工作之后，1952 年底，中共中央提出了党在过渡时期的总路线，1954 年 2 月，党的七届四中全会正式确立了党在过渡时期的总路线："从中华人民共和国成立，到社会主义改造基本完成，这是一个过渡时期。党在这个时期的总路线和总任务，是要在一个相当长的时期内，逐步实现国家的社会主义工业化，并逐步实现国家对农业、手工业和对资本主义工商业的社会主义改造。"❸ 这个"一化三改"的总路线，其实质和主要任务是实现国家工业化，需要实现对农业、手工业和资本主义工商业的社会主义改造，并全面确立社会主义的基本制度。工业化的起步也意味着城镇化进程的开启。到 1956 年年底，农业社会主义改造在经历了互助组、初级社、

---

❶ 朱鹏华. 新中国 70 年城镇化的历程、成就与启示 [J]. 山东社会科学，2020（4）：107-114.
❷ 牛文元. 中国新型城市化报告（2012）[M]. 北京：科学出版社，2012：35.
❸ 中共中央文献研究室. 毛泽东文集：第六卷[M]. 北京：人民出版社，1999：316.

高级社三个阶段后基本完成，参加初级社的农户占总农户的 96.3%，参加高级社的达到总农户的 87.8%，基本上实现了完全的社会主义改造。从 1953 年 11 月开始至 1956 年底，党采取"积极领导、稳步前进"的方针，以生产合作小组、供销合作社、生产合作社等形式，对手工业逐步实行社会主义改造，全国 90% 以上的手工业者加入了合作社。资本主义工商业的社会主义改造，从 1954 年至 1956 年底全面进行。1956 年底社会主义改造基本完成，标志着我国进入了社会主义计划经济时期。1958 年 1 月，颁布了新中国第一部户籍制度文件——《中华人民共和国户口登记条例》，这个条例以法律形式严格限制农民进入城市，限制城市间人口流动，在城市与农村之间构筑了一道高墙，城乡分离的"二元经济模式"因此生成。❶

这一时期城镇化率由 1949 年的 10.64% 增加到 1960 年的 19.75%。随后，由于"文化大革命"的影响，城镇化率出现下降甚至停滞状态，1965 年下降至 17.98%，1966—1976 年，城镇化率均值为 17.42%，至 1978 年城镇化率增加至 17.92%，年均增长约 0.24%。❷ 据英国学者科克比（Kirkby）估计，除了 1955 年之外，1950—1960 年城镇人口都处于净迁入状态，其间累计迁入城镇人口 4922 万人，而在 1961—1976 年，几乎所有年份城镇人口都处于净迁出状态，其间累计净迁出人口 4954 万人。❸ 1962—1966 年共有 129.3 万知识青年上山下乡，1967—1968 年为 199.7 万人，而 1969 年这一年即达 267.3 万人。1975 年再次达到一个高峰（当年上山下乡人数达 236.9 万人），之后开始逐年减少，直到 1978 年之后，形成大规模知识青年回城潮，这个运动逐渐终结。这样，从 1962 年算下来，累计约 1792 万人先后上山下乡。❹ 这应该算作一种人为的人口逆城镇化现象，这种逆城镇化无疑影响着当时城镇化发展的进程，也是城镇化率停滞不前的重要因素。

---

❶ 中国经济信息编辑部. 中国户籍管理制度变迁［J］. 中国经济信息，2002（17）：12.
❷ 国家统计局. 中国常住人口城镇化率历年统计数据（1949—2015）［EB/OL］.［2022 - 11 - 29］. http://www.doczj.com/doc/dac6641053d380eb6294dd88d0d233d4b14e3fff.html.
❸ 蔡昉，都阳，等. 新中国城镇化发展 70 年［M］. 北京：人民出版社，2019：22.
❹ 蔡昉，都阳，等. 新中国城镇化发展 70 年［M］. 北京：人民出版社，2019：23.

（二）改革开放之初的城镇化（1979—1991 年）

改革开放开启了我国社会发展的新历程，城镇化发展也进入了新的发展阶段。改革开放前，我国城镇化在计划体制的严控下，始终处于被压制的状态。改革开放之初，农村体制改革形成了城镇化的"推力"，1982 年 1 月，中共中央批转《全国农村工作会议纪要》，指出农村实行的各种责任制，包括小段包工定额计酬，专业承包联产计酬，联产到劳，包产到户、到组，包干到户、到组，等等，都是社会主义集体经济的生产责任制。1982 年 9 月，中共十二大提出，近几年在农村建立的多种形式的生产责任制，进一步解放了生产力，必须长期坚持下去。1983 年中央下发文件，指出家庭联产承包制是在党的领导下我国农民的伟大创造，是马克思主义农业合作化理论在我国实践中的新发展。1991 年 11 月，中共十三届八中全会通过的《中共中央关于进一步加强农业和农村工作的决定》提出，把以家庭联产承包为主的责任制、统分结合的双层经营体制作为我国乡村集体经济组织的一项基本制度长期稳定下来，并不断充实完善。家庭联产承包责任制作为农村经济体制改革的第一步，突破了"一大二公""大锅饭"的旧体制。而且，随着承包制的推行，个人付出与收入挂钩，使农民生产的积极性大增，解放了农村生产力。

城市体制改革为城镇化提供了"拉力"。1984 年 10 月，中共十二届三中全会通过的《中共中央关于经济体制改革的决定》指出："城市是我国经济、政治、科学技术、文化教育的中心，是现代工业和工人阶级集中的地方，在社会主义现代化建设中起着主导作用。只有坚决地系统地进行改革，城市经济才能兴旺繁荣，才能适应对内搞活、对外开放的需要，真正起到应有的主导作用，推动整个国民经济更好更快地发展。"由此开启了城市体制改革。1987 年 10 月，中共十三大提出，必须充分发挥城市的作用，把城市首先是大中城市建设成为多功能的、现代化的经济中心。城市也一定要简政放权，政企分开，并敞开大门，实行全方位开放，不仅为本城市服务，还要为周围农村服务，为它所联系的整个经济区服务。总体来看，这一阶段经济体制改革成为我国城镇化的主导力量。非公有制经济快速发展，市场体制不断发育，基于经济、法律和行政手段的国家宏观调控体系逐渐形成。这一系列的以城市为中心的经济体制改革成果，为城镇化的进一步发展创造了良好的经济环境。这一时期城镇化率由 1979 年的 19.99%，增加至 1991 年的 26.37%❶，城镇化率均值约为 23.36%，年均增长约 0.49%，处于缓慢增长状态。说明城镇的大门还没有完全向农民打开，城镇与农村还是处于相对独立发展状态，城镇化的快速发展期还没有真正到来。

（三）社会主义市场经济初期的城镇化（1992—2011 年）

1992 年 10 月，中共十四大提出，"我国经济体制改革的目标是建立社会主义市场经济体制，以利于进一步解放和发展生产力。"1993 年 11 月，中共十四届三中全会通过的《中共中央关于建立社会主义市场经济体制若干问题的决定》指出，社会主义市场经济体制是同社会主义基本制度结合在一起的。建立社会主义市场经济体制，就是要使市场在国家宏观调控下对资源配置起基础性作用。为实现这个目标，必须坚持以公有制为主体、多种经济成分共同发展的方针。1997 年 9 月，中共十五大提出，建立比较完善的社会主义市场经济体制，保持国民经济持续快速健康发展。2002 年 11 月，中共十六大提出，"走新型工业化道路，大力实施科教兴国战略和可持续发展战略。""全面繁荣农村经济，加快城镇化进程。"2003 年 10 月，中共十六届三中全会通过的《中共中央关于完善社会主义市场经济体制若干问题的决定》指出，完善公有制为主体、多种所有制经济共同发展的基本经济制度，建立有利于逐步改变城乡二元经济结构的体制。2007 年 10 月，中共十七大提出，"实现未来经济发展目标，关键要在加快转变经济发展方式、完善社会主义市场经济体制方面取得重大进展。""走中国特色城镇化道路，按照统筹城乡、布局合理、节约土地、功能完善、以大带小的原则，促进大中小城市和小城镇协调发展。"

社会主义市场经济体制改革是一项规模宏大的系统工程，从城镇化的角度来看，主要有户籍制度改革、住房市场化改革、人力资源市场改革等。比如，1997 年 5 月发布的《小城镇户籍管理制度改革试点方案》指出，经批准在小城镇落户的人员，与当地原有居民享有同等待遇。当地人民政府及有关部门、

---

❶　国家统计局. 中国常住人口城镇化率历年统计数据：1949—2015［EB/OL］.［2022 - 11 - 29］. http：//www. doczj. com/doc/dac6641053d380eb6294dd88d0d233d4b14e3fff. html.

单位应当同对待当地原有居民一样，对他们的入学、就业、粮油供应、社会保障等一视同仁。2001年6月发布的《关于推进小城镇户籍管理制度改革的意见》指出，通过改革小城镇户籍管理制度，引导农村人口向小城镇有序转移，促进小城镇健康发展，加快我国城镇化进程。两个户籍制度改革文件的发布，标志着户籍制度改革从小城镇开始全面展开，并逐步向中小城市扩展。再如，在人力资源市场改革方面，2001年《国民经济和社会发展第十个五年计划纲要》指出，打破城乡分割体制，逐步建立市场经济体制下的新型城乡关系。改革城镇户籍制度，形成城乡人口有序流动的机制。取消对农村劳动力进入城镇就业的不合理限制，引导农村富余劳动力在城乡、地区间的有序流动。2006年《国民经济和社会发展第十一个五年规划纲要》指出，积极稳妥地推进城镇化，逐步改变城乡二元结构。分类引导人口城镇化。随着市场经济体制的逐渐完善，我国由偏就地城镇化向偏异地城镇化转变，特别是东部经济发达地区和中西部的大城市对异地流动人口的吸引力迅速增强。这一时期城镇化获得快速发展，城镇化率由1992年的27.63%增加至2011年的51.27%，年均增长约1.18%，这一阶段城镇化速率是改革开放之初的2.4倍，是改革开放之前的4.9倍。从城镇化的国际经验来看，在类似的发展阶段中国的城镇化速率高于英国、美国、德国等多数国家，仅低于日本等少数国家。❶

（四）新型城镇化（2012年至今）

2012年12月，中央经济工作会议指出，"城镇化是我国现代化建设的历史任务，也是扩大内需的最大潜力所在，要围绕提高城镇化质量，因势利导、趋利避害，积极引导城镇化健康发展。要构建科学合理的城市格局，大中小城市和小城镇、城市群要科学布局，与区域经济发展和产业布局紧密衔接，与资源环境承载能力相适应。要把有序推进农业转移人口市民化作为重要任务抓实抓好。要把生态文明理念和原则全面融入城镇化全过程，走集约、智能、绿色、低碳的新型城镇化道路。"会议首次提出新型城镇化的概念。2013年11月，十八届三中全会通过的《中共中央关于全面深化改革若干重大问题的决

---

❶ 朱鹏华. 新中国70年城镇化的历程、成就与启示［J］. 山东社会科学，2020（4）：107-114.

定》提出，"坚持走中国特色新型城镇化道路，推进以人为核心的城镇化，推动大中小城市和小城镇协调发展、产业和城镇融合发展，促进城镇化和新农村建设协调推进。优化城市空间结构和管理格局，增强城市综合承载能力。"这标志着我国城镇化建设进入了一个崭新的发展阶段。

2014 年，中共中央国务院印发的《国家新型城镇化规划（2014—2020年)》指出，"紧紧围绕全面提高城镇化质量，加快转变城镇化发展方式，以人的城镇化为核心，有序推进农业转移人口市民化；以城市群为主体形态，推动大中小城市和小城镇协调发展；以综合承载能力为支撑，提升城市可持续发展水平；以体制机制创新为保障，通过改革释放城镇化发展潜力，走以人为本、四化同步、优化布局、生态文明、文化传承的中国特色新型城镇化道路，促进经济转型升级和社会和谐进步，为全面建成小康社会、加快推进社会主义现代化、实现中华民族伟大复兴的中国梦奠定坚实基础。"2016 年，《国务院关于深入推进新型城镇化建设的若干意见》发布，对推进新型城镇化建设作出了科学安排和周密部署。2017 年 10 月，中共十九大提出，推动新型工业化、信息化、城镇化、农业现代化同步发展。由于人是城市的主体，是城镇化的出发点和归宿。故新型城镇化更加强调以人为核心，更加注重城镇化质量的提升，尤其在户籍制度改革方面，比如，2014 年，国务院颁布的《关于进一步推进户籍制度改革的意见》明确提出，进一步调整户口迁移政策，统一城乡户口登记制度，全面实施居住证制度。《国务院关于深入推进新型城镇化建设的若干意见》进一步提出，加快落实户籍制度改革政策，全面实行居住证制度。这一时期城镇化率由 2012 年的 52.57% 增加至 2020 年的 63.89%，年均增长约 1.26%。

总体而言，我国城镇化建设尤其是 20 世纪 90 年代以来处于快速发展时期，主要经历了三个重要节点：第一，1998 年 10 月，中共十五届三中全会提出"发展小城镇是带动农村经济和社会发展的一个大战略"，由此拉开了我国城镇化战略的序幕。第二，2001 年 6 月，国务院转发《关于促进小城镇健康发展的若干意见》，推动了城镇化率统计标准的调整，除城镇户籍人口外，在城镇就业半年以上的外来人口被纳入了统计范围，所以如今中国城镇化率有两个指标，一是常住人口城镇化率，二是户籍人口城镇化率。公安部发文要求县级市、县以及建制镇户口对进城农民全面放开。《国民经济和社会发展第十个五年计划纲要》要求取消对农民进城就业的不合理限制。第三，2012 年 12 月，中央经济工作会议提出"新型城镇化"发展战略。新型城镇化政策主要解决两个问题，一是如何实现从数量型增长向质量型提升转变，二是如何实现从粗放型扩张向集约型增长转变。这三个节点，体现了我国城镇化从不成熟到逐步成熟、从重视规模到逐步重视质量的发展过程。每个节点的出现都对人口流动以及教育发展产生了重要的影响。

二、城镇化与人口整体流动状况

改革开放以来，中国经济快速发展，推进了工业化和城镇化进程；城市快速扩张，引起生产要素的合理流动和资源的高效率配置，进而促进了中国经济的持续健康发展。我国作为世界上人口最多的国家，随着城镇化进程的加快，大规模的人口流动成为我国经济社会发展的显著特征，也成为我国经济快速增长的重要动力。无论城镇由小到大，还是乡村由大变小，这一变化的关键因素都可归结为人口流动。人口流动已成为我国城镇人口变化以及乡村人口减少的主要因素。

据统计，我国流动人口规模从 1982 年的 657 万人增加至 1990 年的 2135 万人，年均增长约 7%。从 1990 年的 2135 万人增加至 2010 年的 22143 万人，年均增长约 12%。[1] 尤其是 21 世纪以来，随着我国户籍制度改革的不断深化，户籍限制性条件逐步减少，流动人口市民化进程不断加快，人口流动规模日益增大，流动人口从 2009 年的 1.8 亿人，增长至 2014 年的 2.53 亿人，随后减少至 2019 年的 2.36 亿人，到 2020 年又突然增加至 3.76 亿人，2020 年比 2019 年净增加 1.4 亿流动人口（见图 2-1）。近 10 年，我国流动人口规模占全国人口的比重为 18%左右，相当于每六个人中有一个是流动人口。

---

[1] 中国流动人口发展报告 2018：流动人口连续三年下降 [EB/OL].（2018 - 12 - 27）[2022 - 11 - 29]. https：//www. sohu. com/a/285039190_753646.

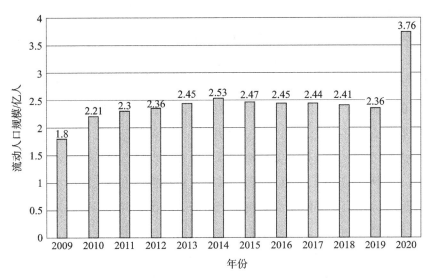

图 2-1 2009—2020 年中国流动人口规模❶

人口流动主要是流入大城市、中小城市以及城镇。一线大城市由于在全国政治、经济、社会活动中处于重要地位并具有主导作用和辐射带动能力，聚集了更多优质的公共资源，汇集了众多的企事业单位，就业岗位相对充足，就业、创业机会较大，拥有优质的教育资源、医疗资源以及发达的交通、通信基础设施，这无疑会对低等级城市、城镇的人口和经济要素产生巨大的"磁极"效应。城市综合实力的差异，对流动人口和经济因素的吸引力也存在很大的不同，造成不同层次类型的城市人口流动强度上的差异。一方面，北上广深等一线大城市的人口饱和甚至人口冗余，带来很多城镇化进程中的新问题及难以解决的问题，如城市交通拥挤、房价快速增长、学校规模剧增、班级规模不断扩大等，使城市病越来越严重；另一方面，中小城镇尤其是小城镇很难具有吸引力，尤其表现在学校教育、医疗卫生等方面，如学校教育方面，很多乡村学校面临着留不住优秀学生的问题，优秀生源基本上都被大的城市、县城等"劫走"，一些优秀的教师也被"挖走"等。随着城镇化的不断深入推进，未来社会经济发展进程中大规模的流动人口仍将持续存在。

---

❶ 根据《国民经济和社会发展统计公报》（2009—2020）统计数据整理所得，由于《国民经济和社会发展统计公报》统计口径不一致，2009 年以前没有流动人口统计数据，故没有统计之前的流动人口数。

图 2 - 2 数据显示，2001—2020 年，城镇人口持续增加，由 2001 年的 48064 万人增加至 2020 年的 90199 万人，20 年间共计增加 42135 万人，共有约 4.21 亿人进入城镇，成为城镇居民，年均增长约 2106.8 万人，年均增长约 3.37 个百分点。图 2 - 3 数据显示，2001—2020 年，乡村人口持续减少，由 2001 年的 79563 万人减少至 2020 年的 50979 万人，20 年间共计减少约 28584 万人，共有约 2.86 亿人从乡村流失，年均减少约 1429.2 万人，年均减少约 2.32 个百分点。可见，城镇化一方面使城镇人口不断增加，城镇规模不断增大，甚至出现一些新兴的城镇，也就出现了城镇人口拥挤、道路交通拥堵、城镇学校规模不断扩大、班额不断增大等现象；另一方面使农村人口不断减少，农村留下的大多是老人和孩子，出现了农村空、农村学校学生流失严重、农村留守儿童问题等很多现象，致使农村出现人口结构失衡与生产方式的转变。农村大部分中青年人外出务工，留下妇女和老人在农村务农、照顾家庭，农村劳动人口外流引起农村人口"老龄化"和"空心化"，在短期内限制了农村社会向前发展的步伐。少数贫困地区因家庭主要劳动力外出打工挣钱，出现小孩无人抚养、老人无人赡养，老少两代人相依为命的"留守"现象。

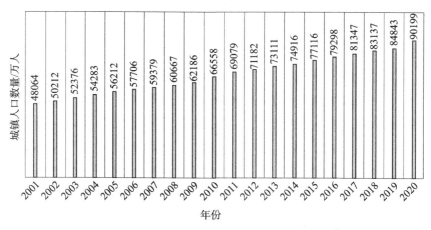

图 2 - 2　2001—2020 年中国城镇人口数量统计❶

---

❶ 数据来源为国家统计局发布的 2001—2020 年《国民经济和社会发展统计公报》。

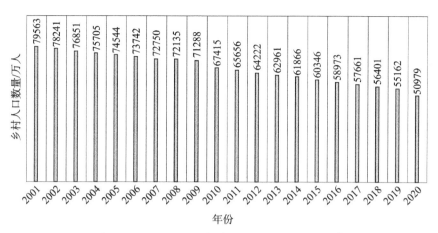

图 2 – 3　2001—2020 年中国乡村人口数量统计❶

图 2 – 4 数据显示，2001—2020 年，我国常驻人口城镇化率持续增加，由 2001 年的 37.66% 增长至 2020 年的 63.89%，增长了 26.23 个百分点，年均增长约 1.31 个百分点。城镇常驻人口增加约 4.21 亿人。城镇户籍人口也呈上升趋势，由 2001 年的 26.68% 上升至 2020 年的 45.4%，增长了 18.72 个百分点，年均增长约 0.94 个百分点。由此可见，城镇户籍人口城镇化率增长速度远低于城镇常驻人口城镇化率增长速度，比常住人口城镇化率低了 18.49 个百分点，而这近 20 个百分点的数字背后则隐含着亿万中国城市流动人口在城镇的区别化发展。他们在为城镇发展作出巨大贡献的同时，却难以享受城镇现代化发展的成果，在教育、医疗、住房、交通等方面都或多或少存在限制，进一步影响着城镇化发展的质量与水平，尤其是影响着新型城镇化建设中关于人的城镇化的发展。

图 2 – 5 数据显示，2010—2020 年，外出农民工数量持续增加，由 2010 年的 15335 万人增加至 2019 年的 17425 万人，由于受新冠疫情的影响，2020 年外出农民工数量有所减少，降至 16959 万人。近 1.7 亿农民工进城务工，无疑为城镇建设作出了突出贡献，但与此同时，亿万农民工进城后的医疗、教育、住房等也存在很大的问题，尤其是进城务工人员的子女教育问题是很多城镇面临的非常棘手的问题，这也是我国城镇化进程加快后政府需要重点给予关注解决的问题。

---

❶　数据来源为国家统计局发布的 2001—2020 年《国民经济和社会发展统计公报》。

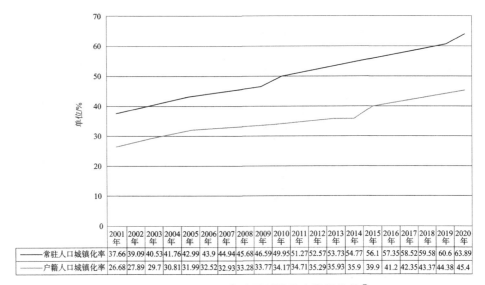

	2001年	2002年	2003年	2004年	2005年	2006年	2007年	2008年	2009年	2010年	2011年	2012年	2013年	2014年	2015年	2016年	2017年	2018年	2019年	2020年
常驻人口城镇化率	37.66	39.09	40.53	41.76	42.99	43.9	44.94	45.68	46.59	49.95	51.27	52.57	53.73	54.77	56.1	57.35	58.52	59.58	60.6	63.89
户籍人口城镇化率	26.68	27.89	29.7	30.81	31.99	32.52	32.93	33.28	33.77	34.17	34.71	35.29	35.93	35.9	39.9	41.2	42.35	43.37	44.38	45.4

图 2 - 4　2001—2020 年中国城镇化率发展趋势❶

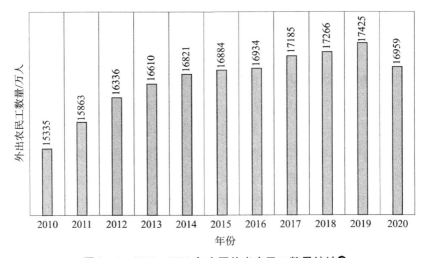

图 2 - 5　2010—2020 年中国外出农民工数量统计❷

❶　数据来源：常驻人口城镇化率数据根据《国民经济和社会发展统计公报》（2001—2020）统计数据整理所得。户籍人口城镇化率数据部分来源于：刘敏，顾严. 加快提高户籍人口城镇化率的空间情景 [J]. 经济体制改革，2017（3）：24 - 30.

❷　数据来源：根据《国民经济和社会发展统计公报》（2010—2020）统计数据整理所得。由于《国民经济和社会发展统计公报》对 2010 年之前的外出农民工没有统计数据，故只选取了 2010—2020 年的数据。

总体来说，我国城镇化进程中人口整体流动表现出了明显的中国特色。第一，农民工（农村户籍人口中外出务工的劳动力）为中国现阶段人口流动的主体，近 10 年年均增加 209 万农民工，农民工家庭成员及城镇居民的人口流动现象增加，由此促进了城镇化的进一步加速发展。第二，传统户籍制度与当今社会发展要求存在冲突。一方面，传统户籍制度仍然存在城市人与农村人的划分标准，户籍身份也仍然是一个人享受相关基本权益的重要依据；另一方面，市场经济又要求有统一的城乡劳动力市场，以便实现劳动力资源的优化配置。这就造成了流动人口与城镇户籍人口的利益冲突，进而导致流动人口尤其是农民工的权益受到损害。第三，具有流动性强、缺乏归属感与认同感等特点。绝大多数农民工经常处于居无定所的状态，他们既缺乏城镇户籍人口所具有的基本权利，也很难获得城镇居民所给予的心理、情感上的关心与关照，很难真正融入城镇生活，飘零的工作与生活状态使其成为缺乏归属感与认同感的一个特殊群体。党的十九大报告明确提出以城乡融合发展来推进城乡二元结构的制度变革，重塑城乡关系。也只有加快形成"工农互促、城乡互补、全面融合、共同繁荣"的新型工农城乡关系，才能更好地促进新型城镇化的深化发展。

三、城镇化与教育人口流动

21 世纪以来，随着我国城镇化进程的加快推进，城镇化在推动城镇人口大规模流动的同时，也带来了教育人口尤其是中小学学生数量以及专任教师数量的发展变化。依据《中国教育统计年鉴》中的相关数据，下面重点分析 21世纪以来我国中小学学生及专任教师数量变化等问题。

（一）中小学在校学生数量变化情况

2001 年以来，我国中小学在校学生数量随着人口的变化也发生了一些变化，比如，图 2－6 数据显示，全国小学在校生数量由 2001 年的 125434667 人减少至 2013 年的最低谷 93605487 人，随后开始逐渐上升至 2020 年的107253532 人，20 年减少了 18181135 人，年均减少约 909057 人。图 2－7 数据显示，全国初中在校生数量由 2001 年的 64310539 人减少至 2020 年的49140893 人，减少了 15169646 人，年均减少约 758482 人。图 2－8 数据显示，全国普通高中在校学生数量由 2001 年的 14049717 人增加至 2020 年的 24944529 人，增加了 10894812 人，年均增加约 544741 人，这与我国大力普及高中教育紧密相关。其中，2020 年小学毕业生数为 16403201 人，初中招生数为 16320964，比小学毕业人数少了 82237 人，相当于 99.5% 的学生进入了普通初中。2020 年初中毕业生数为 15352918 人，高中招生学生数为 8764435 人，比初中毕业人数少了 6588483 人，相当于 57.09% 的学生进入了普通高中。

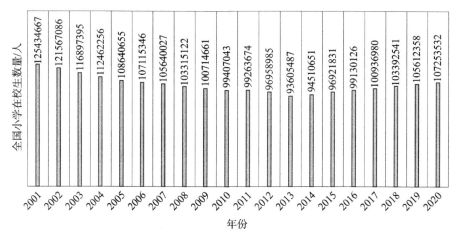

图 2-6　2001—2020 年全国小学在校生数量走势❶

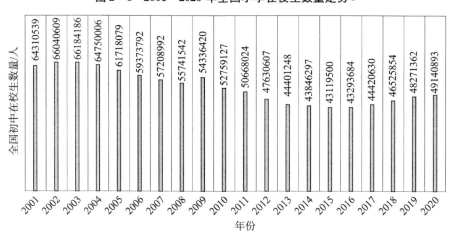

图 2-7　2001—2020 年全国初中在校生数量走势

---

❶　数据来源：根据《中国教育统计年鉴》（2001—2020）统计数据整理所得；本章后面相关数据均根据《中国教育统计年鉴》（2001—2020）统计数据整理所得，不再标注。

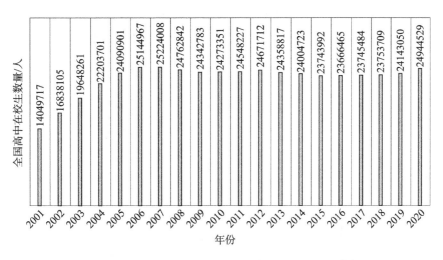

图 2 - 8　2001—2020 年全国普通高中在校生数量走势

　　2001 年以来，随着我国城镇化进程的加速发展，常住人口城镇化率不断提升，2020 已达到 63.89%，城镇常驻人口比 2001 年增加约 4.21 亿人。大规模的常驻人口城镇化，带来了城镇人口的快速增长，这种增长既给城镇中小学数量带来了影响，也给乡村中小学学生的数量带来了变化，一方面是城镇中小学学生数量的急速增长，另一方面是乡村中小学学生数量的快速减少。比如，图 2 - 9、图 2 - 10 数据显示，2001—2020 年，我国城镇和乡村小学在校生数量发生了很大的变化，城镇小学在校生数量在快速增长，学生数由 2001 年的 39386640 人增长至 2020 年的 82748717 人，净增加 43362077 人，年均增加约 2168104 人；乡村小学在校生数量在快速减少，由 2001 年的 86048027 人减少至 2020 年的 24504815 人，净减少 61543212 人，年均减少约 3077161 人。图 2 - 11、图 2 - 12 数据显示，2001—2020 年，我国城镇和乡村初中在校学生数量也发生了很大的变化，城镇初中在校学生数量在快速增长学生数由 2001 年的 33097513 人增长至 2020 年的 42762838 人，净增加 9665325 人，年均增加约 483266 人；乡村初中在校学生数量也在快速减少，由 2001 年的 31213026 人减少至 2020 年的 6378055 人，净减少 24834971 人，年均减少约 1241749 人。图 2 - 13、图 2 - 14 数据显示，2001—2020 年，我国城镇和乡村高中在校学生数量同样发生了很大的变化，城镇高中在校学生数量在快速增长，学生数由 2001 年的 12469883 人增长至 2020 年的 24039452 人，净增加 11569569 人，年均增加约 578478 人；乡村高中在校学生数量也在快速减少，由最高年份 2004 年的 2551326 人减少至 2020 年的 905077 人，净减少 1646249 人。

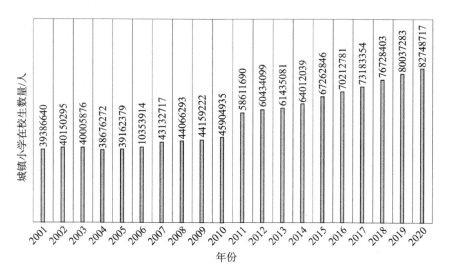

图 2-9　2001—2020 年中国城镇小学在校学生数量统计

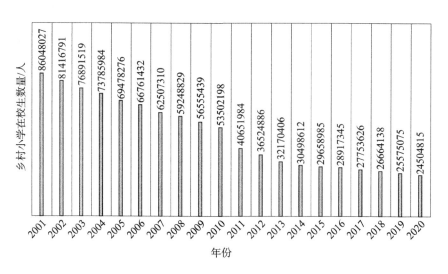

图 2-10　2001—2020 年中国乡村小学在校学生数量统计

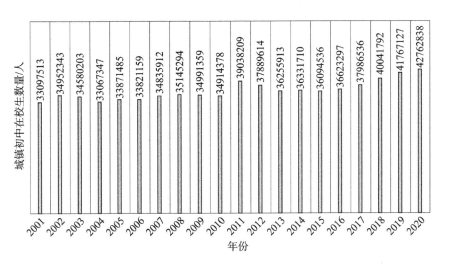

图 2 - 11　2001—2020 年中国城镇初中在校学生数量统计

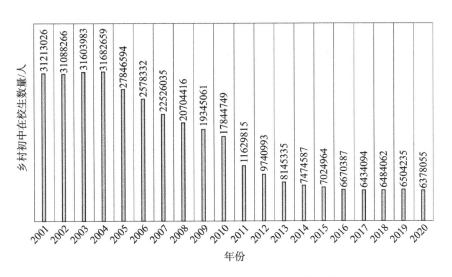

图 2 - 12　2001—2020 年中国乡村初中在校学生数量统计

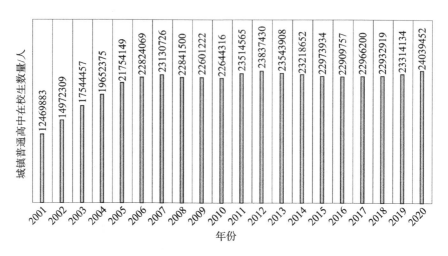

图 2-13 2001—2020 年中国城镇普通高中在校学生数量统计

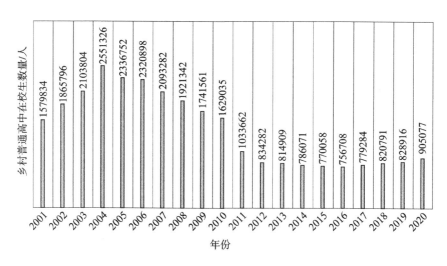

图 2-14 2001—2020 年中国乡村普通高中在校学生数量统计

（二）中小学专任教师数量变化情况

统计数据分析表明，城镇化的快速发展，带来了城镇与乡村中小学学生在数量上的巨大变化，城镇学生越来越多，乡村学生越来越少。与此同时，也带来了城镇与乡村中小学专任教师数量上的变化，一方面是城镇中小学专任教师数量的快速增长，另一方面是乡村中小学专任教师数量的不断减少。比如，

图 2－15、图 2－16 数据显示，2001—2020 年，我国城镇和乡村小学专任教师数量发生了很大的变化，城镇小学专任教师数量在快速增长，教师数由 2001 年的 2004269 人增长至 2020 年的 4646706 人，净增加 2642437 人，年均增加约 132122 人；乡村小学专任教师数量在快速减少，由 2001 年的 3793477 人减少至 2020 年的 1787472 人，净减少 2006005 人，年均减少约 100300 人。图 2－17、图 2－18 数据显示，2001—2020 年，我国城镇和乡村初中专任教师数量也发生了很大的变化，城镇初中专任教师数量在快速增长，教师数由 2001 年的 1796090 人增长至 2020 年的 3304690 人，净增加 1508600 人，年均增加约 75430 人；乡村初中专任教师数量也在快速减少，由 2001 年的 1552306 人减少至 2020 年的 556051 人，净减少 996255 人，年均减少约 49813 人。图 2－19、图 2－20 数据显示，2001—2020 年，我国城镇和乡村高中专任教师数量同样发生了很大的变化，城镇高中专任教师数量在快速增长，教师数由 2001 年的 744795 人增长至 2020 年的 1863535 人，净增加 1118740 人，年均增加约 55937 人；乡村高中专任教师数量也在快速减少，由最高年份 2004 年的 135806 人减少至 2020 年的 69693 人，净减少 66113 人，年均减少约 3306 人。

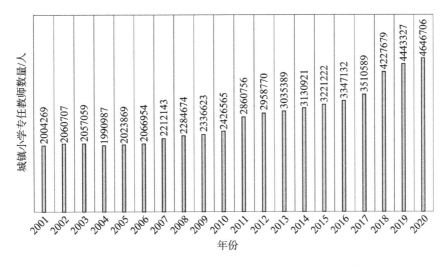

图 2－15　2001—2020 年中国城镇小学专任教师数量统计

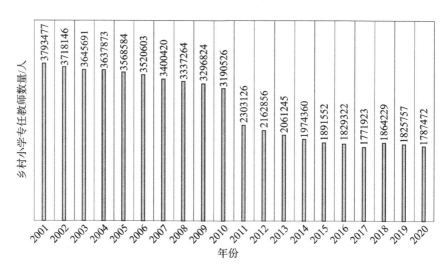

图 2-16 2001—2020 年中国乡村小学专任教师数量统计

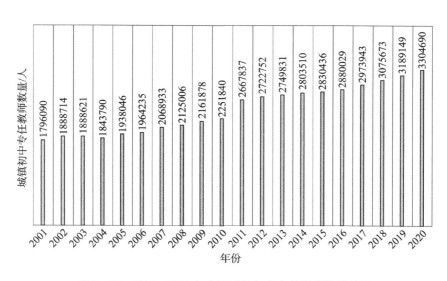

图 2-17 2001—2020 年中国城镇初中专任教师数量统计

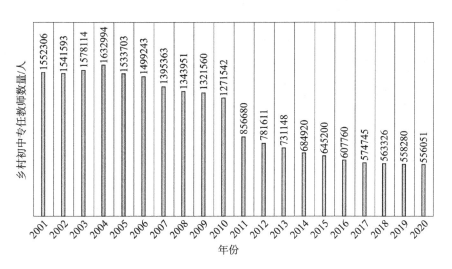

图 2-18 2001—2020 年中国乡村初中专任教师数量统计

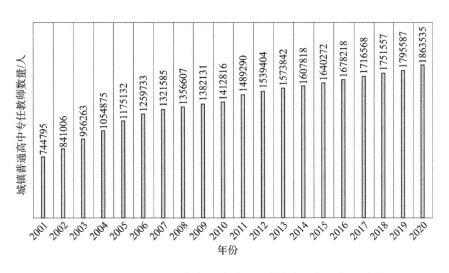

图 2-19 2001—2020 年中国城镇普通高中专任教师数量统计

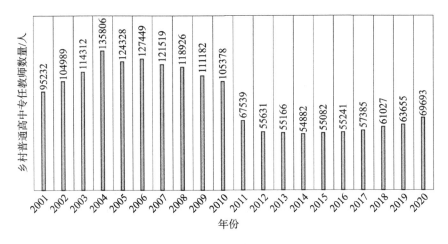

图 2-20　2001—2020 年中国乡村普通高中专任教师数量统计

第二节　城镇化与教育规模

教育规模是指各级各类教育机构及其所拥有的人、财、物数量的总和，受人口数量及其年龄结构、经济发展水平和科学技术发展水平的制约。教育规模适当可产生较高的教育效益。由于城镇化带来了教育人口尤其是城镇与乡村中小学在校学生数量上的变化，学校数量、班级数量以及班额等都发生了很大变化。本部分所指教育规模主要是指中小学学校数量、班级数量以及班额情况等，以《中国教育统计年鉴》近 20 年统计数据为依据进行统计分析。

一、我国中小学学校数量变化情况

中小学学生数量的变化也给学校发展带来了影响，使城镇中小学学校及乡村中小学学校数量都发生了很大的变化，其中变化的主要内容是城镇中小学学校数量逐年增加，而乡村中小学学校数量则逐年减少。比如，图 2-21、图 2-22 数据显示，2001—2020 年，我国城镇和乡村小学学校数量发生了很大的变化，城镇小学学校数量从 2001 年开始逐渐减少，2009 年减少至最低谷，随后逐渐增长，由 2009 年的 46027 所增加至 2020 年的 71894 所，净增加

25867 所，近 10 年年均增加约 2156 所小学，相当于每天增加 5.9 所；乡村小学学校数量在直线下降，由 2001 年的 416198 所减少至 2020 年的 86085 所，净减少 330113 所，年均减少约 16506 所，相当于每天减少约 45 所。乡村小学减少的速度远远大于城镇小学增长的速度，是城镇小学增长的近 8 倍。图 2－23、图 2－24 数据显示，2001—2020 年，我国城镇和乡村初中学校数量也发生了很大的变化，城镇初中数量在稳步增长，学校数由 2001 年的 23639 所增长至 2020 年的 38558 所，净增加 14919 所，年均增加约 746 所，相当于每天增加约 2 所学校。与此同时，乡村初中学校在经历了短暂的增加后，则持续减少，最高值在 2004 年的 38095 所，最低值在 2020 年的 14241 所，净减少 23854 所，年均减少约 1403 所，相当于每天减少约 3.8 所。可见，乡村初中减少的速度明显快于城镇初中增长的速度。图 2－25、图 2－26 数据显示，2001—2020 年，我国城镇高中学校数量同样发生了很大的变化，变化呈倒 "S" 曲线状态，学校数量由 2001 年的 12595 所增长至最高值 2006 年的 13993 所，随后又持续减少至 2010 年的 12630 所，之后又有所回升，增加至 2020 年的 13458 所。与此同时，乡村高中学校数量则呈现出持续减少的状态，由 2001 年的 2312 所减少至 2020 年的 777 所，净减少 1535 所，年均减少约 77 所。随着城镇化建设的加速发展，乡村高中的生存状态存在很多问题，到 2020 年仅有 777 所，在国家乡村振兴战略的发展背景下，乡村高中建设需要给予重点关注，需要给予大力扶持，否则，乡村建设中仅有的精神家园也将不复存在，无疑会对乡村教育、乡村文化的发展建设产生很大的负面影响。

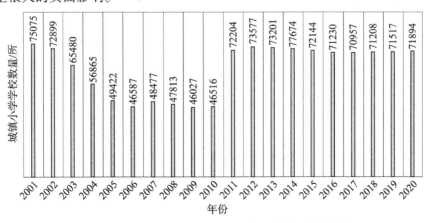

图 2－21　2001—2020 年中国城镇小学学校数量统计

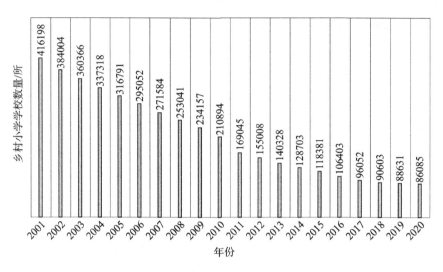

图 2-22　2001—2020 年中国乡村小学学校数量统计

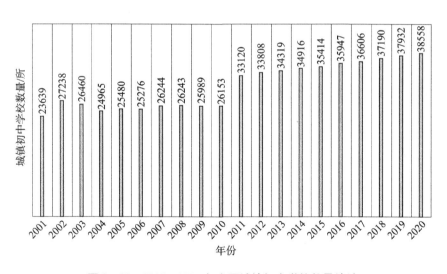

图 2-23　2001—2020 年中国城镇初中学校数量统计

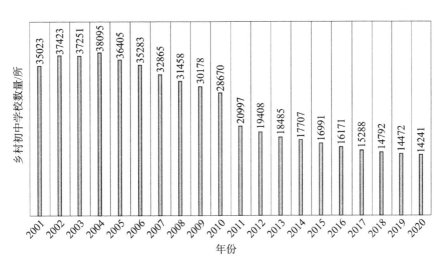

图 2－24 2001—2020 年中国乡村初中学校数量统计

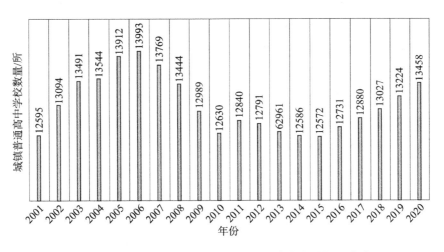

图 2－25 2001—2020 年中国城镇普通高中学校数量统计

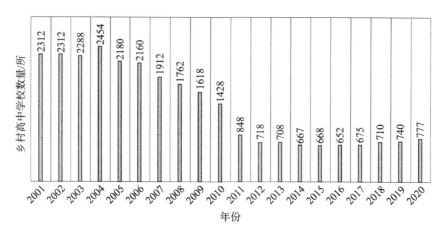

图 2-26 2001—2020 年中国乡村普通高中学校数量统计

二、我国中小学班级数量变化情况

班级数量与中小学学生数量及学校数量有很大的关系，在班额既定的情况下，中小学学生数量大班级数量就会增加，数量小班级就可能变少；同样，学校数量多班级数量就可能会增加，学校数量少班级数量就可能会减少。根据对2001—2020 年《中国教育统计年鉴》数据的统计分析，可以发现城镇中小学班级数量总体上是逐年增加的，乡村中小学班级数量总体上呈现逐年减少的状态。比如，图 2-27、图 2-28 数据显示，2001—2020 年，我国城镇小学班级数量发生了很大的变化，班级数量呈现逐年上升的状态，从 2001 年的 942312个增长至 2020 年的 1939350 个，净增加 997038 个，年均增加约 49852 个，相当于每天增加约 137 个班级。与此同时，乡村小学班级数量在直线下降，由2001 年的 2764251 个减少至 2020 年的 921121 个，净减少 1843130 个，年均减少约 92157 个，相当于每天减少约 252 个班级。表明乡村小学班级数量减少的速度明显快于城镇小学班级数量增长的速度。图 2-29、图 2-30 数据显示，2001—2020 年，我国城镇初中班级数量也发生了很大的变化，班级数呈现出持续增长的状态，由 2001 年的 602069 个增长至 2020 年的 924790 个，净增加322721 个，年均增加约 16136 个，相当于每天增加约 44 个班级。与此同时，乡村初中班级则呈现出持续减少的样态，由 2001 年的 551729 个减少至 2020

年的 148654 个，净减少 403075 个，年均减少约 20154 个，相当于每天减少约 55 个班级。显然，乡村初中班级减少的速度也是快于城镇初中班级增长的速度。图 2-31、图 2-32 数据显示，2001—2020 年，我国城镇普通高中班级数量同样发生了很大的变化，班级数量基本呈直线上升的态势，由 2001 年的 224620 个增长至 2020 年的 486949 个，净增加 262329 个，年均增加约 13116 个，相当于每天增加约 36 个班级。与此同时，乡村普通高中班级数量也出现很大的变化，先是快速上升随后持续减少，由 2001 年的 28422 个快速增长至 2004 年的最高值 43312 个，随后持续减少至 2020 年的 18902 个，净减少 24410 个，年均减少约 1436 个，相当于每天减少约 4 个班级。

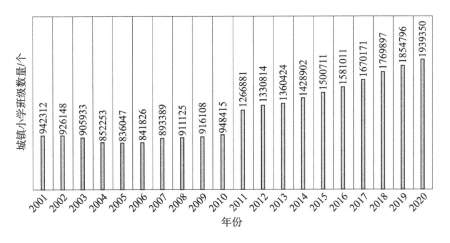

图 2-27　2001—2020 年中国城镇小学班级数量统计

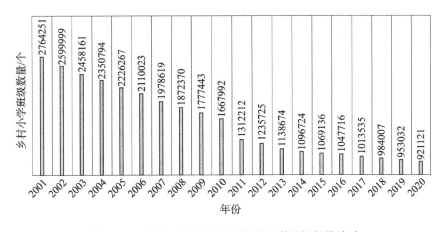

图 2-28　2001—2020 年中国乡村小学班级数量统计

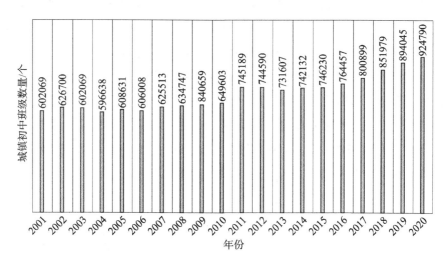

图 2-29 2001—2020 年中国城镇初中班级数量统计

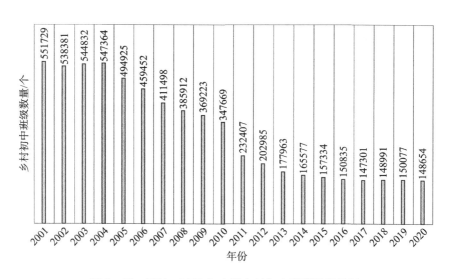

图 2-30 2001—2020 年中国乡村初中班级数量统计

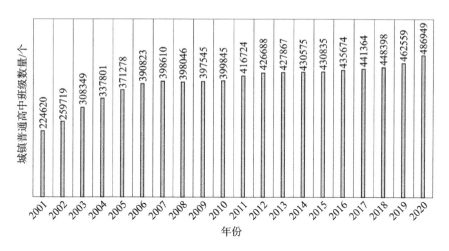

图 2 − 31　2001—2020 年中国城镇普通高中班级数量统计

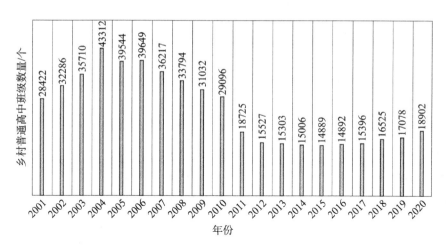

图 2 − 32　2001—2020 年中国乡村普通高中班级数量统计

三、我国中小学班额变化情况

中小学学生数量的增加或减少，在带来学校数量与班级数量变化的同时，也影响着班额的大或小。以《中国教育统计年鉴》关于班额状况的数据统计为依据，分别对我国城镇与乡村小学班额、初中班额、普通高中班额进行统计分析，通过数据统计可以看出 21 世纪以来我国城乡中小学大班额发展情况。

（一）小学班额的变化情况

根据《中小学校设计规范》，本研究以小学每班 45 人为标准班额，超过 45 人即可视为大班额。因此，表 2 - 1、表 2 - 2 中的大班额占比是把超过 45 人的班级数与班级总数相除的结果。

表 2 - 1　2001—2020 年中国城镇小学班额统计

年份	总计/班	25 人及以下	26 ~ 35 人	36 ~ 45 人	46 ~ 55 人	56 ~ 65 人	66 人及以上	大班额占比/%
2001	942563	108477	158771	234328	222456	128330	90201	46.79
2002	926148	107331	159352	230187	219399	126905	82974	46.35
2003	905933	100523	148266	222782	222076	130756	81530	47.95
2004	852253	86007	128838	201935	214761	134285	86427	51.10
2005	836047	66604	116677	197876	219425	141539	93926	54.41
2006	841826	57492	109796	194082	226197	148510	105749	57.07
2007	893389	59158	113268	206852	246059	156421	111631	57.55
2008	911125	57085	113824	217165	256119	155306	111626	57.41
2009	916108	54795	114164	229871	257122	153110	107046	56.46
2010	948415	52191	115204	242439	272054	158376	108151	56.79
2011	1266881	107590	174299	332565	345048	186183	121196	51.50
2012	1330814	115105	183396	373220	364966	181057	113070	49.53
2013	1360424	118197	187619	398018	373178	172727	110685	48.26
2014	1428902	120824	190251	459830	390284	165490	102223	46.05
2015	1500711	119741	190407	513710	405039	170458	101356	45.10
2016	1581011	117907	198358	587232	421341	172549	83624	42.85
2017	1670171	118826	203831	659372	471086	164879	52177	41.20
2018	1769897	117818	203796	736368	545704	154125	12086	40.22
2019	1854796	118710	204479	777573	652234	95786	6014	40.65
2020	1939350	121616	212416	851824	722720	29887	466	38.83

表 2 - 2　2001—2020 年中国乡村小学班额统计

年份	总计/班	25人及以下	26 ~ 35人	36 ~ 45人	46 ~ 55人	56 ~ 65人	66人及以上	大班额占比/%
2001	2764251	1018398	700964	560260	310225	122902	51251	17.52
2002	2599999	985531	646202	507420	291447	118191	51208	17.72
2003	2458161	957724	596365	466146	273649	114194	50083	17.82
2004	2350794	922706	556132	440272	267590	113837	50257	18.36
2005	2226267	889853	516780	410051	251394	108735	49454	18.40
2006	2110023	827072	484970	394087	245407	108012	50475	19.14
2007	1978619	775971	456119	375708	228210	97319	45292	18.74
2008	1872370	726508	434081	361923	218497	90075	41286	18.69
2009	1777443	675517	417625	351444	210227	85224	37406	18.73
2010	1667992	618086	392808	338628	202861	81917	33692	19.09
2011	1312212	517022	313912	257275	143931	56185	23887	17.07
2012	1235725	508878	292980	241798	127676	46203	18190	15.54
2013	1138674	507681	267422	211657	104143	34672	13099	13.34
2014	1096724	500625	254961	206770	94141	29771	10456	12.25
2015	1069136	485051	247023	208436	90546	28324	9756	12.03
2016	1047716	471253	245145	213059	86485	24581	7193	11.29
2017	1013535	453533	239137	217294	81474	18202	3895	10.22
2018	984007	440733	233515	217397	79896	11723	743	9.39
2019	953032	431286	221999	212325	80600	6451	371	9.17
2020	921121	419403	214724	206686	78014	2258	36	8.72

　　由表 2 - 1 可知，2001—2020 年，我国城镇小学大班额占比均值约为48.8%，大班额占比先是呈缓慢上升态势，到 2007 年达到最高值，占比为57.55%，以每年平均约 1.54% 的速度递增；之后一直呈下降趋势，平均每年下降约 1.44%。其中，大班额占比超过 50% 的年份有 8 个。可见，就全国范围来看，城镇小学大班额的占比依然比较高，大班额现象还是相当严重的，有近一半的年份大班额占比超过 50%，当然，国家最近几年采取很多措施要求消除大班额，通过有力的行政干预，大班额的占比下降的速度较快，效果较为明显。表 2 - 2 表明，2001—2020 年，我国乡村小学大班额占比均值约为15.16%，比城镇小学大班额占比均值低了 33.64 个百分点。整体而言，乡村

小学大班额情况不是很严重，但由于乡村小学学生数量的快速减少，25人及以下的小班额则呈上升的趋势，从2001年的36.84%上升至2020年的45.53%，有近一半的班级为小班额，表明乡村小学小班化倾向较为突出，这也是学校教育中"城镇挤""乡村空"的重要表现。

（二）初中班额的变化情况

根据《中小学校设计规范》，本研究以初中每班50人为标准班额，超过50人即可视为大班额。因此，表2-3、表2-4中的大班额占比是把超过50人的班级数与班级总数相除的结果❶。

表2-3　2001—2020年中国城镇初中班额统计

年份	总计/班	25人及以下	26~35人	36~45人	46~55人	56~65人	66人及以上	大班额占比/%
2001	602069	6731	22726	84458	198807	161792	127555	64.57
2002	626700	6999	23727	83101	198638	168343	145892	65.99
2003	620209	7280	25070	85546	191701	169561	141051	65.54
2004	596638	7650	26954	84792	186966	160761	129515	64.32
2005	608631	8606	29463	92444	189388	160656	128074	63.00
2006	606008	8082	30634	95345	185962	154965	131020	62.53
2007	625513	7819	31936	99237	195782	160991	129748	62.13
2008	634747	7892	33092	101139	207095	158400	127129	61.30
2009	640659	8080	35166	111258	214733	152984	118438	59.12
2010	649603	8769	39298	120398	226330	148604	106204	56.65
2011	745189	12441	54524	156996	261996	156169	103063	52.37
2012	744590	14048	61934	171108	275684	136731	85085	48.30
2013	731607	15715	70650	182626	271984	117704	72928	44.64
2014	742132	16965	69049	193172	292594	107911	62441	42.67
2015	746230	18550	70747	201274	299069	102120	54470	41.02
2016	764457	20001	69597	208521	323410	97860	45068	39.85
2017	800899	20053	66232	212912	385615	89352	26735	38.57
2018	851979	19107	62643	217213	474469	73002	5545	37.06
2019	894045	18440	61661	225505	547211	38735	2493	35.21
2020	924790	19422	65324	240225	588316	11278	225	33.05

---

❶　由于统计数据中没有50人的数据栏，仅有46~55人划分标准，所以统计时取该统计数据的平均值。

表 2 - 4　2001—2020 年中国乡村初中班额统计

年份	总计/班	25 人及以下	26～35 人	36～45 人	46～55 人	56～65 人	66 人及以上	大班额占比/%
2001	551729	5416	18707	76540	180378	152904	117784	65.41
2002	538381	4754	17766	67875	167810	153716	126460	67.63
2003	544832	5580	17081	65304	163934	153159	139774	68.81
2004	547364	5445	18721	70622	167504	151609	133463	67.38
2005	494925	6278	21377	74153	151289	130907	110921	64.15
2006	459452	6625	22833	75099	144142	116675	94078	61.56
2007	411498	6413	22940	74392	134044	100217	73492	58.5
2008	385912	6097	24082	75501	130941	87397	61894	55.65
2009	369223	6349	26087	78982	128194	79029	50582	52.46
2010	347669	6730	28072	80010	122823	68980	41054	49.31
2011	232407	5928	22598	57980	81354	41389	23158	45.28
2012	202985	6838	24389	56484	69010	29923	16341	39.79
2013	177963	8116	26498	53293	56722	21155	12179	34.67
2014	165577	8299	25919	51110	53575	17561	9113	32.29
2015	157334	8759	24767	49755	51126	15283	7644	30.82
2016	150835	8611	23558	49422	49676	13682	5886	29.44
2017	147301	7937	21827	49623	55024	10042	2848	27.43
2018	148991	7258	20150	50051	63781	5351	400	25.26
2019	150077	7368	19615	49831	69622	3409	232	25.62
2020	148654	7731	20012	50518	69201	1192	0	24.08

由表 2 - 3 可知，2001—2020 年，我国城镇初中大班额占比均值约为51.89%，大班额现象比小学更严重，大班额占比从 2001 年的 64.57%下降至2020 年的 33.05%，占比减少 31.52 个百分点，除了 2001—2002 年上升了1.42 个百分点外，之后一直呈下降趋势，平均每年下降约 1.7%。其中，2010—2012 年两年下降 8.35 个百分点，下降幅度最大。整体而言，全国城镇初中大班额的占比非常高，有 11 个年份大班额占比超过 50%，最高的达到65.99%。表 2 - 4 数据显示，2001—2020 年，我国乡村初中大班额占比均值约为 46.28%，比城镇初中大班额占比低了 5.61 个百分点，没有小学城乡大班额差距那么大。但纵向上看，大班额占比从 2001 年的 65.41%下降至 2020 年的

24.08%，占比减少41.33个百分点，下降速度明显快于城镇初中大班额占比下降的速度。同时，由于乡村初中学生数量减少迅速，35人及以下的小班额则呈上升的趋势，从2001年的4.37%上升至2020年的18.66%，表明乡村初中小班化现象正在加速呈现，有近1/5的班级处于小班化状态。

（三）普通高中班额的变化情况

根据《中小学校设计规范》，本研究以高中每班50人为标准班额，超过50人即可视为大班额。因此，表2-5、表2-6中的大班额占比是把超过50人的班级数与班级总数相除的结果❶。

表2-5　2001—2020年中国城镇普通高中班额统计

年份	总计/班	25人及以下	26~35人	36~45人	46~55人	56~65人	66人及以上	大班额占比/%
2001	224620	3277	7847	25030	70070	68313	50083	68.31
2002	259719	3260	7564	25398	75662	80264	67571	71.49
2003	308349	3154	7948	27989	93051	95506	80701	72.23
2004	337801	3190	8412	29649	99282	107413	89855	73.09
2005	371278	3372	9136	31884	108857	117532	100497	73.38
2006	390823	3594	10062	35862	112570	124397	104338	72.93
2007	398610	3541	11423	40075	116402	125840	101329	71.59
2008	398046	3994	12500	41023	120668	127352	92509	70.39
2009	397545	4100	13246	42474	128928	125442	83355	68.74
2010	399845	3901	13439	42468	135121	124725	80191	68.15
2011	416724	4769	14355	45367	143492	128823	79918	67.31
2012	426688	6601	15689	48482	150998	129959	74959	65.72
2013	427867	6560	17928	54479	155043	124513	69344	63.43
2014	430575	6569	18287	63450	169895	113677	58697	59.76
2015	430835	6450	18502	68210	176145	108175	53353	57.93
2016	435674	7506	19215	75067	185792	99619	48475	55.31
2017	441364	7064	18879	76949	203866	92427	42179	53.59
2018	448398	7295	19545	81715	224342	83794	31707	50.77
2019	462559	7302	20197	84454	259918	69211	21477	47.70
2020	486949	7361	20857	88460	323708	37619	8944	42.80

❶　由于统计数据中没有50人的数据栏，仅有46~55人划分标准，所以统计时取该统计数据的平均值。

表 2 - 6　2001—2020 年中国乡村普通高中班额统计

年份	总计/班	25 人及以下	26 ~ 35 人	36 ~ 45 人	46 ~ 55 人	56 ~ 65 人	66 人及以上	大班额占比/%
2001	28422	652	1218	3215	8383	8494	6460	67.36
2002	32286	606	1171	2966	8859	9891	8793	71.59
2003	35710	548	1202	3045	9202	11452	10261	73.69
2004	43312	593	1290	3678	11273	13590	12888	74.15
2005	39544	642	1332	3149	9845	12297	12279	74.60
2006	39649	653	1367	3857	10206	11699	11867	72.31
2007	36217	558	1306	3988	9626	10971	9768	70.55
2008	33794	598	1249	3883	10059	9762	8243	68.16
2009	31032	568	1204	4007	9871	8793	6589	65.47
2010	29096	535	1160	3539	9225	8877	5760	66.16
2011	18725	304	701	2330	6629	6096	2665	64.49
2012	15527	321	556	2120	6246	4410	1874	60.58
2013	15303	314	698	2298	5797	4310	1886	59.43
2014	15006	325	682	2418	6369	3739	1473	55.95
2015	14889	390	767	2691	6360	3145	1536	52.80
2016	14892	470	735	2941	6429	3032	1285	50.57
2017	15396	331	759	2934	7486	2846	1040	49.55
2018	16525	354	988	3314	8407	2601	861	46.39
2019	17078	340	965	3710	9773	1890	400	42.02
2020	18902	406	1009	4122	12122	1067	176	38.64

由表 2 - 5 可知，2001—2020 年，我国城镇普通高中大班额占比均值约为 63.73%，远高于城镇初中的 51.89% 和城镇小学的 48.8%，意味着全国城镇高中大班额现象相较于初中和小学处于最严峻的状态。城镇普通高中大班额占比先是呈缓慢上升态势，到 2005 年达到最高值，占比为 73.38%；之后一直呈下降趋势，平均每年下降约 1.62%。表 2 - 6 数据显示，2001—2020 年，我国乡村普通高中大班额占比均值约为 61.22%，比城镇普通高中大班额占比低了 2.51 个百分点。从整体上看，城乡普通高中大班额现象都比较严重，亟须给予重点关注。

四、小　结

城镇化带给教育发展的影响尤其是中小学学生数量规模、专任教师数量规模、学校数量规模、班级数量规模以及班额情况等方面都较大，呈现出城乡教育发展逐渐走向两极分化现象，一方面使得城镇中小学在校学生数量不断增加、专任教师数量不断增加、学校数量不断增长、班级数量不断扩大、大班额数量不断增加，也即是城镇中小学整体教育规模逐步增大；另一方面使得乡村中小学在校学生数量不断减少、专任教师数量不断减少、学校数量不断下降、班级数量也不断减少、班额尤其是小学班额不断变小，即乡村中小学整体教育规模不断缩减。这就出现了城镇教育挤、乡村教育空的局面。再一方面由于中小学学生数量增长的速度快于学校增长的速度，使得多出来的学生没有更多的学校可以容纳，最终只能是学校班级规模不断扩大，导致城镇中小学大班额数量的不断增加，大量学校存在大班额以及上百人的班级也就成为正常现象了。城镇教育挤、乡村教育空的现象既给城镇教育带来了很多问题，也给乡村教育带来了巨大的生存危机，不管是城镇学校的校长，还是乡村学校的校长都面临着城镇化带来的教育影响，城镇学校的校长面临着如何把学校办得更加具有包容性、更加具有活力及吸引力的问题，而乡村学校的校长则面临着无人可教的生存危机，也面临着如何更好地建设乡村精神家园问题，乡村学校校长无疑面临着更加艰巨的使命与挑战。

第三章　城镇化与区域教育发展

　　城镇化发展速度不同会带来城乡社会经济发展变化的差异，也会带来区域之间教育发展状况的不同。城镇化与区域教育发展主要以国家与各省市《国民经济和社会发展统计公报》《中国统计年鉴》《中国教育统计年鉴》等近20年统计数据为主要依据，重点探讨东部地区、中部地区及西部地区人口流动状况，尤其是教育人口流动状况，进而探讨因教育人口流动而带来的不同区域之间城乡教育规模发展状况的不同，从而厘清不同区域乡村普通高中教育的发展状况，认识到不同区域乡村普通高中校长发展面临问题的差异，实现对不同区域乡村普通高中校长发展困境的客观认知。

第一节　城镇化与东、中、西部地区人口流动

一、城镇化的区域性特征

　　我国的国情是人多、地广、发展不平衡，各地的资源禀赋、经济条件、文化习惯等差异性较大，尤其是各地区之间、城乡之间经济社会发展水平存在明显差距，且近年来有不断扩大的趋势。正如顾明远所言："中国是一个大国，又是一个发展极不平衡的发展中国家。中国像全球一样，也有三个'世界'：第一'世界'是沿海发达地区，有的城市人均国民产值已达三千美元；第二'世界'是中部中等发达地区；第三'世界'则是一些老少边穷地区，经济极

不发达。就是在发达地区和中等发达地区也有城乡差别。"● 区域发展差距的形成是一个长期的历史的演变过程，既有国家经济社会发展政策影响的结果，也有各区域自身客观实际作用的体现。随着我国社会经济发展日益走向现代化，实现区域协调发展则成为必然，统筹区域和城乡发展是缩小区域发展差距、消除区域发展不平衡的重要形式。

区域发展的差异性在城镇化发展过程中也有比较明显的表现。比如，截至2020 年末，中国各省域（指中国大陆 31 个省级行政区）的城镇化率可以分成五个层次：第一层次，包括上海、北京、天津 3 个直辖市，城镇化率为 80% ~90%；第二层次，包括广东、江苏、浙江、辽宁 4 个省，城镇化率为 70% ~80%；第三层次，包括重庆、福建、内蒙古、黑龙江、宁夏、山东、湖北、陕西、吉林、山西、江西、海南、青海、河北等 14 个省区市，城镇化率为60% ~70%；第四层次，包括湖南、安徽、四川、新疆、河南、广西、贵州、甘肃、云南等 9 个省区，城镇化率为 50% ~60%；第五层次，只有西藏，城镇化率不足 50%，仅为 35.73%（见表 3 - 1）。

表 3 - 1　2020 年中国 31 个省（市、自治区）人口及城镇化率统计❷

省　份	人口/万人	城镇化率/%
上海	2487.09	89.3
北京	2189.31	87.5
天津	1386.6	84.7
广东	12601.25	74.15
江苏	8474.8	73.44
浙江	6456.76	72.17
辽宁	4259.14	72.14
重庆	3205.42	69.46
福建	4154.01	68.75
内蒙古	2404.92	67.48
黑龙江	3185.01	65.61

● 彭世华. 发展区域教育学 ［M］. 北京：教育科学出版社，2003：序.
❷ 数据来源：根据国家统计局网站链接 31 个省（市、自治区）地方统计网站整理所得。http：//www.stats.gov.cn/tjsj/tjgb/rkpcgb/.

省　份	人口/万人	城镇化率/%
宁夏	720.27	64.96
山东	10152.75	63.05
湖北	5775.26	62.89
陕西	3952.9	62.66
吉林	2407.35	62.64
山西	3491.56	62.53
江西	4518.86	60.44
海南	1008.12	60.27
青海	592.4	60.08
河北	7461.02	60.07
湖南	6644.49	58.76
安徽	6102.71	58.33
四川	8367.49	56.73
新疆	2585.23	56.53
河南	9936.55	55.43
广西	5012.68	54.2
贵州	3856.21	53.15
甘肃	2501.98	52.53
云南	4720.93	50.05
西藏	364.81	35.73

　　整体来看，中国城镇化水平呈现出东高西低的态势，占据优势资源的直辖市和沿海省份城镇化率明显高于中西部欠发达地区。上海、北京、天津三大直辖市常住人口城镇化水平排在前三位，均在80%以上，城镇化率分别达到89.3%、87.5%、84.7%，远超全国平均水平63.89%，分别高出25.41个百分点、23.61个百分点和20.81个百分点。排在第四位的广东城镇化率为74.15%，江苏、浙江和辽宁紧随其后，排在第五至第七位，城镇化率分别为73.44%、72.17%和72.14%。对于城镇化率来说，基本上和经济发达程度有

关，一些沿海的城市城镇化率更强，无疑和此类区域城乡发展较好、城市吸引力大等因素有关。中西部地区城镇化水平依然较低。湖南、安徽、四川、新疆、河南、广西、贵州、甘肃、云南等地的城镇化率均低于60%。排在倒数前三位的西藏、云南和甘肃城镇化率分别为35.73%、50.05%和52.53%，分别低于全国平均水平28.16个百分点、13.84个百分点、11.36个百分点，其中，西藏城镇化率处于全国最低水平。对于中西部来说，经济相对落后，产业结构也不够完善，这往往会限制城镇化率的发展水平。

从国际比较看，2017年上中等收入国家平均城镇化率为65.45%，高收入国家平均城镇化率为81.53%，同期中国城镇化率为58.52%，比世界平均水平高3.7个百分点，但与处于相同发展阶段的上中等收入国家平均水平相比，低了近7个百分点，与高收入国家差距更大。

二、城镇化与区域❶人口流动状况

（一）东部地区人口流动状况

东部地区整体城镇化水平较高，在全国处于领先水平，这与东部地区的经济发展水平具有很大的相关性。图3-1、图3-2数据显示，东部地区城镇人口及乡村人口变化趋势，整体上城镇人口呈现持续上升的态势，乡村人口呈现持续下降的趋势。比如，东部地区城镇人口由2001年的21966万人上升到2020年的42960万人，净增加20994万人，年均增长约1050万人，年均增长约3.59个百分点。乡村人口由2001年的25756万人减少至2020年的17673万人，净减少8083万人，年均减少约404万人，年均减少约1.96个百分点。同时，本研究也选取了东部地区的北京市及山东省作为个案进行对比分析。图3-3数据显示，2001—2020年，北京市城镇人口及乡村人口的变化趋势，整体上城镇人口呈现出持续上升的态势，乡村人口基本保持稳定。比如，北京

---

❶ 本研究对东部地区、中部地区、西部地区的划分根据国家统计局（2011）的划分标准：东部地区包括北京、天津、河北、辽宁、山东、上海、江苏、浙江、福建、广东和海南等11省（市）；中部地区包括黑龙江、吉林、山西、河南、安徽、湖北、湖南、江西等8省；西部地区包括内蒙古、甘肃、宁夏、青海、新疆、陕西、重庆、四川、西藏、贵州、云南和广西等12省（市/区）。

市城镇人口由 2001 年的 1081 万人上升至 2020 年的 1917 万人，净增加 836 万人，年均增长约 42 万人，年均增长约 3.06 个百分点。北京市乡村人口波动曲线较为平缓，由 2001 年的 302 万人增长至 2004 年的 306 万人，随后下降至 2006 年的 231 人，又逐渐增长至 2017 年的 294 万人，最后又下降至 2020 年的 273 万人，整体变化不大，这可能与北京市城镇化水平本身就很高有关系。图 3-4 数据显示，2001—2020 年，山东省城镇人口及乡村人口的变化趋势比较明显，城镇人口持续上升，乡村人口持续下降。比如，山东省城镇人口由 2001 年的 3554 万人增长至 2020 年的 6401 万人，净增加 2847 万人，年均增长约 142 万人，年均增长约 3.15 个百分点。乡村人口由 2001 年的 5497 万人减少至 2020 年的 3751 万人，净减少 1746 万人，年均减少约 87 万人。可见，北京市和山东省同样属于东部地区，城镇化进程还是有些差别，整体上北京市的城镇化水平远高于山东省的城镇化水平，北京市 2020 年城镇化率达到了 87.5%，而山东省 2020 年的城镇化率为 63.05%，高出了 24.45 个百分点。同时北京市的乡村人口减少不多，乡村人口城镇化率提升不高；而山东省乡村人口则呈现持续减少的态势。

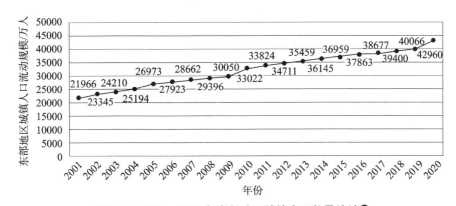

图 3-1　2001—2020 年东部地区城镇人口数量统计❶

---

❶ 数据来源：根据《中国统计年鉴》（2001—2020）及东部地区各省市《国民经济和社会发展统计公报》（2001—2020）统计数据整理所得。

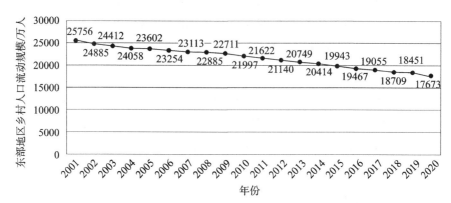

图 3 - 2　2001—2020 年东部地区乡村人口数量统计❶

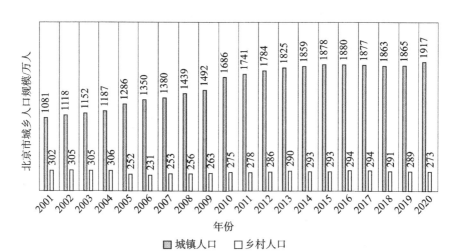

图 3 - 3　2001—2020 年北京市城乡人口数量统计❷

---

❶　数据来源：根据《中国统计年鉴》（2001—2020）及东部地区各省市《国民经济和社会发展统计公报》（2001—2020）统计数据整理所得。

❷　数据来源：根据《中国统计年鉴》（2001—2020）及《北京市国民经济和社会发展统计公报》（2001—2020 年）统计数据整理所得。

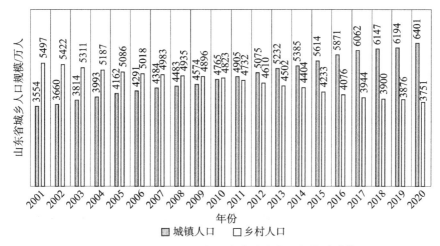

图3-4　2001—2020年山东省城乡人口数量统计❶

图3-5数据显示,北京市的城镇化水平远高于山东省、东部地区及全国的平均水平,基本上呈现出平缓的上升趋势,年均增长约0.47个百分点,由于北京市城镇化率保持在高位发展状态,故年均增长幅度不大。山东省城镇化率由2001年的39.31%增长至2020年的63.05%,净增长23.74个百分点,年均增长约1.19个百分点,由于山东省城镇化发展水平起点比北京低,发展进程比北京快一些,年均增长高出约0.72个百分点。东部地区城镇化率由2001年的46.03%增长至2020年的70.85%,净增长24.82个百分点,年均增长约1.24个百分点。整体而言,北京市城镇化属于城镇化水平超过70%的城镇化发展后期阶段,该阶段城镇化增长速度较为缓慢;山东省城镇化属于城镇化水平在30%~70%的中期阶段,该阶段城镇化处于加速发展状态。❷山东省的城镇化发展水平低于北京市及东部地区整体发展水平,与全国城镇化发展水平大体相当,但年均发展速度分别低于东部地区和全国0.05个百分点、0.12个百分点。

---

❶　数据来源:根据《中国统计年鉴》(2001—2020)及《山东省国民经济和社会发展统计公报》(2001—2020)统计数据整理所得。

❷　20世纪70年代,美国地理学家诺瑟姆(Northam)提出一条描述城镇化发展过程的经验曲线,将城镇化进程大致分为三个阶段:第一阶段为初期,城镇化水平在30%以下,该阶段城镇化增长速度比较缓慢;第二阶段为中期,城镇化水平在30%~70%,该阶段城镇化加速发展;第三阶段为后期,城镇化水平超过70%,该阶段城镇化增长速度缓慢。

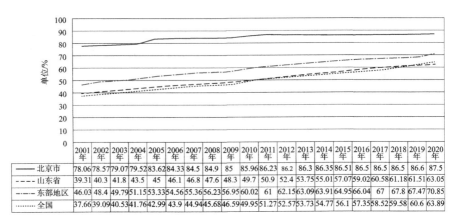

	2001年	2002年	2003年	2004年	2005年	2006年	2007年	2008年	2009年	2010年	2011年	2012年	2013年	2014年	2015年	2016年	2017年	2018年	2019年	2020年
北京市	78.06	78.5	79.07	79.52	83.62	84.33	84.5	84.9	85	85.96	86.23	86.2	86.3	86.35	86.51	86.5	86.5	86.5	86.6	87.5
山东省	39.31	40.3	41.8	43.5	45	46.1	46.8	47.6	48.3	49.7	50.9	52.4	53.75	55.01	57.07	59.02	60.58	61.18	61.51	63.05
东部地区	46.03	48.4	49.79	51.15	53.33	54.56	55.36	56.23	56.95	60.02	61	62.15	63.09	63.91	64.95	66.04	67	67.8	67.47	70.85
全国	37.66	39.09	40.53	41.76	42.99	43.9	44.94	45.68	46.59	49.95	51.27	52.57	53.73	54.77	56.1	57.35	58.52	59.58	60.6	63.89

图 3 – 5 2001—2020 年北京市、山东省、东部地区及全国城镇化水平❶

（二）中部地区人口流动状况

中部地区整体城镇化水平大多处于全国城镇化发展的中间水平，无疑与中部地区的经济发展水平及开放程度具有很大的相关性。图 3 - 6、图 3 - 7 数据显示，中部地区城镇人口及乡村人口变化趋势与东部地区相似，表现为城镇人口呈现持续上升的态势，乡村人口呈现持续下降的态势。比如，中部地区城镇人口由 2001 年的 14349 万人上升到 2020 年的 25117 万人，净增加 10768 万人，年均增长约 538 万人，年均增长约 2.99 个百分点。乡村人口由 2001 年的 27864 万人减少至 2020 年的 16945 万人，净减少 10919 万人，年均减少约 546 万人，年均减少约 2.58 个百分点。同时，本研究也选取了中部地区人口相对较多的河南省及安徽省作为个案，进行人口流动状况的相关对比分析。图 3 -8 数据显示，2001—2020 年，河南省城镇人口及乡村人口的变化趋势，整体上城镇人口呈现出持续上升的态势，乡村人口呈现出持续下降的样态。比如，河南省城镇人口由 2001 年的 2334 万人上升至 2020 年的 5508 万人，净增加 3174 万人，年均增长约 159 万人，年均增长约 4.62 个百分点。乡村人口由 2001 年的 7221 万人下降至 2020 年的 4429 万人，减少了 2792 万人，年均减少约 140 万人，年均减少约 2.54 个百分点。城镇人口增长总量多于乡村人口减少的总量，

❶ 数据来源：根据《中国统计年鉴》（2001—2020）及《北京市国民经济和社会发展统计公报》（2001—2020）、《山东省国民经济和社会发展统计公报》（2001—2020）等统计数据整理所得。

且增长速度也快于乡村人口减少速度。图 3 - 9 数据显示，2001—2020 年，安徽省城镇人口及乡村人口的变化趋势比较明显，城镇人口持续上升，乡村人口持续下降。比如，安徽省城镇人口由 2001 年的 1783 万人增长至 2020 年的 3560 万人，净增加 1777 万人，年均增长约 89 万人，年均增长约 3.71 个百分点。乡村人口由 2001 年的 4345 万人减少至 2020 年的 2543 万人，减少了 1802 万人，年均减少约 90 万人。河南与安徽同属于中部地区，城镇化进程没有明显的差别，整体上都是呈现出城镇人口持续增加，乡村人口持续减少状态。

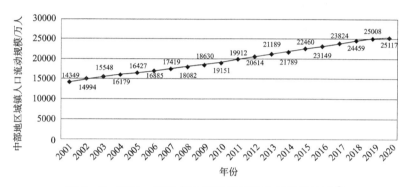

图 3 - 6　2001—2020 年中部地区城镇人口数量统计❶

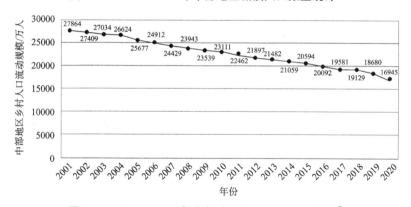

图 3 - 7　2001—2020 年中部地区乡村人口数量统计❷

---

❶　数据来源：根据《中国统计年鉴》（2001—2020）及中部地区各省《国民经济和社会发展统计公报》（2001—2020）统计数据整理所得。

❷　数据来源：根据《中国统计年鉴》（2001—2020）及中部地区各省《国民经济和社会发展统计公报》（2001—2020）统计数据整理所得。

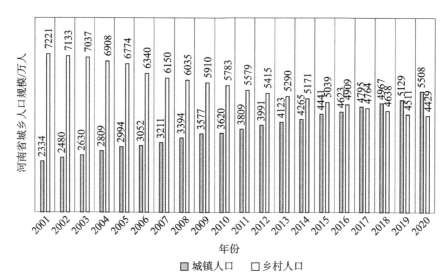

图 3 - 8 2001—2020 年河南省城乡人口数量统计❶

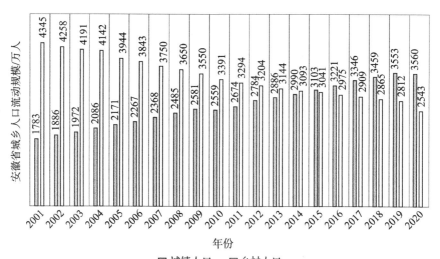

图 3 - 9 2001—2020 年安徽省城乡人口数量统计❷

图 3 - 10 数据显示，河南省和安徽省同属于"后发型"城镇化发展省份，

❶ 数据来源：根据《中国统计年鉴》（2001—2020）及《河南省国民经济和社会发展统计公报》（2001—2020）统计数据整理所得。

❷ 数据来源：根据《中国统计年鉴》（2001—2020）及《安徽省国民经济和社会发展统计公报》（2001—2020）统计数据整理所得。

城镇化发展水平起点都比较低，分别比全国 2001 年的 37.66% 低 13.23 个百分点和 8.57 个百分点，比中部地区 2001 年的 33.99% 也分别低了 9.56 个百分点和 4.9 个百分点。河南省城镇化率由 2001 年的 24.43% 增长至 2020 年的 55.43%，年均增长约 1.55 个百分点。安徽省城镇化率由 2001 年的 29.09% 增长至 2020 年的 58.33%，年均增长约 1.46 个百分点。中部地区城镇化率由 2001 年的 33.99% 增长至 2020 年的 59.71%，年均增长约 1.29 个百分点。显然，两省份由于起点都比较低，低于全国及中部地区平均水平，但年均增长速度还是快于中部地区及全国的增长速度。两个省份的城镇化发展水平还有很大的发展空间，还需要进一步加速城镇化尤其是新型城镇化的发展建设。

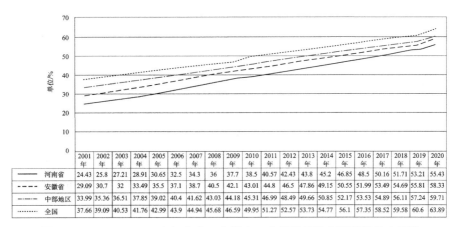

	2001年	2002年	2003年	2004年	2005年	2006年	2007年	2008年	2009年	2010年	2011年	2012年	2013年	2014年	2015年	2016年	2017年	2018年	2019年	2020年
河南省	24.43	25.8	27.21	28.91	30.65	32.5	34.3	36	37.7	38.5	40.57	42.43	43.8	45.2	46.85	48.5	50.16	51.71	53.21	55.43
安徽省	29.09	30.7	32	33.49	35.5	37.1	38.7	40.5	42.1	43.01	44.8	46.5	47.86	49.15	50.55	51.99	53.49	54.69	55.81	58.33
中部地区	33.99	35.36	36.51	37.85	39.02	40.4	41.62	43.03	44.18	45.31	46.99	48.49	49.66	50.85	52.17	53.53	54.89	56.11	57.24	59.71
全国	37.66	39.09	40.53	41.76	42.99	43.9	44.94	45.68	46.59	49.95	51.27	52.57	53.73	54.77	56.1	57.35	58.52	59.58	60.6	63.89

图 3 - 10　2001—2020 年河南省、安徽省、中部地区及全国城镇化水平❶

（三）西部地区人口流动状况

西部地区由于经济发展水平整体较为落后，多数省份的城镇化发展水平相对较低，城镇化发展水平处于后三位的省份也都处于西部地区。图 3 - 11、图 3 - 12 数据显示，西部地区城镇人口及乡村人口变化趋势也呈现出城镇人口持续上升，乡村人口呈现持续下降的态势。比如，西部地区城镇人口由 2001 年的 10687 万人上升到 2020 年的 21925 万人，净增加 11238 万人，年均增长

❶　数据来源：根据《中国统计年鉴》(2001—2020) 及《河南省国民经济和社会发展统计公报》(2001—2020)、《安徽省国民经济和社会发展统计公报》(2001—2020) 等统计数据整理所得。

约 562 万人，年均增长约 3.85 个百分点。乡村人口由 2001 年的 25760 万人减少至 2020 年的 16360 万人，净减少 9400 万人，年均减少约 470 万人，年均减少约 2.36 个百分点。同时，本研究也选取了西部地区城镇化发展水平非常靠后的甘肃省及贵州省作为统计分析的案例。图 3-13 数据显示，2001—2020 年，甘肃省城镇人口及乡村人口的变化趋势，整体上城镇人口呈现出持续上升的态势，乡村人口呈现出持续下降的样态。比如，甘肃省城镇人口由 2001 年的 631 万人上升至 2020 年的 1307 万人，增长了 676 万人，增长了一倍多，年均增长约 34 万人，年均增长约 3.91 个百分点。乡村人口由 2001 年的 1944 万人下降至 2020 年的 1195 万人，减少了 749 万人，年均减少约 37 万人。图 3-14 数据显示，2001—2020 年，贵州省城镇人口及乡村人口的变化趋势比较明显，城镇人口持续上升，乡村人口出现下降后经历了回升，然后再持续下降。比如，贵州省城镇人口由 2001 年的 910 万人增长至 2020 年的 2058 万人，增长了 1148 万人，年均增长约 57 万人，年均增长约 4.39 个百分点。乡村人口由 2001 年的 2888 万人增长至 2003 年的 2911 万人，随后减少至 2005 年的 2724 万人，2006 年上升至 2869 万人后持续减少至 2020 年的 1807 万人，较 2001 年减少了 1081 万人。乡村人口减少没有呈现出直线下降的趋势，这也说明贵州省乡村人口城镇化并不是很顺利，出现一些反复。甘肃与贵州同属于西部地区，城镇化进程整体上速度较慢，需要进一步加快城镇发展进程。

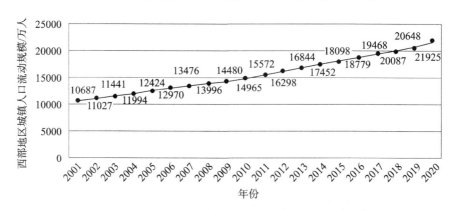

图 3-11　2001—2020 年西部地区城镇人口数量统计❶

---

❶　数据来源：根据《中国统计年鉴》（2001—2020）及西部地区各省（市、区）《国民经济和社会发展统计公报》（2001—2020）统计数据整理所得。

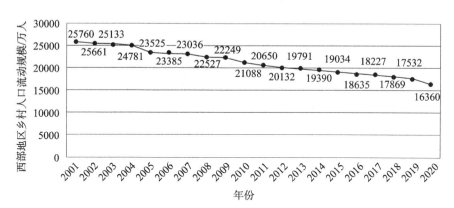

图 3-12 2001—2020 年西部地区乡村人口数量统计❶

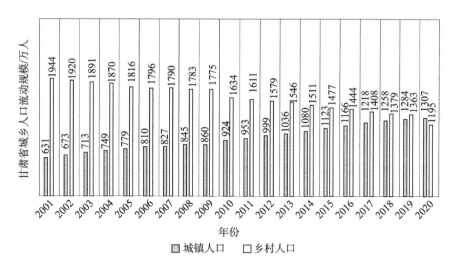

图 3-13 2001—2020 年甘肃省城乡人口数量统计❷

❶ 数据来源：根据《中国统计年鉴》（2001—2020）及西部地区各省（市、区）《国民经济和社会发展统计公报》（2001—2020）统计数据整理所得。

❷ 数据来源：根据《中国统计年鉴》（2001—2020）及《甘肃省国民经济和社会发展统计公报》（2001—2020）统计数据整理所得。

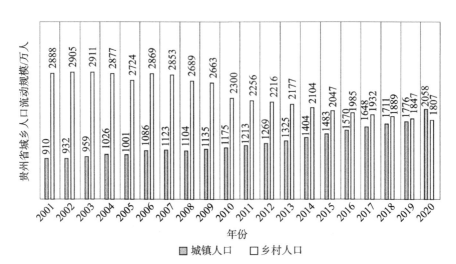

图 3-14 2001—2020 年贵州省城乡人口数量统计❶

图 3-15 数据显示，甘肃省和贵州省同属于西部"后发型"城镇化发展省份，城镇化发展水平在全国都处于非常低的位置，分别比全国 2001 年的 37.66% 低了 13.15 个百分点和 13.73 个百分点，比西部地区 2001 年的均值分别低了 4.81 个百分点和 5.39 个百分点。甘肃省城镇化率由 2001 年的 24.51% 增长至 2020 年的 52.53%，年均增长约 1.4 个百分点。贵州省城镇化率由 2001 年的 23.93% 增长至 2020 年的 53.15%，年均增长约 1.46 个百分点。西部地区城镇化率由 2001 年的 29.32% 增长至 2020 年的 57.27%，年均增长约 1.4 个百分点。显然，两省份的增长速度与整个西部地区城镇化率增长速度大体相当，但都高于全国年均增长约 1.31% 的速度。虽然如此，由于两个省份的整体城镇化发展水平比较低，增长速度在全国也不算快，再加上地理区间位置上不占有任何优势，经济发展水平较为落后，区域性开放程度也不够，对劳动力的吸引力相对较弱，就使得城镇化发展进程较为缓慢，目前还处于全国后几位，仍需要进一步提升城镇化发展速度和扩大空间，为西部地区城镇化发展作出更大的贡献。

---

❶ 数据来源：根据《中国统计年鉴》（2001—2020）及《贵州省国民经济和社会发展统计公报》（2001—2020）统计数据整理所得。

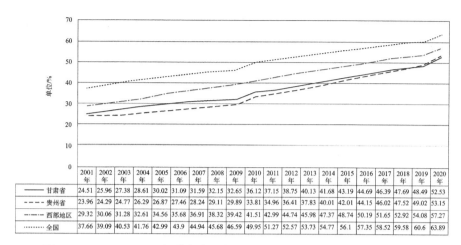

	2001年	2002年	2003年	2004年	2005年	2006年	2007年	2008年	2009年	2010年	2011年	2012年	2013年	2014年	2015年	2016年	2017年	2018年	2019年	2020年
甘肃省	24.51	25.96	27.38	28.61	30.02	31.09	31.59	32.15	32.65	36.12	37.15	38.75	40.13	41.68	43.19	44.69	46.39	47.69	48.49	52.53
贵州省	23.96	24.29	24.77	26.29	26.87	27.46	28.24	29.11	29.89	33.81	34.96	36.41	37.83	40.01	42.01	44.15	46.02	47.52	49.02	53.15
西部地区	29.32	30.06	31.28	32.61	34.56	35.68	36.91	38.32	39.42	41.51	42.99	44.74	45.98	47.37	48.74	50.19	51.65	52.92	54.08	57.27
全国	37.66	39.09	40.53	41.76	42.99	43.9	44.94	45.68	46.59	49.95	51.27	52.57	53.73	54.77	56.1	57.35	58.52	59.58	60.6	63.89

图 3 - 15　2001—2020 年甘肃省、贵州省、西部地区及全国城镇化水平❶

第二节　城镇化与东、中、西部地区教育规模

城镇化的加速推进，给区域人口流动带来了很大的影响，进而影响着区域教育规模的发展。本节依据《中国教育统计年鉴》中的相关数据重点分析 21 世纪以来我国东部地区、中部地区以及西部地区中小学学生数量走势、学校数量变化等问题。

一、东部地区教育规模

（一）中小学学生数量变化情况

东部地区城镇化进程整体上处于全国领先水平，城镇化进程的加速发展也带来了东部地区城镇人口及乡村人口的不同变化样态，与此同时，教育人口尤其是城乡中小学学生数量也发生了很大的变化。表 3 - 2 数据显示，东部地区城镇中小学学生数量由 2001 年的 36619080 人上升到 2020 年的 61779683 人，

　　❶　数据来源：根据《中国统计年鉴》（2001—2020）及《甘肃省国民经济和社会发展统计公报》（2001—2020）、《贵州省国民经济和社会发展统计公报》（2001—2020）等统计数据整理所得。

净增加25160603人，年均增长126万人，其中，城镇小学学生净增加1882万人，初中学生净增加283万人，普通高中学生净增加352万人。乡村中小学学生数量由2001年的36551303人减少至2020年的9584133人，净减少26967170人，占比为73.79%，年均减少135万人，其中，乡村小学学生净减少19655861人，占比为72.37%；初中学生净减少6920393人，占比为79.7%；普通高中学生净减少390916人，占比为55.28%。相较而言，乡村初中学生减少速度最快。

表3－2　2001—2020年东部地区城乡中小学学生数量统计❶　　　　单位：人

项目		2001年	2020年	净增加	年均增加
城镇教育人口	小学生	17027640	35845604	18817964	940898
	初中生	14343233	17169845	2826612	141331
	高中生	5248207	8764234	3516027	175801
	总计	36619080	61779683	25160603	1258030
项目		2001年	2020年	净减少	年均减少
乡村教育人口	小学生	27160789	7504928	19655861	982793
	初中生	8683369	1762976	6920393	346020
	高中生	707145	316229	390916	19546
	总计	36551303	9584133	26967170	1348359

本研究选取了东部地区的北京市及山东省作为个案进行对比分析。北京市作为我国的政治经济文化中心，作为国际化的大都市，其城镇化发展水平远远高于全国平均水平，中小学学生数量也随着城镇化的发展变化而出现变化。图3－16数据显示，2001—2020年，北京市城镇中小学学生数量由2001年的1134053人减少至2006年的845657人，随后逐步增加至2020年的1398195人，相较于2001年净增加264142人，其中城镇小学学生增加429372人，初中学生减少129724人，普通高中学生减少35506人。乡村中小学学生数量由2001年的250517人减少至2020年的87481人，净减少163036人，其中，乡村小学学生减少98769人；初中学生减少65642人；普通高中学生没有表现出

❶　数据来源：根据《中国教育统计年鉴》（2001—2020）统计数据整理所得；本节后面相关数据均根据《中国教育统计年鉴》（2001—2020）统计数据整理所得，不再标注。

直线减少的趋势，2007 年增加至 17333 人，处于近 20 年历史最高值，随后处于逐步减少样态（见图 3 - 17）。

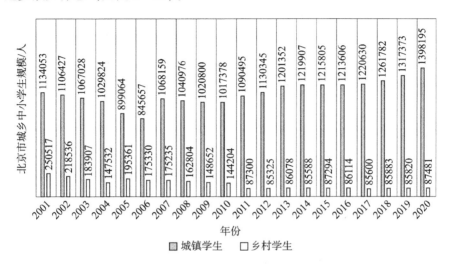

图 3 - 16　2001—2020 年北京市城乡中小学学生数量统计

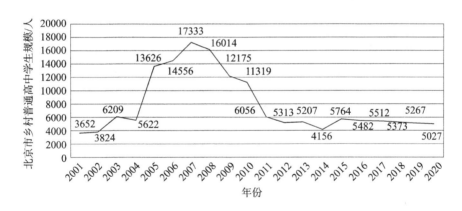

图 3 - 17　2001—2020 年北京市乡村普通高中学生数量统计

山东省作为东部地区的人口大省，其城镇化发展水平与全国城镇化发展水平基本上处于同一个水平。在城镇化进程中，其中小学学生数量也发生了很大变化，整体上表现出城镇学生增加、乡村学生减少的样态。比如，图 3 - 18 数据显示，2001—2020 年，山东省城镇中小学学生数量由 2001 年的 7126095 人增加至 2020 年的 11013196 人，净增加 3887101 人，其中城镇小学学生增加 3600880 人，初中学生减少 259354 人，普通高中学生增加 545575 人。乡村中

小学学生数量由 2001 年的 6887681 人减少至 2020 年的 1905894 人，净减少
4981787 人，占比为 72.33%。其中，乡村小学学生减少 3159962 人，占比为
67.32%；初中学生减少 1794856 人，占比为 84.46%；普通高中学生减少
26969 人，占比为 39.43%。整体而言，乡村中小学学生减少速率与东部地区
大体相当，初中学生减少速度最快；小学次之；普通高中学生减少速度最慢，
且普通高中学生变化处于不规律状态，出现急剧增加及迅速减少不断交替的样
态（见图 3 - 19）。

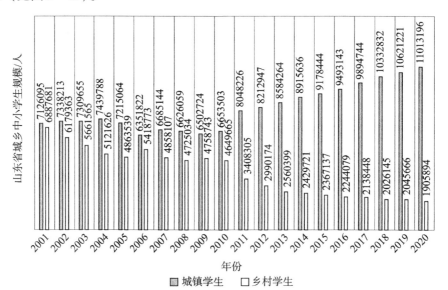

图 3 - 18　2001—2020 年山东省城乡中小学学生数量统计

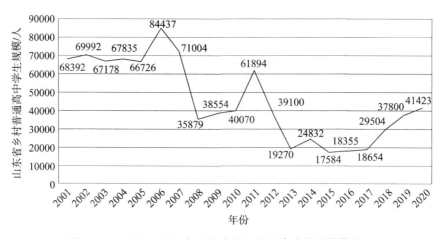

图 3 - 19　2001—2020 年山东省乡村普通高中学生数量统计

北京市和山东省虽然同样处于东部地区，但两地的城镇化发展进程不同，学生数量变化曲线也存在差异，一是北京市城镇小学进入城镇初中，城镇初中进入城镇高中的学生比例较低，如 2018 年北京市城镇小学生数量是 849033 人，而城镇初中学生数量为 262644 人，意味着城镇小学生中仅有 30.93% 的学生可以在城镇初中上学，另有 69.07% 的学生无法在城镇初中获得求学机会。而山东省则有 57.05% 的城镇小学生可以进入城镇初中上学，比北京市高出 26.12 个百分点。二是北京市整体上没有呈现出随着城镇化率的不断提升而出现城镇学生数量逐步增加、乡村学生数量逐步减少的态势，山东省则体现出这种发展特点。三是北京市没有呈现出 2010—2011 年类似全国城镇学生数量"跨越式"增长及乡村学生数量"断崖式"下降的样态，山东省则在相关学段表现出这一特征，比如，在小学和初中阶段都有类似特征。同时，北京市中小学学生数量发展变化也表现出了不一样的特征，比如，北京市城镇小学生数量呈现出逐年增加的态势，但是初中及高中城镇学生则呈现逐年减少的样态，这可能与北京市的中高考招生制度有关系。还有就是北京市城镇化保持高位发展状态，年均增长幅度不大，2004—2005 年则出现"跨越式"发展状态，由 79.52% 增长至 83.62%，提高了 4.1 个百分点，这种"跨越式"发展并没有带来城镇学生数量上的同步"跨越式"增长，而是城镇小学、初中及高中学生数量的下降，呈现出的是乡村小学、初中及高中学生数量的"跨越式"增长，这种现象非常特别，值得思考。

（二）中小学专任教师数量变化情况

城镇化进程的快速发展同时带来了专任教师的大量流动，主要表现为城镇专任教师不断增加，乡村专任教师大量减少。表 3－3 数据显示，东部地区城镇中小学专任教师数量由 2001 年的 1965786 人上升至 2020 年的 4145498 人，净增加 2179712 人，年均增加 108986 人，其中，城镇小学专任教师净增加 1173592 人，初中专任教师净增加 583480 人，普通高中专任教师净增加 422640 人。乡村中小学专任教师数量由 2001 年的 1809383 人减少至 2020 年的 701258 人，净减少 1108125 人，占比为 61.24%，年均减少 55406 人。其中，乡村小学专任教师净减少 714393 人，占比为 57.68%；初

中专任教师净减少 376084 人，占比为 71.33%；普通高中专任教师净减少
17648 人，占比为 40.55%。与乡村学生减少速率相当，也表现为初中减少
速度最快。

表 3-3　2001—2020 年东部地区城乡中小学专任教师数量统计　　单位：人

项目		2001 年	2020 年	净增加	年均增加
城镇	小学	860101	2033693	1173592	58680
专任	初中	783048	1366528	583480	29174
教师	高中	322637	745277	422640	21132
总计		1965786	4145498	2179712	108986
项目		2001 年	2020 年	净减少	年均减少
乡村	小学	1238607	524214	714393	35720
专任	初中	527251	151167	376084	18804
教师	高中	43525	25877	17648	882
总计		1809383	701258	1108125	55406

　　图 3-20 数据显示，2001—2020 年，北京市城乡专任教师数量发生了很
大的变化，整体上呈现出城镇中小学专任教师数量逐步增加，乡村中小学专任
教师数量不断减少的样态，且由于城镇化率比较高，城镇中小学专任教师数量
在起点上明显高于乡村。城镇中小学专任教师数量由 2001 年的 83657 人增加
至 2020 年的 106338 人；乡村中小学专任教师数量由 2001 年的 21622 人减少
至 2020 年的 9166 人，净减少 12456 人，占比约为 57.61%，相当于近六成的
乡村教师流失了。乡村高中专任教师变化处于不规律状态，整体数量上有所增
加（见图 3-21）。这表明，北京市城乡中小学专任教师在 2005—2006 年出现
明显的变化，城镇中小学专任教师快速减少，乡村中小学专任教师快速增加，
与城镇中小学学生数量、学校数量变化曲线具有高度的一致性。

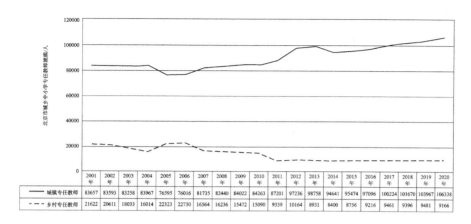

	2001年	2002年	2003年	2004年	2005年	2006年	2007年	2008年	2009年	2010年	2011年	2012年	2013年	2014年	2015年	2016年	2017年	2018年	2019年	2020年
城镇专任教师	83657	83593	83258	83967	76595	76016	81735	82440	84022	84263	87201	97236	98758	94641	95474	97096	100224	101670	103967	106338
乡村专任教师	21622	20611	18033	16014	22323	22730	16564	16236	15472	15090	9339	10164	8931	8400	8756	9216	9461	9396	9481	9166

图 3-20　2001—2020 年北京市城乡中小学专任教师数量统计

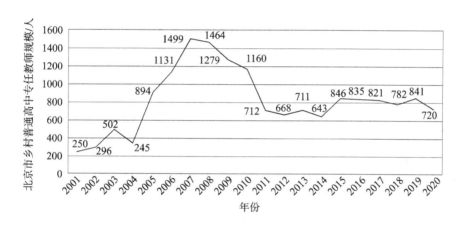

图 3-21　2001—2020 年北京市乡村普通高中专任教师数量统计

　　山东省城乡中小学专任教师数量变化趋势与北京大体相同，整体上都表现为城镇中小学专任教师数量逐年增加，乡村中小学专任教师数量逐年减少。图 3-22 数据显示，2001—2020 年，山东省城镇中小学专任教师数量由 2001 年的 390871 人增加至 2020 年的 710039 人，净增加 319168 人。与此同时，乡村中小学专任教师数量也在快速减少，由 2001 年的 359168 人减少至 2020 年的 133403 人，净减少 225765 人，占比约为 62.86%，相当于六成多的乡村教师流失了。其中，乡村小学专任教师净减少 150200 人，占比约为 59.29%；初中专任教师净减少 74386 人，占比约为 73.14%；普通高中专任教师净减少 1179 人，占比约为 28.51%，比较而言，乡村初中专任教师流失的速度更快，乡村高中专任教师队伍变化处于不稳定状态（见图 3-23）。山东省乡村专任教师流失速度略快于东部地区乡村专任教师流失的速度。

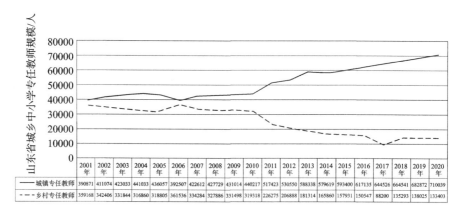

	2001年	2002年	2003年	2004年	2005年	2006年	2007年	2008年	2009年	2010年	2011年	2012年	2013年	2014年	2015年	2016年	2017年	2018年	2019年	2020年
城镇专任教师	390871	411074	423033	441033	436057	392507	422612	427729	431014	440217	517423	530550	588338	579619	593400	617135	644526	664541	682872	710039
乡村专任教师	359168	342406	331844	316860	318805	361536	334284	327886	331498	319318	226275	206888	181314	165860	157931	150547	88200	135293	138025	133403

图 3-22　2001—2020 年山东省城乡中小学专任教师数量统计

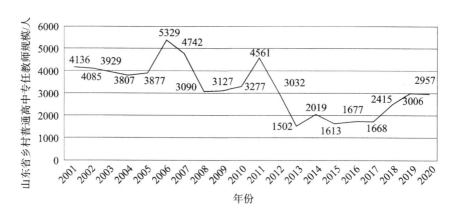

图 3-23　2001—2020 年山东省乡村普通高中专任教师数量统计

（三）中小学学校数量变化情况

学生数量的变化也给学校发展带来了影响，城镇中小学学校及乡村中小学学校数量都发生了很大的变化，从整体上看，表现为城镇中小学学校数量的逐年增加，而乡村中小学学校数量则逐年减少。表 3-4 数据显示，东部地区城镇中小学学校数量由 2001 年的 45486 所增加到 2020 年的 48279 所，净增加 2793 所，年均增长约 140 所。总体上趋于增长的同时，小学和中学之间也有差异，其中，城镇小学反而减少了1397所；初中学校变化最大，净增加3997所，年均增加约200所；普通高中仅仅增加了193所。乡村中小学学校数量由2001年的118346所减少至2020年的26272所，净减少92074所，年均减少约4604所，约77.8%的乡村学校消失了。其中，乡村小学净减少83656所，占比为78.6%；初中学校净减少7811所，占比为70.8%；普通高中学校净减少607所，占比为67.5%。比较而言，乡村小学消失的速度更快。

表3-4　2001—2020年东部地区城乡中小学学校数量变化统计　　　单位：所

项目		2001年	2020年	净增加	年均增加
城镇学校	小学	29767	28370	-1397	-70
	初中	10703	14700	3997	200
	高中	5016	5209	193	10
总计		45486	48279	2793	140
项目		2001年	2020年	净减少	年均减少
乡村学校	小学	106420	22764	83656	4183
	初中	11027	3216	7811	391
	高中	899	292	607	30
总计		118346	26272	92074	4604

图3-24数据显示，2001—2020年，北京市城乡中小学学校数量发生了很大的变化，整体上都趋于减少，并没有因为城镇化的发展而带来城镇学校数量的增加。城镇中小学学校数量由2001年的1799所减少至2020年的1276所，乡村中小学学校数量由2001年的952所减少至2020年的314所，乡村普通高中增加了8所，且处于不规律变化状态（见图3-25）。这表明，北京市城乡中小学在2005—2006年出现明显的变化，城镇中小学快速减少，从2004年的1592所减少至2005年的1217所，一年内净减少375所，当年的城镇化率并没有降低，而是出现了跨越式增长，从2004年的79.52%增长至2005年的83.62%，一年内增长了4.1个百分点，远远高出近20年北京市城镇化年均0.47个百分点的增长速度。乡村中小学则快速增加，由2004的672所增加至2005年的925所，一年内净增加253所。这种情况显得较为特殊，与城镇化发展没有明显的关系，应该是政策性调整所致。

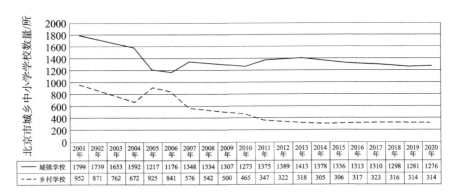

图 3 - 24 2001—2020 年北京市城乡中小学学校数量统计

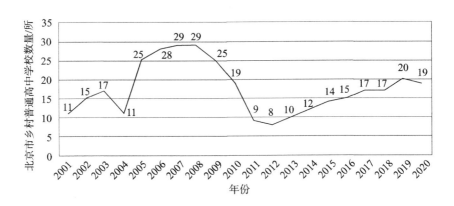

图 3 - 25 2001—2020 年北京市乡村普通高中学校数量统计

山东省中小学学校数量变化与北京市有所不同，整体上表现为城镇中小学学校数量的逐年增加，而乡村中小学学校数量逐年减少的样态。图 3 - 26 数据显示，2001—2020 年，山东省城镇中小学学校数量由 2001 年的 7208 所增加至 2020 年的 8277 所，净增加 1069 所。与此同时，乡村中小学学校数量也在直线下降，由 2001 年的 18818 所减少至 2020 年的 5262 所，净减少 13556 所，占比为 72%，年均减少约 678 所。其中，乡村小学净减少 12235 所，占比为 71.9%；初中学校净减少 1296 所，占比为 74.6%；普通高中学校净减少 25 所，占比为 45.5%。比较而言，乡村小学消失的速度更快，乡村普通高中整体上趋于减少状态，且处于不规律的变化样态（见图 3 - 27）。山东省乡村学校消失速度慢于东部地区乡村学校消失的速度，低了 5.8 个百分点。

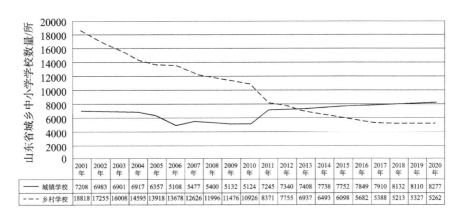

	2001年	2002年	2003年	2004年	2005年	2006年	2007年	2008年	2009年	2010年	2011年	2012年	2013年	2014年	2015年	2016年	2017年	2018年	2019年	2020年
城镇学校	7208	6983	6901	6917	6357	5108	5477	5400	5132	5124	7245	7340	7408	7738	7752	7849	7910	8132	8110	8277
乡村学校	18818	17255	16008	14595	13918	13678	12626	11996	11476	10926	8371	7755	6937	6493	6098	5682	5388	5213	5327	5262

图 3 - 26　2001—2020 年山东省城乡中小学学校数量统计

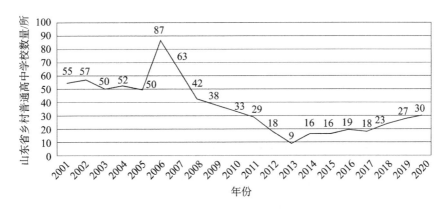

图 3 - 27　2001—2020 年山东省乡村普通高中学校数量统计

二、中部地区教育规模

（一）中小学学生数量变化情况

中部地区城镇化进程整体上处于全国中间水平，城镇化发展水平低于东部地区高于西部地区，中小学学生数量也随着城镇化的发展变化而出现变化。表 3 - 5 数据显示，中部地区城镇中小学学生数量由 2001 年的 26901021 人上升到 2020 年的 46507410 人，净增加 19606389 人，年均增长 98 万人，其中，城镇小学学生净增加 12731670 人，初中学生净增加 3031860 人，普通高中学生净增加 3842859 人。乡村中小学学生数量由 2001 年的 42761138 人减少至 2020 年的 10677189 人，净减少 32083949 人，占比为 75.03%，年均减少 160 万人，其中，乡村小学学生净减少 21995680 人，占比为 73.65%；初中学生净减少 9853014 人，占比为 79.67%；普通高中学生净减少 235255 人，占比为 44.54%。相较而言，乡村初中学生减少速度最快。

表 3-5　2001—2020 年中部地区城乡中小学学生数量统计　　　　单位：人

项目		2001 年	2020 年	净增加	年均增加
城镇 教育 人口	小学生	12295309	25026979	12731670	636584
	初中生	10450307	13482167	3031860	151593
	高中生	4155405	7998264	3842859	192143
总计		26901021	46507410	19606389	980320
项目		2001 年	2020 年	净减少	年均减少
乡村 教育 人口	小学生	29865568	7869888	21995680	1099784
	初中生	12367354	2514340	9853014	492651
	高中生	528216	292961	235255	11763
总计		42761138	10677189	32083949	1604198

本研究选取了中部地区的河南省及安徽省作为个案进行对比分析。图 3-28 数据显示，2001—2020 年，河南省城镇中小学学生数量由 2001 年的 5069409 人增加至 2020 年的 13027676 人，净增加 7958267 人。其中城镇小学学生增加 4889765 人，初中学生增加 1763872 人，普通高中学生增加 1304630 人。乡村中小学学生数量由 2001 年的 12471709 人减少至 2020 年的 4158186 人，净减少 8313523 人，占比约为 66.66%。其中，乡村小学学生减少 5381166 人，占比约为 62.38%；初中学生减少 2928983 人，占比约为 77.88%；普通高中学生减少 3374 人，但高中学生数量处于不规律的变化样态（见图 3-29）。初中学生减少速度最快，与中部地区大体相当。

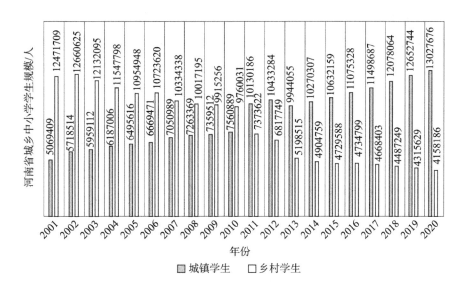

图 3 - 28　2001—2020 年河南省城乡中小学学生数量统计

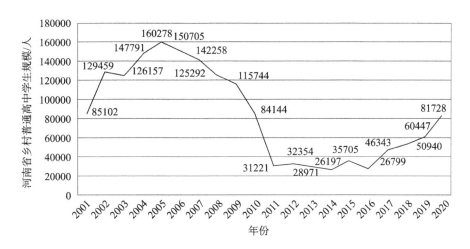

图 3 - 29　2001—2020 年河南省乡村普通高中学生数量统计

安徽省作为中部地区人口相对较多的省份，其城镇化发展水平相对较为滞后，城镇化率在 2015 年才突破 50%，达到 50.5%。在城镇化进程中，中小学学生数量变化整体上表现为城镇学生逐步增加、乡村学生逐渐减少的样态。比如，图 3 - 30 数据显示，2001—2020 年，安徽省城镇中小学学生数量由 2001年的 3099675 人增加至 2020 年的 6372275 人，净增加 3272600 人。其中城镇小学学生增加 1991052 人，初中学生增加 703185 人，普通高中学生增加 578363

人。乡村中小学学生数量由 2001 年的 7545390 人减少至 2020 年的 1683236 人，净减少 5862154 人，占比约为 77.69%。其中，乡村小学学生减少 4227183 人，占比约为 77.17%；初中学生减少 1546911 人，占比约为 79.65%；普通高中学生减少 88060 人，占比约为 70%。比较而言，乡村初中学生减少速度最快；乡村高中学生变化与乡村整体中小学学生变化有一定的差异性，尤其在 2011 年之前，变化处于不规律发展状态（见图 3－31）。与河南省及中部地区比较来看，安徽省乡村中小学学生减少速度快于河南省及中部地区，乡村普通高中学生数量变化与河南省乡村普通高中学生变化也存在一定的差异性。

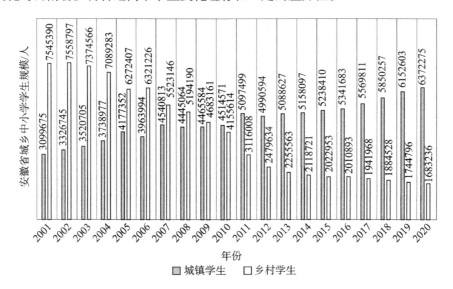

图 3－30　2001—2020 年安徽省城乡中小学学生数量统计

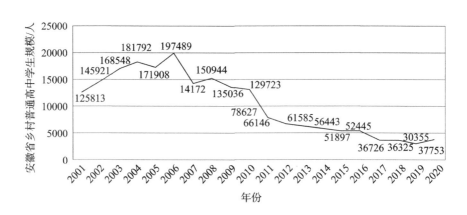

图 3－31　2001—2020 年安徽省乡村普通高中学生数量统计

河南和安徽同样处于中部地区，两省的城镇化发展水平大体相同，安徽省城镇化发展水平略高于河南省的城镇化发展水平，安徽省 2015 年城镇化率突破 50%，河南省 2017 年才突破 50%，如 2018 年安徽省的城镇化率高于河南省城镇化率 2.98 个百分点，河南省 2018 年城镇化率为 51.71%，安徽省则为 54.69%。两省学生数量变化曲线也存在相似性，一是两省城镇小学进入城镇初中，城镇初中进入城镇高中的学生比例相差不大，如 2018 年河南省城镇小学生数量是 6369358 人，城镇初中学生数量为 3659094 人，城镇高中学生数量为 2049612 人，意味着城镇小学生当中有 57.45% 的学生可以在城镇初中上学，56.01% 的学生可以在城镇高中上学。安徽则分别有 53.9% 和 61.62% 的城镇学生进入初中和高中。二是两省都呈现出 2010—2011 年类似全国城镇学生数量"跨越式"增长及乡村学生数量"断崖式"下降的样态。

（二）中小学专任教师数量变化情况

中部地区城镇化发展也带来了城乡中小学专任教师的大量流动。表 3-6 数据显示，中部地区城镇中小学专任教师数量由 2001 年的 1459537 人上升至 2020 年的 2751383 人，净增加 1291846 人，年均增加约 64592 人，其中，城镇小学专任教师净增加 524250 人，初中专任教师净增加 440065 人，普通高中专任教师净增加 327531 人。乡村中小学专任教师数量由 2001 年的 2015849 人减少至 2020 年的 791826 人，净减少 1224023 人，占比为 60.72%，年均减少约 61201 人。其中，乡村小学专任教师净减少 835031 人，占比为 60.42%；初中专任教师净减少 380930 人，占比为 63.03%；普通高中专任教师净减少 8062 人，占比为 27.27%。与乡村学生减少速率相当，也表现为初中减少速度最快。

图 3-32 数据显示，2001—2020 年，河南省城乡专任教师数量发生了很大的变化，整体表现为城镇中小学专任教师数量逐年增加，乡村中小学专任教师数量逐年减少。城镇中小学专任教师数量由 2001 年的 259614 人增加至 2020 年的 721754 人，净增加 462140 人。与此同时，乡村中小学专任教师数量也在快速减少，由 2001 年的 544922 人减少至 2020 年的 290697 人，净减少 254225 人，占比约为 46.65%，相当于近五成的乡村教师流失了。其中，乡村小学专任教师净减少 153025 人，占比约为 41.43%；初中专任教师净减少 101907 人，占比约为 59.84%；普通高中专任教师队伍处于不稳定状态（见图 3-33），

由 2001 年的 5313 人逐步增加至 2008 年的 8709 人（处于近 20 年历史最高值），随后迅速减少至 2014 年的 1656 人（处于近 20 年历史最低值），教师队伍没有像小学和初中教师队伍那样处于持续减少状态。比较而言，乡村初中专任教师流失的速度更快；河南省乡村专任教师流失速度低于中部地区专任教师流失速度，低了 14.07 个百分点。

表 3-6　2001—2020 年中部地区城乡中小学专任教师数量统计　　　单位：人

项目		2001 年	2020 年	净增加	年均增加
城镇专任教师	小学	640036	1164286	524250	26213
	初中	574731	1014796	440065	22003
	高中	244770	572301	327531	16377
总计		1459537	2751383	1291846	64592
项目		2001 年	2020 年	净减少	年均减少
乡村专任教师	小学	1381959	546928	835031	41752
	初中	604321	223391	380930	19047
	高中	29569	21507	8062	403
总计		2015849	791826	1224023	61201

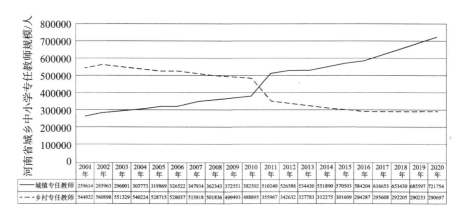

	2001年	2002年	2003年	2004年	2005年	2006年	2007年	2008年	2009年	2010年	2011年	2012年	2013年	2014年	2015年	2016年	2017年	2018年	2019年	2020年
城镇专任教师	259614	285963	296001	303773	319869	326522	347934	362343	372551	382502	510240	526588	534430	551890	570503	584204	616653	653430	685597	721754
乡村专任教师	544922	560898	551329	540224	528715	528037	513918	501836	499493	488895	355967	342632	327783	312275	301609	294287	295608	292205	290233	290697

图 3-32　2001—2020 年河南省城乡中小学专任教师数量统计

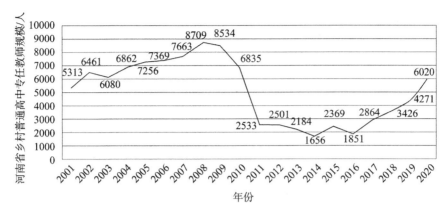

图 3 - 33　2001—2020 年河南省乡村普通高中专任教师数量统计

安徽省城乡中小学专任教师数量变化趋势与河南省趋同，整体上都表现为城镇中小学专任教师数量逐年增加，乡村中小学专任教师数量逐年减少。图 3 - 34 数据显示，2001—2020 年，安徽省城镇中小学专任教师数量由 2001 年的 147320 人增加至 2020 年的 357796 人，净增加 210476 人。与此同时，乡村中小学专任教师数量也在快速减少，由 2001 年的 295482 人减少至 2020 年的 110486 人，净减少 184996 人，占比约为 62.61%，相当于六成多的乡村教师流失了。其中，乡村小学专任教师净减少 135219 人，占比约为 64.39%；初中专任教师净减少 46073 人，占比约为 58.18%；普通高中专任教师净减少 3704 人，占比约为 58.88%。比较而言，乡村小学专任教师流失的速度更快；2011 年之前乡村普通高中专任教师队伍变化波动较大（见图 3 - 35）。安徽省乡村专任教师流失速度略快于中部地区乡村专任教师流失速度，高出 1.89 个百分点。

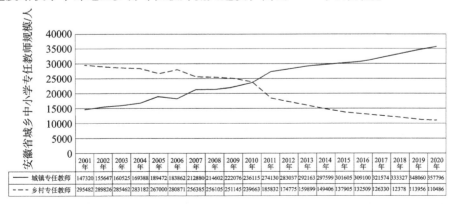

图 3 - 34　2001—2020 年安徽省城乡中小学专任教师数量统计

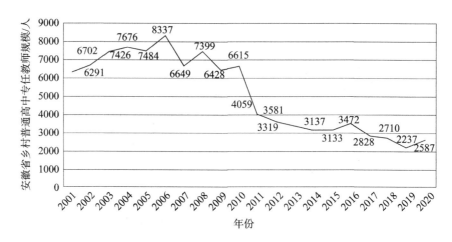

图 3－35　2001—2020 年安徽省乡村普通高中专任教师数量统计

（三）中小学学校数量变化情况

表 3－7 数据显示，中部地区城镇中小学学校数量由 2001 年的 37522 所增加到 2020 年的 40527 所，净增加 3005 所，年均增长约 150 所。总体上趋于增长的同时，城镇小学反而减少了 1249 所；初中学校变化最大，净增加 3979 所，年均增加约 199 所；普通高中仅增加了 275 所。乡村中小学学校数量由 2001 年的 179845 所减少至 2020 年的 38464 所，净减少 141381 所，年均减少约 7069 所，约 78.61% 的乡村学校消失了。其中，乡村小学净减少 132144 所，占比约为 80.68%；初中学校净减少 8810 所，占比约为 57.28%；普通高中学校净减少 427 所，占比为 63.07%。比较而言，乡村小学减少的速度更快，约 80% 的小学走向消失。

图 3－36 数据显示，2001—2020 年，河南省城乡中小学学校数量发生了很大的变化。城镇中小学学校数量由 2001 年的 5769 所增加至 2020 年的 10816 所，净增加 5047 所；乡村中小学学校数量由 2001 年的 40440 所减少至 2020 年的 12494 所，净减少 27946 所，占比约为 69.1%，年均减少约 1397 所。其中，乡村小学净减少 25517 所，占比约为 70.01%；初中学校净减少 2368 所，占比约为 61.2%；普通高中学校净减少 64 所，占比约为 52.03%。比较而言，乡村小学消失的速度更快，乡村普通高中学校减少变化曲线没有呈现出直线下降的态势（见图 3－37）。河南省乡村学校消失速度慢于中部地区乡村学校消

失的速度，低了9.51个百分点。

表3-7　2001—2020年中部地区城乡中小学学校数量变化统计　　　　单位：所

项目		2001 年	2020 年	净增加	年均增加
城镇学校	小学	24610	23361	-1249	-62
	初中	8991	12970	3979	199
	高中	3921	4196	275	14
总计		37522	40527	3005	150
项目		2001 年	2020 年	净减少	年均减少
乡村学校	小学	163788	31644	132144	6607
	初中	15380	6570	8810	441
	高中	677	250	427	21
总计		179845	38464	141381	7069

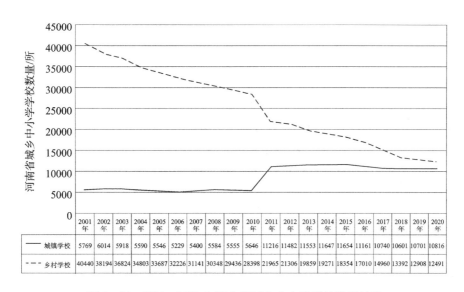

	2001年	2002年	2003年	2004年	2005年	2006年	2007年	2008年	2009年	2010年	2011年	2012年	2013年	2014年	2015年	2016年	2017年	2018年	2019年	2020年
城镇学校	5769	6014	5918	5590	5546	5229	5400	5584	5555	5646	11216	11482	11553	11647	11654	11161	10740	10601	10701	10816
乡村学校	40440	38194	36824	34803	33687	32226	31141	30348	29436	28398	21965	21306	19859	19271	18354	17010	14960	13392	12908	12491

图3-36　2001—2020年河南省城乡中小学学校数量统计

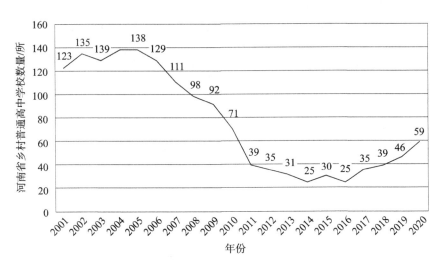

图 3-37 2001—2020 年河南省乡村普通高中学校数量统计

图 3-38 数据显示，安徽省中小学学校数量变化与河南省具有很大的相似性，整体上表现为城镇中小学学校数量增幅不大❶，而乡村中小学学校数量则是逐年减少。城镇中小学学校数量由 2001 年的 3685 所增加至 2020 年的 5220 所，净增加 1535 所。与此同时，乡村中小学学校数量也在直线下降，由 2001 年的 23072 所减少至 2020 年的 5751 所，净减少 17321 所，占比约为 75.07%，年均减少约 866 所。其中，乡村小学净减少 16046 所，占比约为 77.73%；初中学校净减少 1122 所，占比约为 50.07%；普通高中学校净减少 153 所，占比约为 81.38%。比较而言，乡村高中消失的速度更快，且表现出了整体性直线减少的样态（见图 3-39）。安徽省乡村学校消失速度慢于中部地区乡村学校消失的速度，低了 3.54 个百分点；但快于河南省乡村学校消失的速度，高了 5.97 个百分点。

---

❶ 在乡村学校不断减少，乡村学生不断流向城镇的过程中，城镇学生数量逐年增加，但城镇中小学学校数量增长的幅度却很小，使得城镇中小学学校接纳乡村学生的能力有限，难以满足大量流向城镇的乡村学生的教育需求，这无疑是城镇"大校额""大班额"出现的重要原因。

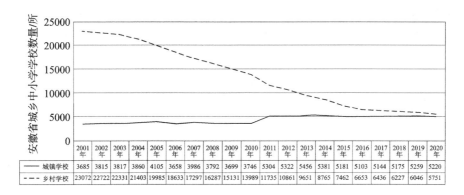

	2001年	2002年	2003年	2004年	2005年	2006年	2007年	2008年	2009年	2010年	2011年	2012年	2013年	2014年	2015年	2016年	2017年	2018年	2019年	2020年
—— 城镇学校	3685	3815	3817	3860	4105	3658	3986	3792	3699	3746	5304	5322	5456	5381	5181	5103	5144	5175	5259	5220
---- 乡村学校	23072	22722	22331	21403	19985	18633	17297	16287	15131	13989	11735	10861	9651	8765	7462	6653	6436	6227	6046	5751

图 3-38　2001—2020 年安徽省城乡中小学学校数量统计

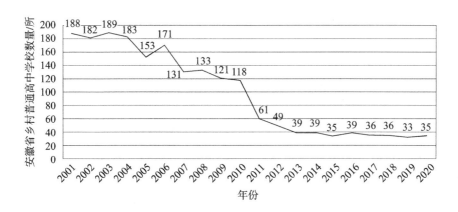

图 3-39　2001—2020 年安徽省乡村普通高中学校数量统计

三、西部地区教育规模

（一）中小学学生数量变化情况

表 3-8 数据显示，西部地区城镇中小学学生数量由 2001 年的 21433935 人上升至 2020 年的 41263914 人，净增加 19829979 人，年均增长约 99 万人，其中，城镇小学学生净增加 1181 万人，初中学生净增加 381 万人，普通高中学生净增加 421 万人。乡村中小学学生数量由 2001 年的 39528446 人减少至 2020 年的 11526625 人，净减少 28001821 人，占比约为 70.84%，年均减少

140 万人，其中，乡村小学学生净减少 19891671 人，占比约为 68.54%；初中学生净减少 8061564 人，占比约为 79.33%；普通高中学生净减少 48586 人，占比约为 14.1%。相较而言，乡村初中学生减少速度最快。

表 3 – 8　2001—2020 年西部地区城乡中小学学生数量统计　单位：人

	项目	2001 年	2020 年	净增加	年均增加
城镇	小学生	10063691	21876134	11812443	590622
教育	初中生	8303973	12110826	3806853	190343
人口	高中生	3066271	7276954	4210683	210534
	总计	21433935	41263914	19829979	991499
	项目	2001 年	2020 年	净减少	年均减少
乡村	小学生	29021670	9129999	19891671	994584
教育	初中生	10162303	2100739	8061564	403078
人口	高中生	344473	295887	48586	2429
	总计	39528446	11526625	28001821	1400091

　　本研究选取了西部地区的甘肃省及贵州省作为个案进行对比分析。图 3 – 40 数据显示，2001—2020 年，甘肃省城镇中小学学生数量由 2001 年的 1310734 人增加至 2020 年的 2647873 人，净增加 1337139 人。其中城镇小学学生增加 744303 人，初中学生增加 329786 人，普通高中学生增加 263050 人。乡村中小学学生数量由 2001 年的 3338927 人减少至 2020 年的 751168 人，净减少 2587759 人，占比约为 77.5%。其中，乡村小学学生减少 1925040 人，占比约为 76.45%；初中学生减少 638909 人，占比约为 81.74%；普通高中学生减少 23810 人（见图 3 – 41），占比约为 60.6%。比较而言，乡村初中学生减少速度最快，乡村中小学学生减少速度整体上快于西部地区，高出 6.66 个百分点。

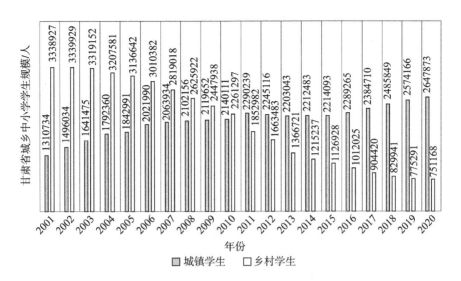

图 3-40　2001—2020 年甘肃省城乡中小学学生数量统计

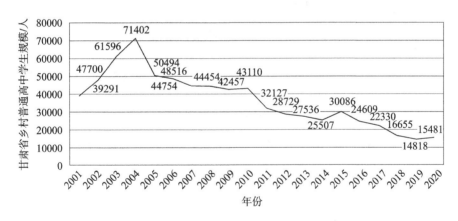

图 3-41　2001—2020 年甘肃省乡村普通高中学生数量统计

　　贵州省作为西部地区相对较为落后的省份，其城镇化发展水平也较为滞后，城镇化率 2019 年达到 49.02%，2020 年才超过 50%，达到 53.15%。在城镇化进程中，中小学学生数量变化整体上表现为城镇学生逐步增加，乡村学生逐渐减少的样态。图 3-42 数据显示，2001—2020 年，贵州省城镇中小学学生数量由 2001 年的 1652630 人增加至 2020 年的 5345486 人，净增加 3692856 人。其中城镇小学学生增加 1960632 人，初中学生增加 1005489 人，普通高中学生增加 726735 人。乡村中小学学生数量由 2001 年的 5095050 人减少至 2020 年的 1383111 人，净减少 3711939 人，占比约为 72.85%。其中，乡村小学学生减少 2889631 人，占比约为 72.12%；初中学生减少 826237 人，占比约为 78.37%；乡村普通高中学生数量整体上呈现出不规则状态见图 3-43。比较而言，乡村初中学生减少速度最快。与甘肃省及西部地区比较来看，贵州省乡村中小学学生减少速度慢于甘肃省乡村中小学学生减少的速度，低了 4.65 个百分点；快于西部地区乡村中小学学生减少的速度，高出 2.01 个百分点。

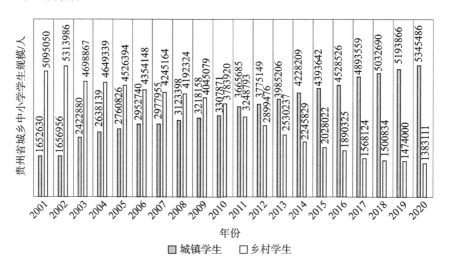

图 3-42　2001—2020 年贵州省城乡中小学学生数量统计

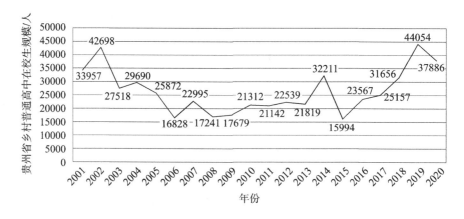

图 3-43　2001—2020 年贵州省乡村普通高中学生数量统计

（二）中小学专任教师数量变化情况

西部地区城镇化发展也带来了城乡中小学专任教师的大量流动。表3-9数据显示，西部地区城镇中小学专任教师数量由2001年的1119831人上升至2020年的2918050人，净增加1798219人，年均增加约89911人，其中，城镇小学专任教师净增加944595人，初中专任教师净增加485055人，普通高中专任教师净增加368569人。乡村中小学专任教师数量由2001年的1615783人减少至2020年的919952人，净减少695831人，占比约为43.06%，年均减少约34792人。其中，乡村小学专任教师净减少456581人，占比约为38.93%；初中专任教师净减少239241人，占比约为56.86%；普通高中专任教师净减少9人。比较而言，乡村初中专任教师减少速度最快。

表3-9　2001—2020年西部地区城乡中小学专任教师数量统计　　单位：人

项目		2001年	2020年	净增加	年均增加
城镇专任教师	小学	504132	1448727	944595	47230
	初中	438311	923366	485055	24253
	高中	177388	545957	368569	18428
总计		1119831	2918050	1798219	89911
项目		2001年	2020年	净减少	年均减少
乡村专任教师	小学	1172911	716330	456581	22829
	初中	420734	181493	239241	11962
	高中	22138	22129	9	0.45
总计		1615783	919952	695831	34792

图3-44数据显示，2001—2020年，甘肃省城乡中小学专任教师数量发生了很大的变化，2010年之前，城乡中小学专任教师数量都处于逐年增加态势，之后便表现为城镇中小学专任教师数量逐年增加，乡村中小学专任教师数量逐年减少。城镇中小学专任教师数量由2001年的67775人增加至2020年的185784人，净增加118009人。与此同时，乡村中小学专任教师数量由2001年的132702人增加至2009年的140475人，随后逐步减少至2020年的74907人，相较于2001年，净减少57795人，占比约为43.55%。其中，乡村小学专任教师净减少33110人，占比约为36.6%；初中专任教师净减少23221人，占比约

为 58.73%；普通高中专任教师净减少 1464 人，占比约为 54.38%（见图 3-45）。比较而言，乡村初中专任教师流失的速度最快；贵州省乡村专任教师流失速度快于西部地区专任教师流失速度，高出 0.49 个百分点。

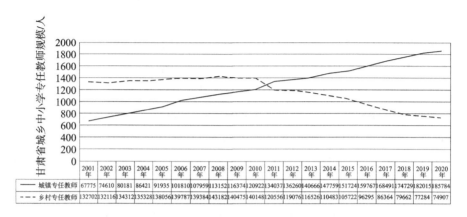

甘肃省城乡中小学专任教师规模/人	2001年	2002年	2003年	2004年	2005年	2006年	2007年	2008年	2009年	2010年	2011年	2012年	2013年	2014年	2015年	2016年	2017年	2018年	2019年	2020年
—— 城镇专任教师	67775	74610	80181	86421	91935	101810	107959	113152	116374	120922	134037	136260	140666	147759	151724	159767	168491	174729	182015	185784
---- 乡村专任教师	132702	132116	134312	135328	138056	139787	139384	143182	140475	140148	120556	119076	116526	110483	105722	96295	86364	79662	77284	74907

图 3-44　2001—2020 年甘肃省城乡中小学专任教师数量统计

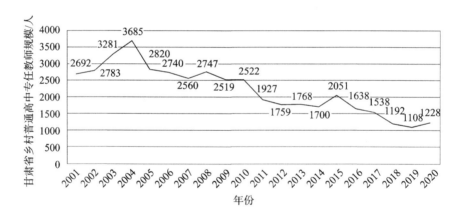

图 3-45　2001—2020 年甘肃省乡村普通高中专任教师数量统计

图 3-46 数据显示，2001—2020 年，贵州省城镇中小学专任教师数量由 2001 年的 83257 人增加至 2020 年的 308818 人，净增加 225561 人。与此同时，乡村中小学专任教师数量也在快速减少，由 2001 年的 178060 人减少至 2020 年的 89242 人，净减少 88818 人，占比约为 49.88%，近五成的乡村教师流失了。其中，乡村小学专任教师净减少 61798 人，占比约为 47.24%；初中专任教师净减少 27741 人，占比约为 61.15%；普通高中专任教师队伍处于不稳定

状态，出现增加、减少不断交替的现象（见图 3-47），这与贵州省乡村普通高中学生数量的变化具有相似性，比如，2015 年，乡村普通高中在校生减少至 15994 人，处于近 20 年最低水平，专任教师数量也随之减少至 815 人；2019 年乡村普通高中在校生增加至 44054 人，处于近 20 年历史最高水平，专任教师数量也随之增加至最大值 2992 人。比较而言，乡村初中专任教师流失的速度更快；贵州省乡村专任教师流失速度略快于西部地区乡村专任教师流失的速度，高出 6.82 个百分点。

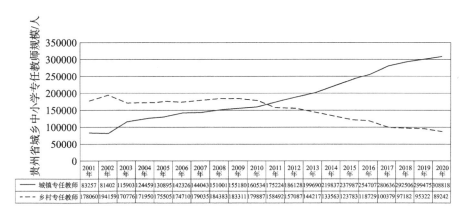

图 3-46　2001—2020 年贵州省城乡中小学专任教师数量统计

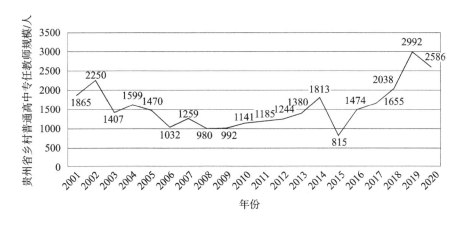

图 3-47　2001—2020 年贵州省乡村普通高中专任教师数量统计

（三）中小学学校数量变化情况

表 3 - 10 数据显示，西部地区城镇中小学学校数量由 2001 年的 28301 所增加到 2020 年的 35104 所，净增加 6803 所，年均增加约 340 所。总体上趋于增长的同时，城镇小学反而减少了 535 所；初中学校变化最大，净增加 6943 所，年均增加约 347 所；普通高中增加了 395 所。乡村中小学学校数量由 2001 年的 155342 所减少至 2020 年的 36367 所，净减少 118975 所，年均减少约 5949 所，约 76.59% 的乡村学校消失了。其中，乡村小学净减少 114313 所，占比约为 78.3%；初中学校净减少 4161 所，占比约为 48.29%；普通高中学校净减少 501 所，占比约为 68.07%。比较而言，乡村小学减少的速度更快，约八成的小学走向消失。

表 3 - 10 2001—2020 年西部地区城乡中小学学校数量变化统计　　单位：所

项目		2001 年	2020 年	净增加	年均增加
城镇学校	小学	20698	20163	− 535	− 27
	初中	3945	10888	6943	347
	高中	3658	4053	395	20
总计		28301	35104	6803	340
项目		2001 年	2020 年	净减少	年均减少
乡村学校	小学	145990	31677	114313	5716
	初中	8616	4455	4161	208
	高中	736	235	501	25
总计		155342	36367	118975	5949

图 3 - 48 数据显示，2001—2020 年，甘肃省城乡中小学学校数量发生了很大的变化。城镇中小学学校数量由 2001 年的 2038 所增加至 2020 年的 2826 所，净增加 788 所；乡村中小学学校数量由 2001 年的 17418 所减少至 2020 年的 4262 所，净减少 13156 所，占比约为 75.53%，年均减少约 658 所。其中，乡村小学净减少 12360 所，占比约为 77.17%；初中学校净减少 692 所，占比约为 53.89%；普通高中学校净减少 104 所，占比约为 88.14%。比较而言，乡村高中消失的速度更快（见图 3 - 49）。甘肃省乡村学校消失速度慢于西部地区乡村学校消失的速度，低了 1.06 个百分点。

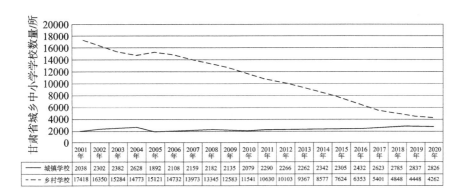

	2001年	2002年	2003年	2004年	2005年	2006年	2007年	2008年	2009年	2010年	2011年	2012年	2013年	2014年	2015年	2016年	2017年	2018年	2019年	2020年
城镇学校	2038	2302	2382	2628	1892	2108	2159	2182	2135	2079	2290	2266	2262	2342	2305	2432	2623	2785	2837	2826
乡村学校	17418	16350	15284	14773	15121	14732	13973	13345	12583	11541	10630	10103	9367	8577	7624	6353	5401	4848	4448	4262

图 3 – 48　2001—2020 年甘肃省城乡中小学学校数量统计

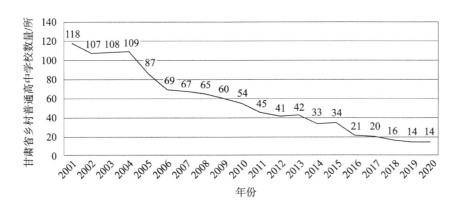

图 3 – 49　2001—2020 年甘肃省乡村普通高中学校数量统计

　　贵州省中小学学校数量变化与甘肃省中小学学校数量变化在总体上具有相似性。比如，图 3 – 50 数据显示，2001—2020 年，贵州省城镇中小学学校数量发生了很大的变化，学校数量由 2001 年的 2733 所增加至 2020 年的 4790 所，净增加 2057 所。乡村中小学学校数量也在直线下降，由 2001 年的 14828 所减少至 2020 年的 4556 所，净减少 10272 所，占比约为 69.27%。其中，乡村小学净减少 9391 所，占比约为 69.81%；初中学校净减少 824 所，占比约为 63.78%；普通高中学校净减少 57 所，占比约为 68.67%。比较而言，乡村小学消失的速度更快；乡村普通高中萎缩得非常厉害（见图 3 – 51）。贵州省乡村学校消失速度慢于西部地区乡村学校消失的速度，低了 7.32 个百分点。

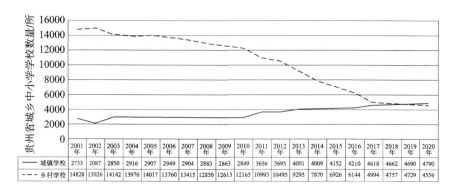

	2001年	2002年	2003年	2004年	2005年	2006年	2007年	2008年	2009年	2010年	2011年	2012年	2013年	2014年	2015年	2016年	2017年	2018年	2019年	2020年
城镇学校	2733	2087	2850	2916	2907	2949	2904	2883	2863	2849	3656	3695	4001	4009	4152	4210	4618	4662	4690	4790
乡村学校	14828	15026	14142	13976	14017	13760	13415	12850	12613	12165	10993	10495	9295	7870	6926	6144	4994	4757	4729	4556

图 3-50　2001—2020 年贵州省城乡中小学学校数量统计

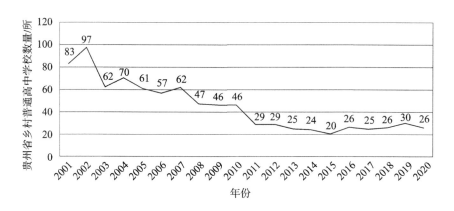

图 3-51　2001—2020 年贵州省乡村普通高中学校数量统计

四、小　结

城镇化发展也带来了区域性教育发展的差异，东部地区城镇化进程总体上快于中部和西部地区，中、西部地区在经济、社会发展等各方面都不占优势，在城镇化发展洪流的裹挟下，乡村教育发展面临着种种困难与挑战，比如乡村学生的快速减少、专任教师的流失以及乡村学校的大量消失等，都给校长办学带来了诸多难题，也使得校长自身发展面临着诸多挑战。

第三节　城镇化与东、中、西部地区班级规模

一、东部地区班级规模

东部地区城镇化整体水平较高，领先于中部和西部地区，教育城镇化水平同样处于全国领先水平。表3－11数据显示，东部地区城乡中小学班级规模整体上处于标准班额范围以内，城镇小学均班额保持在45人，城镇初中及普通高中均班额分别为45人和47人；乡村中小学班级规模更是低于标准班额，且近几年班级规模在不断减小。

表3－11　2020年东部地区城乡中小学班级规模统计❶

东部地区	班数/个	学生数/人	均班额/人
城镇小学	852726	38545604	45
城镇初中	382546	17169845	45
城镇高中	187803	8764234	47
乡村小学	257611	7504928	29
乡村初中	41356	1762976	43
乡村高中	6930	316229	46

东部地区整体上班级规模控制较好，但省域之间也存在很大的差异。比如北京市和山东省之间就存在很大的不同。北京市城镇化率很高，由2001年的78.06%提升至2020年的87.5%，处于高位发展状态。城镇化的高水平发展使得教育发展整体水平很高，办学条件能够满足学校发展需要，虽然小学生人数增长了119910人，但班级数量也增加了2531个，基本能够满足学生增长的学位需求，初中年级和高中年级学生数量处于减少的状态，尤其是普通高中年级学生数量减少了近1万人，因此，班级规模始终处于小规模发展状态。比如，

---

❶　数据来源：根据《中国教育统计年鉴》（2020）统计数据整理所得；本节后面相关数据均根据《中国教育统计年鉴》（2020）统计数据整理所得，不再标注。

表 3 - 12 数据显示，城镇小学一年级平均班额约为 32 人，初中一年级平均班额约为 33 人，普通高中一年级平均班额约为 37 人。表 3 - 13 数据显示，乡村小学一年级平均班额约为 24 人，初中一年级平均班额约为 30 人，高中一年级平均班额约为 36 人。显然，北京市的高城镇化发展水平带来的是教育的高度城镇化，并没有出现大班额现象，且城乡中小学班级规模差距不大，都处于小班化发展状态。比较而言，北京市城乡中小学平均班额均小于东部地区均班额。

表 3 - 12 北京市 2001—2020 年城镇中小学班额状况统计❶

年份	小学一年级			初中一年级			高中一年级		
	班数/个	学生数/人	均班额/人	班数/个	学生数/人	均班额/人	班数/个	学生数/人	均班额/人
2001	2592	70076	27	3588	141507	40	1560	69098	44
2002	2606	67498	26	3511	132932	38	1881	84068	45
2003	2682	67537	25	3049	105301	35	2105	92497	44
2004	2671	62057	23	2812	89479	32	2138	92101	43
2005	2364	56415	24	2618	77777	30	1993	84701	42
2006	2512	59058	24	2510	74902	30	1816	72181	40
2007	2895	93051	32	2658	94832	36	1677	66607	40
2008	2932	95132	32	2630	92199	35	1638	63942	39
2009	2808	88301	31	2649	92794	35	1651	62533	38
2010	2973	97631	33	2627	89650	34	1677	61980	37
2011	3508	121401	35	2824	94549	33	1759	62441	35
2012	3700	129794	35	2997	102112	34	1822	61950	34
2013	4127	153658	37	3004	100924	34	1853	58780	32
2014	4059	143058	35	2943	96628	33	1662	54156	33
2015	3921	136013	35	2782	83901	30	1647	54892	33
2016	3940	135310	34	2879	86539	30	1652	51872	31
2017	4167	146727	35	3078	97283	32	1574	52146	33
2018	4703	172028	37	3046	95096	31	1502	45991	31
2019	4749	170867	36	3340	111259	33	1601	50260	31
2020	5123	189986	37	3457	115769	33	1809	59492	33

❶ 数据来源：根据《中国教育统计年鉴》（2001—2020）统计数据整理所得；本节后面相关数据均根据《中国教育统计年鉴》（2001—2020）统计数据整理所得，不再标注。

表 3-13 北京市 2001—2020 年乡村中小学班额状况统计

年份	小学一年级			初中一年级			高中一年级		
	班数/个	学生数/人	均班额/人	班数/个	学生数/人	均班额/人	班数/个	学生数/人	均班额/人
2001	1016	21629	21	670	26301	39	36	1404	39
2002	948	19380	20	621	24021	39	37	1461	39
2003	856	15554	18	547	19080	35	73	2967	41
2004	768	11988	16	404	11593	29	51	2030	40
2005	1015	14933	15	596	15633	26	113	4480	40
2006	1022	14370	14	643	16110	25	129	4663	36
2007	667	16514	25	539	17288	32	136	5356	39
2008	618	15694	25	500	15623	31	121	4863	40
2009	586	14476	25	449	13347	30	108	3872	36
2010	595	16367	28	435	12911	30	115	3906	34
2011	426	11596	27	224	6245	28	57	1909	33
2012	424	12205	29	221	6148	28	50	1583	32
2013	425	12450	29	200	6012	30	51	1577	31
2014	382	10342	27	213	6199	29	39	1272	33
2015	385	9982	26	201	5381	27	62	2045	33
2016	393	10083	27	209	5437	26	51	1815	36
2017	427	10931	26	217	6088	28	53	1922	36
2018	456	12421	27	218	6001	28	47	1711	36
2019	449	12112	27	221	6269	28	45	1619	36
2020	441	12240	28	230	6453	28	50	1931	39

山东省城镇化率由 2001 年的 39.31% 提升至 2020 年的 63.05%，城镇化的不断发展，使得城镇学生数量也不断增加。表 3-14 数据显示，小学一年级、初中一年级、普通高中一年级学生数量都有增加，尤其是小学生数量增加较快，净增加 686824 人，其班级数量也增加了 15446 个。总体上看，小学平均班额约为 44 人，平均值小于 45 人，处于标准班级规模范围，但具体而言，20 年中还是有 8 年招生人数超标，处于大班额状态。初中一年级平均班额约为 52 人，比 50 人的标准值还是高出了 2 人，基本处于大班额状态，但 2014 年以后班级规模在不断减小，逐步趋于标准值以下。普通高中一年级平均班额约为 57 人，比 50 人的标准值高出 7 人，处于大班额状态，2017 年后逐步处于

标准值以下。表 3 – 15 数据显示，乡村小学一年级平均班额约为 32 人，初中一年级平均班额约为 50 人，普通高中一年级平均班额约为 54 人。显然，山东省城乡中小学平均班额要远大于北京市的平均班额，且中学阶段的平均班额也超过东部地区班额的平均值，普通高中班级规模超出标准班额数值，2014 年以后，基本处于标准班额发展状态。

表 3 – 14　山东省 2001—2020 年城镇中小学班额状况统计

年份	小学一年级			初中一年级			高中一年级		
	班数/个	学生数/人	均班额/人	班数/个	学生数/人	均班额/人	班数/个	学生数/人	均班额/人
2001	10006	382722	38	17968	1093497	61	7055	450312	64
2002	9934	416232	42	16399	978608	60	8492	551494	65
2003	10192	431115	42	15655	887333	57	9590	611966	64
2004	10658	465453	44	15616	872875	56	10357	656762	63
2005	9962	435917	44	14389	782241	54	10260	649999	63
2006	8633	399533	46	11746	633323	54	9585	598284	62
2007	9714	456243	47	13386	728953	54	8974	515286	57
2008	9859	449396	46	14094	734486	52	9334	514056	55
2009	9611	431318	45	14162	739373	52	8874	488288	55
2010	10593	499713	47	14472	766884	53	9186	514199	56
2011	15366	704821	46	16544	857910	52	9521	538169	57
2012	15472	681040	44	16536	850395	51	9918	567438	57
2013	16933	776553	46	17120	868177	51	10213	582117	57
2014	18350	858246	47	17398	869522	50	10040	551859	55
2015	18670	873266	47	17310	855440	49	9932	546849	55
2016	20408	909219	45	19292	946343	49	10599	550049	52
2017	22977	962093	42	21186	997339	47	11073	542956	49
2018	25370	1019851	40	22142	1006179	45	11179	533872	48
2019	25043	1022234	41	23093	1064120	46	11837	571618	48
2020	25452	1069546	42	24392	1127920	46	12712	616838	49

表 3-15　山东省2001—2020年乡村中小学班额状况统计

年份	小学一年级			初中一年级			高中一年级		
	班数/个	学生数/人	均班额/人	班数/个	学生数/人	均班额/人	班数/个	学生数/人	均班额/人
2001	23850	631605	26	10452	639598	61	421	26710	63
2002	23176	656807	28	7630	458948	60	432	28107	65
2003	22089	647760	29	7184	404612	56	430	26159	61
2004	21108	636524	30	6793	377788	56	382	23830	62
2005	20151	607362	30	6401	342687	54	355	22306	63
2006	20845	672442	32	7603	389973	51	432	24630	57
2007	19638	658569	34	6441	325202	50	367	21154	58
2008	18258	596767	33	6979	347893	50	185	9321	50
2009	17811	586467	33	7266	362837	50	223	11976	54
2010	17440	613312	35	6860	346264	50	266	14042	53
2011	13838	489181	35	4069	199926	49	405	22320	55
2012	12474	414518	33	3485	166589	49	263	14410	55
2013	11307	380354	34	2757	128212	47	129	6783	53
2014	11156	388739	35	2357	107068	45	151	7376	49
2015	10763	371044	34	2223	102065	46	140	6854	50
2016	10027	329881	33	2193	99337	45	161	7757	48
2017	9665	307713	32	2174	96497	44	149	7104	48
2018	9319	276585	30	2119	91917	43	254	10662	42
2019	8913	256319	29	2446	108994	45	347	16263	47
2020	8176	226773	28	2505	112049	45	420	19407	46

二、中部地区班级规模

中部地区城镇化发展速度较快，教育城镇化水平也在加快发展。表 3-16 数据显示，2020年，中部地区城镇小学、初中、普通高中平均班额分别为 42 人、47 人、51 人，只有高中班额超出标准班额范围；乡村小学、初中及高中都在标准班额范围以内。相较而言，普通高中班级规模较大。

表 3 - 16 2020 年中部地区城乡中小学班级规模统计

中部地区	班数/个	学生数/人	均班额/人
城镇小学	589906	25026979	42
城镇初中	286678	13482167	47
城镇高中	156279	7998264	51
乡村小学	328265	7869888	24
乡村初中	59224	2514340	42
乡村高中	5926	292961	49

中部地区城乡中小学班额的平均水平虽然不高,但省域之间的班额差距还是比较大的,比如,河南省与安徽省之间就有很大的差异。河南省作为中部地区人口大省,城镇化率由 2001 年的 24.43% 增长至 2020 年的 55.43%,其城镇化发展水平在全国处于靠后位置,城镇化发展不断提速后,城镇学生数量大量增加,使得班级规模基本上处于大班额发展状态。表 3 - 17 数据显示,城镇小学一年级学生数由 2001 年的 346246 人增加至 2020 年的 1125272 人,净增加 779026 人,班级数量增加了 19541 个,平均班额约为 48 人,处于大班额发展状态。初中一年级学生数由 2001 年的 746158 人增加至 2020 年的 1278684 人,净增加 532526 人,平均班额为 58 人,班级规模较大。普通高中一年级学生数由 2001 年的 341682 人增加至 2020 年的 750442 人,净增加 408760 人,平均班额为 66 人,处于超大班额状态。表 3 - 18 数据显示,乡村小学一年级平均班额约为 31 人,初中一年级平均班额约为 57 人,普通高中一年级平均班额约为 62 人。数据统计表明,除了乡村小学处于小班化发展外,其他学段班级规模都较大,城乡普通高中班级规模尤其突出,并且河南省城乡中小学班级规模远超过中部地区班额的平均水平。

表 3 - 17 河南省 2001—2020 年城镇中小学班额状况统计

年份	小学一年级			初中一年级			高中一年级		
	班数/个	学生数/人	均班额/人	班数/个	学生数/人	均班额/人	班数/个	学生数/人	均班额/人
2001	7670	346246	45	11827	746158	63	5220	341682	66
2002	7792	381338	49	12896	792353	61	6585	454797	69
2003	7787	368150	47	12986	791958	61	7317	489789	67
2004	7710	390448	51	12615	795684	63	8121	556134	68

续表

年份	小学一年级			初中一年级			高中一年级		
	班数/个	学生数/人	均班额/人	班数/个	学生数/人	均班额/人	班数/个	学生数/人	均班额/人
2005	7889	398113	50	12838	803927	63	9214	638613	69
2006	7902	428052	54	12100	747006	62	9256	625695	68
2007	8584	467211	54	12809	770255	60	9532	658794	69
2008	8948	484338	54	13326	820564	62	9381	642505	68
2009	9083	486787	54	13597	831341	61	8938	606466	68
2010	9585	526489	55	14082	857250	61	8886	601044	68
2011	17687	858834	49	18431	1116331	61	9250	634869	69
2012	18695	885546	47	19275	1138425	59	9442	653582	69
2013	19245	902307	47	18202	1050231	58	9677	650608	67
2014	19873	875308	44	19082	1071973	56	9719	635560	65
2015	21287	962165	45	19537	1087769	56	10067	665851	66
2016	22409	1008670	45	20848	1147159	55	10663	685074	64
2017	23844	1036134	43	22539	1190519	53	10934	691824	63
2018	25648	1093018	43	25360	1291428	51	11577	704047	61
2019	27113	1146771	42	26193	1294246	49	13258	723744	55
2020	27211	1125272	41	26312	1278684	49	14288	750442	53

表 3-18　河南省 2001—2020 年乡村中小学班额状况统计

年份	小学一年级			初中一年级			高中一年级		
	班数/个	学生数/人	均班额/人	班数/个	学生数/人	均班额/人	班数/个	学生数/人	均班额/人
2001	44059	1320361	30	21104	1362503	65	563	36054	64
2002	43419	1493858	34	19250	1264432	66	816	55289	68
2003	40215	1296833	32	18274	1214686	66	717	48541	68
2004	39171	1257327	32	17925	1173316	65	831	57542	69
2005	38910	1307981	34	17010	1096276	64	885	61751	70
2006	38639	1353999	35	14880	935038	63	793	52252	66
2007	38446	1381000	36	14130	856868	61	736	49868	68
2008	38189	1404362	37	13762	841884	61	663	42608	64
2009	37958	1388954	37	13084	777922	59	606	38948	64
2010	37300	1371055	37	12456	734017	59	469	28059	60

年份	小学一年级			初中一年级			高中一年级		
	班数/个	学生数/人	均班额/人	班数/个	学生数/人	均班额/人	班数/个	学生数/人	均班额/人
2011	29730	1082205	36	8633	501582	58	190	11408	60
2012	29816	1031227	35	7851	443701	57	207	12125	59
2013	28640	912052	32	6243	326912	52	160	10457	65
2014	27064	720205	27	5994	312404	52	150	9375	63
2015	27098	730977	27	5782	294533	51	226	13985	62
2016	27353	723059	26	5862	294162	50	161	10267	64
2017	27106	687676	25	6278	303940	48	307	18167	59
2018	26494	642628	24	6512	307211	47	407	22501	55
2019	25319	590843	23	6218	284450	46	504	25572	51
2020	24017	534670	22	5860	261861	45	675	33942	50

安徽省与河南省城镇化发展水平差不多，城镇化率由 2001 年的 29.09%增长至 2020 年的 58.33%，在城镇化的影响下，城镇学生数量不断增加，使得班级规模也是处于大班额发展状态。表 3 – 19 数据显示，城镇小学一年级学生数由 2001 年的 255722 人增加至 2020 年的 586832 人，净增加 331110 人，班级数量增加了 9162 个，平均班额约为 44 人，虽然平均值处于班级规模标准值范围以内，但还是有 8 个年份处于大班额发展状态。初中一年级学生数由 2001 年的 407669 人增加至 2020 年的 622292 人，净增加 214623 人，平均班额约为 54 人，班级规模较大。普通高中一年级学生数由 2001 年的 205401 人增加至 2020 年的 378087 人，净增加 172686 人，平均班额约为 57 人，处于大班额状态。表 3 – 20 数据显示，乡村小学一年级平均班额约为 28 人，初中一年级平均班额约为 51 人，普通高中一年级平均班额约为 57 人。数据统计分析表明，2010 年以来，城乡中小学班级规模都处于不断减小状态，乡村中小学减少速度更快一些。安徽省城乡中小学班级规模低于河南省的平均班额水平，高于中部地区平均班额水平。

表 3 – 19　安徽省 2001—2020 年城镇中小学班额状况统计

年份	小学一年级			初中一年级			高中一年级		
	班数/个	学生数/人	均班额/人	班数/个	学生数/人	均班额/人	班数/个	学生数/人	均班额/人
2001	5344	255722	48	6694	407669	61	3396	205401	61
2002	5445	248533	46	6770	419257	62	3924	246815	63
2003	5057	231298	46	6971	438499	63	4779	282218	59
2004	5095	221171	43	7278	451315	62	5221	334226	64
2005	5309	230585	43	7971	506921	64	5924	370287	63
2006	5072	238028	47	7333	449277	61	6251	381520	61
2007	5466	255768	47	8523	517756	61	6654	410995	62
2008	5387	255360	47	8944	542850	61	6488	392991	61
2009	5653	267899	47	9250	541479	59	6525	383701	59
2010	6061	294804	49	9228	517240	56	6666	383452	58
2011	8376	375533	45	10123	530953	52	7216	415074	58
2012	8951	362140	40	10290	510914	50	7565	418704	55
2013	10275	430947	42	10659	504710	47	6928	363925	53
2014	10499	436553	42	10668	496350	47	6801	355771	52
2015	11242	459665	41	11069	509169	46	6772	348863	52
2016	11806	464727	39	11884	534253	45	6719	342765	51
2017	12734	503234	40	12507	560662	45	6793	342291	50
2018	14083	567999	40	12589	563868	45	6998	346741	50
2019	14231	579612	41	13888	637293	46	7299	368171	50
2020	14506	586832	40	13849	622292	45	7635	378087	50

表 3 – 20　安徽省 2001—2020 年乡村中小学班额状况统计

年份	小学一年级			初中一年级			高中一年级		
	班数/个	学生数/人	均班额/人	班数/个	学生数/人	均班额/人	班数/个	学生数/人	均班额/人
2001	30036	1127970	38	10982	713348	65	840	52313	62
2002	28943	1036511	36	11128	740980	67	866	57131	66
2003	25726	844744	33	10966	734991	67	975	63158	65
2004	23932	708986	30	11110	744086	67	1185	69566	59
2005	21409	594684	28	9553	615214	64	977	64997	67
2006	20999	622338	30	10505	654180	62	1091	70476	65

续表

年份	小学一年级			初中一年级			高中一年级		
	班数/个	学生数/人	均班额/人	班数/个	学生数/人	均班额/人	班数/个	学生数/人	均班额/人
2007	19797	615202	31	8018	477001	59	769	46840	61
2008	19087	600906	31	8642	508891	59	755	45998	61
2009	18418	576110	31	8191	450071	55	734	42971	59
2010	17022	529005	31	6924	358666	52	722	43048	60
2011	14211	418810	29	4849	230264	47	487	27771	57
2012	13861	333158	24	4178	178648	43	417	21548	52
2013	12963	322430	25	3643	148087	41	344	17792	52
2014	12398	294456	24	3419	135831	40	305	15636	51
2015	11865	285858	24	3355	135235	40	298	15386	52
2016	11189	271757	24	3516	142403	40	331	16787	51
2017	10853	266625	25	3470	141560	41	231	11257	49
2018	10363	249835	24	3362	136093	40	247	12181	49
2019	9277	216261	23	3253	131428	40	218	10696	49
2020	8505	194629	23	3149	127187	40	262	12752	49

三、西部地区班级规模

西部地区城镇化发展水平整体较低，教育城镇化水平整体上也不高。表3-21数据显示，西部地区城镇小学、初中、普通高中平均班额分别为44人、47人、51人，高中班额超出了标准班额范围；乡村小学、初中及高中都在标准班额范围以内。相较而言，普通高中班级规模较大。

表3-21 2020年西部地区城乡中小学班级规模统计

西部地区	班数/个	学生数/人	均班额/人
城镇小学	496718	21876134	44
城镇初中	255566	12110826	47
城镇高中	142867	7276954	51
乡村小学	335245	9129999	27
乡村初中	48074	2100739	44
乡村高中	6046	295887	49

西部地区城乡中小学班额平均水平与中部地区大体相当，但省域之间也存在很大的差别。甘肃省与贵州省城镇化发展水平差不多，在全国处于非常靠后的位置，甘肃省城镇化率由 2001 年的 24.51% 增长至 2020 年的 52.53%。在城镇化的影响下，城镇学生数量也呈现出快速增加的态势，使得班级规模也是处于大班额发展状态。表 3 - 22 数据显示，城镇小学一年级学生数由 2001 年的 125217 人增加至 2020 年的 251216 人，净增加 125999 人，平均班额约为 44人。初中一年级学生数由 2001 年的 144404 人增加至 2020 年的 234715 人，净增加 90311 人，平均班额约为 53 人，班级规模较大。普通高中一年级学生数由 2001 年的 92518 人增加至 2020 年的 166715 人，净增加 74197 人，平均班额约为 57 人，处于大班额发展状态。表 3 - 23 数据显示，乡村小学一年级平均班额约为 21 人，初中一年级平均班额约为 48 人，普通高中一年级平均班额约为 57 人。数据统计分析表明，城乡中小学班级规模都处于不断减小状态，尤其是乡村小学近十年班级规模减少至 20 人以下，平均班额只有 16 人；城乡普通高中班级规模都较大。甘肃省城乡中小学班级规模，除了乡村小学外，其他学段平均班额均高于西部地区班额平均水平，高中阶段尤为突出。

表 3 - 22　甘肃省2001—2020 年城镇中小学班额状况统计

年份	小学一年级			初中一年级			高中一年级		
	班数/个	学生数/人	均班额/人	班数/个	学生数/人	均班额/人	班数/个	学生数/人	均班额/人
2001	2843	125217	44	2592	144404	56	1550	92518	60
2002	3213	137256	43	2716	155160	57	1929	122015	63
2003	3285	138697	42	2821	164766	58	2315	142812	62
2004	3515	143202	41	2993	175644	59	2599	159472	61
2005	2518	116477	46	3377	202179	60	3006	186880	62
2006	2800	128047	46	3844	231762	60	3085	189163	61
2007	2807	127212	45	3858	226471	59	3166	189795	60
2008	2864	130105	45	4082	238551	58	3203	195168	61
2009	2765	124481	45	4177	241984	58	3289	202335	62
2010	2846	130704	46	4145	231493	56	3352	204807	61
2011	3353	144375	43	4612	239761	52	3541	211297	60
2012	3235	151515	47	4420	227757	52	3659	216187	59
2013	3491	158593	45	4311	211691	49	3746	208124	56

续表

年份	小学一年级			初中一年级			高中一年级		
	班数/个	学生数/人	均班额/人	班数/个	学生数/人	均班额/人	班数/个	学生数/人	均班额/人
2014	3611	151550	42	4333	206154	48	3631	199436	55
2015	4040	174462	43	4251	197083	46	3542	189199	53
2016	4470	194060	43	4595	212423	46	3526	184872	52
2017	5099	211506	41	5004	223628	45	3442	175335	51
2018	5486	226694	41	5323	239036	45	3370	167215	50
2019	5857	242328	41	5556	249346	45	3415	167017	49
2020	6074	251216	41	5344	234715	44	3510	166715	47

表 3-23 甘肃省 2001—2020 年乡村中小学班额状况统计

年份	小学一年级			初中一年级			高中一年级		
	班数/个	学生数/人	均班额/人	班数/个	学生数/人	均班额/人	班数/个	学生数/人	均班额/人
2001	17251	557869	32	5327	297951	56	308	17310	56
2002	16339	529373	32	5225	295347	57	349	21848	63
2003	15731	484480	31	5086	290614	57	401	25388	63
2004	14780	411954	28	5146	297648	58	447	27196	61
2005	15109	380566	25	4960	286403	58	321	19046	59
2006	14529	377699	26	4722	275129	58	315	18366	58
2007	13779	328520	24	4401	249532	57	259	15202	59
2008	12888	296801	23	4509	249064	55	263	15597	59
2009	12263	265023	22	4470	242782	54	238	14948	63
2010	11520	245753	21	4268	224739	53	239	15089	63
2011	10676	197470	18	3492	167170	48	190	10499	55
2012	10891	196842	18	3145	149666	48	179	10161	57
2013	9819	163540	17	2870	122661	43	176	10027	57
2014	9147	129243	14	2546	103836	41	154	8703	57
2015	9172	138669	15	2346	93745	40	189	10235	54
2016	8727	132644	15	2004	77775	39	158	8526	54
2017	8074	124755	15	1663	61972	37	134	7301	54
2018	7692	118197	15	1538	57553	37	104	5416	52
2019	7277	110069	15	1368	50519	37	92	5005	54
2020	6833	99674	15	1233	43804	36	100	5100	51

表 3-24 数据显示，贵州省城镇小学一年级学生数由 2001 年的 158460 人增加至 2020 年的 467619 人，净增加 309159 人，平均班额约为 47 人，班级规模较大。初中一年级学生数由 2001 年的 211402 人增加至 2020 年的 519758 人，净增加 308356 人，平均班额约为 55 人，班级规模比较大。普通高中一年级学生数由 2001 年的 92585 人增加至 2020 年的 317736 人，净增加 225151 人，平均班额约为 59 人，处于大班额发展状态。表 3-25 数据显示，乡村小学一年级平均班额约为 30 人，初中一年级平均班额约为 53 人，普通高中一年级平均班额约为 56 人。数据统计分析表明，贵州省城乡中小学班级规模也都处于不断减小状态，其中，普通高中班级规模相对较大。贵州省城乡中小学班级规模整体高于西部地区班额平均水平，也高于甘肃省的班额平均水平。

表 3-24　贵州省 2001—2020 年城镇中小学班额状况统计

年份	小学一年级			初中一年级			高中一年级		
	班数/个	学生数/人	均班额/人	班数/个	学生数/人	均班额/人	班数/个	学生数/人	均班额/人
2001	3632	158460	44	3813	211402	55	1584	92585	58
2002	3054	143012	47	3820	217618	57	2006	115381	58
2003	3903	180976	46	6804	357960	53	2518	143874	57
2004	4144	193849	47	6317	369273	58	2765	160499	58
2005	3868	191281	49	6520	383243	59	3060	183271	60
2006	4102	211271	52	6906	406805	59	3165	192128	61
2007	4051	206050	51	7050	412833	59	3143	193180	61
2008	4135	205366	50	7791	443717	57	3277	205722	63
2009	4141	208864	50	7813	457907	59	3399	212627	63
2010	4108	209304	51	7884	469087	59	3629	231258	64
2011	5249	249863	48	8114	477822	59	4216	267414	63
2012	5440	258566	48	8236	479993	58	4924	307457	62
2013	5839	256640	44	8735	486438	57	5208	319397	61
2014	6678	300324	45	9222	486533	53	5539	335662	61
2015	7620	344653	45	9354	476579	51	5686	336805	59
2016	8245	377791	46	9649	476446	49	5912	333016	56
2017	9423	425714	45	10362	505079	49	6066	339109	56
2018	10212	458699	45	10901	523523	48	5979	323115	54
2019	10738	483294	45	10279	484843	47	5883	308695	52
2020	10646	467619	44	10882	519758	48	6196	317736	51

表 3-25 贵州省 2001—2020 年乡村中小学班额状况统计

年份	小学一年级			初中一年级			高中一年级		
	班数/个	学生数/人	均班额/人	班数/个	学生数/人	均班额/人	班数/个	学生数/人	均班额/人
2001	19598	683600	35	7246	429919	59	292	17514	60
2002	20370	711184	35	8121	486575	60	337	20147	60
2003	19096	649725	34	6169	372220	60	202	12860	64
2004	18963	646465	34	5955	353619	59	232	13262	57
2005	17724	582755	33	5736	329083	57	194	10758	55
2006	17337	577702	33	5261	298055	57	128	6402	50
2007	16680	531810	32	5377	297159	55	153	8376	55
2008	16229	517228	32	5568	304962	55	123	6949	56
2009	15845	490421	31	5508	304639	55	123	6944	56
2010	14913	447716	30	5319	295706	56	164	9241	56
2011	13313	376546	28	4921	267863	54	172	9884	57
2012	12466	333895	27	4617	252732	55	195	10765	55
2013	10820	253954	23	4356	229795	53	184	10847	59
2014	10337	254480	25	3622	180769	50	232	13416	58
2015	9933	263030	26	3248	156095	48	122	6693	55
2016	9578	262656	27	2850	132955	47	179	9629	54
2017	8341	224802	27	2062	95415	46	183	9399	51
2018	8086	216518	27	1963	91632	47	241	12174	51
2019	7802	204336	26	1738	77013	44	323	16349	51
2020	7185	181343	25	1652	73912	45	271	13586	50

统计数据显示，东部、中部、西部地区班额平均水平差别不是特别大，仅有中部、西部地区的高中阶段班级规模超出标准班额范围。但区域内部省际之间、不同区域省际之间的差别还是较大的，比如，东部地区的北京市班级规模不存在大班额问题，处于小班化发展状态；中部地区的河南省班级规模很大，三个学段都存在比较严重的大班额现象；西部地区的贵州省班级规模也比较大，三个学段也都存在大班额现象。随着大班额治理日益受到重视，大班额现象有了好转，尤其是 2017 年以后，各个省份的班级规模都有了不同程度的下降。从学段来说，高中阶段的大班额现象较为严重，如河南省城镇普通高中班

级规模平均约为 66 人，还处于超大班额发展状态，即使是乡村普通高中，班级规模平均也超过 60 人，还需要采取更为有力的措施根治大班额问题，这也是高中校长面临的重要问题。在推进乡村教育高质量的发展进程中，校长尤其需要解决班级规模问题，班级规模过大或过小都不利于乡村教育的发展。

第四章　区域乡村普通高中办学资源配置状况

办学资源是办好学校的重要条件保障，办学资源不足或缺失都难以实现学校教育质量的有效提升。区域乡村普通高中办学资源配置状况主要以《中国教育统计年鉴》（2020）统计数据为依据，分别对东部地区、中部地区及西部地区乡村普通高中办学硬件及软件条件资源配置状况进行统计数据分析，以便更加全面客观地认识乡村普通高中在区域之间、城乡之间办学资源配置的差异，看清乡村普通高中办学资源配置的优势与不足，厘清乡村普通高中发展的可为与难为，为乡村普通高中校长实现困境超越提供学理支撑。办学资源配置状况主要讨论乡村普通高中办学条件状况及专任教师队伍状况等内容。

第一节　东部地区乡村普通高中办学资源配置状况

据《中国教育统计年鉴》（2020）统计数据显示，2020年东部地区乡村普通高中学校共有292所，乡村普通高中在校生共有316229人，乡村普通高中专任教师共有25877人，相较于2001年，乡村普通高中学校减少了607所，在校学生减少了390916人，专任教师减少了17648人。整体而言，乡村普通高中规模处于快速减少状态，整体规模较小。

一、东部地区乡村普通高中办学条件状况

乡村普通高中办学条件主要以"生均教学及辅助用房面积""每百名学生拥有教学用计算机台数""生均教学仪器设备值""生均图书册数"等作为主

要指标,基于《中国教育统计年鉴》(2020)统计数据进行分析。

(一) 生均教学及辅助用房面积

2020年东部地区普通高中生均教学及辅助用房面积为10.48平方米,其中乡村普通高中生均教学及辅助用房面积为13.11平方米,但区域内部差别很大,北京、上海、海南位居前三位,生均教学及辅助用房面积分别为35.99平方米、33.27平方米、20.31平方米;排在后三位的是山东、辽宁、天津,生均教学及辅助用房面积分别为10.3平方米、6.52平方米、6.1平方米;排在第一位的北京乡村普通高中生均教学及辅助用房面积是东部地区乡村普通高中生均教学及辅助用房面积的2.7倍,是排在最后一位的天津乡村普通高中生均教学及辅助用房面积的5.9倍;天津、河北、辽宁、山东、浙江、广东等六个省市乡村普通高中生均教学及辅助用房面积位于平均值以下(见图4-1)。城镇普通高中生均教学及辅助用房面积为10.38平方米,比乡村普通高中生均教学及辅助用房面积少了2.73平方米,各地区乡村普通高中生均教学及辅助用房面积普遍高于城镇普通高中生均教学及辅助用房面积,比如,北京、上海、海南乡村普通高中生均教学及辅助用房面积分别比城镇普通高中生均教学及辅助用房面积多出11平方米、12.59平方米、8.96平方米,表明乡村普通高中教学及辅助用房资源配置水平远高于城镇普通高中教学及辅助用房资源配置水平(见图4-2)。

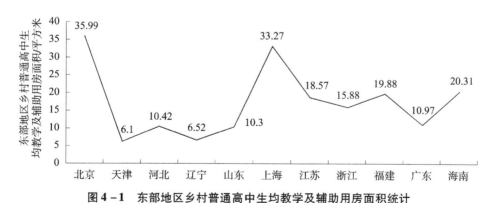

图4-1 东部地区乡村普通高中生均教学及辅助用房面积统计

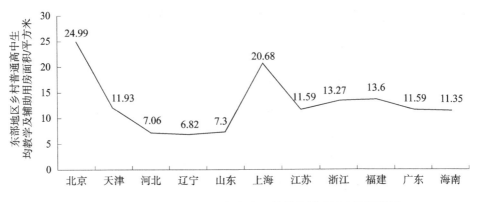

图 4 - 2　东部地区城镇普通高中生均教学及辅助用房面积统计

(二) 每百名学生拥有教学用计算机台数

2020 年东部地区普通高中每百名学生拥有教学用计算机台数为 27.92 台，其中乡村普通高中每百名学生拥有教学用计算机台数为 30.64 台，区域内部也存在很大差别，北京、上海、江苏位居前三位，每百名学生拥有教学用计算机台数分别为 118.38 台、71.85 台、40.87 台；排在后三位的是山东、天津、辽宁，每百名学生拥有教学用计算机台数分别为 25.27 台、17.25 台、14.68 台；北京、上海依然位居前两位。排在第一位的北京乡村普通高中每百名学生拥有教学用计算机台数是东部地区乡村普通高中每百名学生拥有教学用计算机台数的 3.9 倍，是排在最后一位的辽宁乡村普通高中每百名学生拥有教学用计算机台数的 8.1 倍（见图 4 - 3）。城镇普通高中每百名学生拥有教学用计算机台数为 27.83 台，比乡村普通高中每百名学生拥有教学用计算机台数少了 2.81 台，区域内部城镇普通高中每百名学生拥有教学用计算机台数差别也较大，排在第一位的北京城镇普通高中每百名学生拥有教学用计算机台数是排在最后一位的辽宁城镇普通高中每百名学生拥有教学用计算机台数的 8.1 倍（见图 4 - 4）。

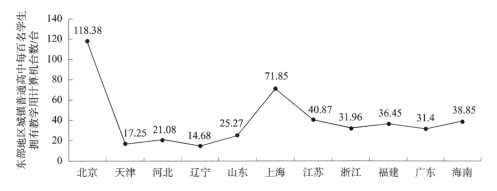

图 4-3 东部地区乡村普通高中每百名学生拥有教学用计算机台数统计

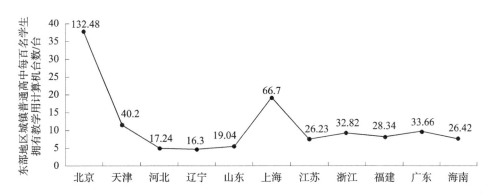

图 4-4 东部地区城镇普通高中每百名学生拥有教学用计算机台数统计

（三）生均教学仪器设备值

2020 年东部地区普通高中生均教学仪器设备值为 6626.91 元，其中乡村普通高中生均教学仪器设备值为 7027.37 元，区域内部生均值较高，但地区之间差别很大。北京、上海、海南位居前三位，生均教学仪器设备值分别为 57436.44 元、30103.03 元、11340.84 元；排在后三位的是河北、辽宁、天津，生均教学仪器设备值分别为 2906.04 元、1965.07 元、1956 元。排在第一位的北京乡村普通高中生均教学仪器设备值是东部地区乡村普通高中生均教学仪器设备值的 8.2 倍，是排在最后一位的天津乡村普通高中生均教学仪器设备值的 29.4 倍，差距非常大（见图 4-5）。城镇普通高中生均教学仪器设备值为 6612.46 元，比乡村普通高中生均教学仪器设备值少了 414.91 元，区域内部城镇普通高中生均教学仪器设备值差别也非常大，排在第一位的北京城镇普通高中生均教学仪器设备值是排在最后一位的河北城镇普通高中生均教学仪器设备值的 21.2 倍，差距也非常大（见图 4 - 6）。

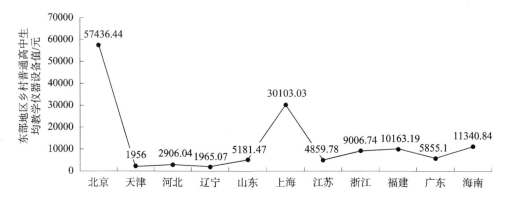

图 4 - 5　东部地区乡村普通高中生均教学仪器设备值统计

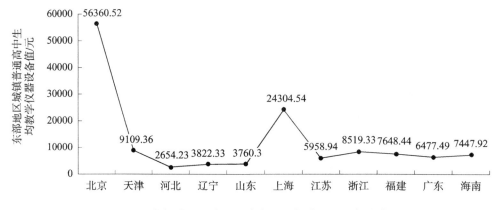

图 4 - 6　东部地区城镇普通高中生均教学仪器设备值统计

（四）生均图书册数

2020 年东部地区普通高中生均图书册数为 52 册，其中乡村普通高中生均图书册数为 53.77 册。北京、福建、上海位居前三位，生均图书册数分别为 142.28 册、109.8 册、88.42 册；排在后三位的是河北、山东、辽宁，生均图书册数分别为 37.2 册、30.31 册、18.11 册。区域内部差别较大，排在第一位的北京乡村普通高中生均图书册数是东部地区乡村普通高中生均图书册数的

2.6 倍，是排在最后一位的辽宁乡村普通高中生均图书册数的 7.9 倍（见图 4－7），且辽宁乡村普通高中生均图书册数未达标❶。城镇普通高中生均图书册数为 51.95 册，比乡村普通高中生均图书册数少了 1.82 册，表明乡村普通高中图书资源配置水平高于城镇普通高中图书资源配置水平。区域内部差异也较大，排在第一位的北京城镇普通高中生均图书册数是排在最后一位的辽宁城镇普通高中生均图书册数的 4.3 倍（见图 4－8）。

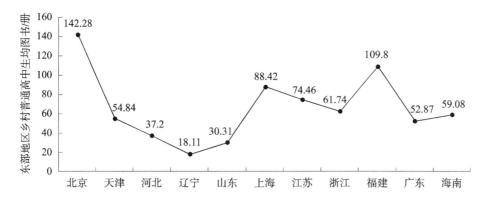

图 4－7　东部地区乡村普通高中生均图书册数统计

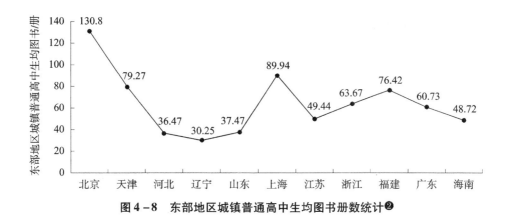

图 4－8　东部地区城镇普通高中生均图书册数统计❷

---

❶　按照《中小学图书馆（室）规程（修订）》规定，高级中学人均藏书量为 50 册（1 类）、35 册（2 类），完全中学人均藏书量为 45 册（1 类）、30 册（2 类）。

❷　数据来源：根据《中国教育统计年鉴》（2020）统计数据整理所得。

二、东部地区乡村普通高中专任教师队伍状况

乡村普通高中专任教师队伍状况主要以"生师比""学历水平""职称状况"等作为主要指标,基于《中国教育统计年鉴》(2020)统计数据进行分析。

(一) 乡村普通高中生师比[*]

2020 年东部地区普通高中生师比为 11.77:1,其中乡村普通高中生师比为 12.14:1,区域内部生师比差异较大,北京、天津、上海、江苏、浙江位于平均值以下,其余省份都在平均值以上。北京、上海、天津位居前三位,乡村普通高中生师比分别为 6.98:1、9.75:1、9.94:1;排在后三位的是山东、河北、广东,乡村普通高中生师比分别为 14.01:1、12.6:1、12.45:1(见图 4-9)。城镇普通高中生师比为 11.76:1,比乡村普通高中生师比高出 0.38 个点,表明城镇普通高中师资数量配置水平略好于乡村普通高中师资数量配置水平。区域内城镇普通高中生师比差异也较为明显,北京、上海、天津依然位于前三位,河北、海南、福建位于后三位(见图 4-10)。总体而言,北京、上海、天津、江苏、浙江等五个省市普通高中师资数量配置水平在整个东部地区位于前列。

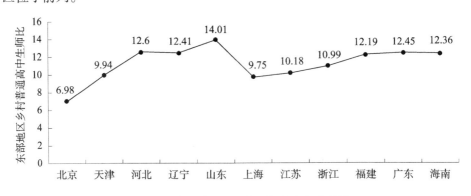

图 4-9 东部地区乡村普通高中生师比统计

---

[*] 生师比,是指普通高中在校生与专任教师的比例,为反向指标,比例越低越好。

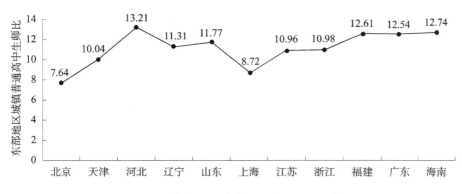

图 4 - 10　东部地区城镇普通高中生师比统计

（二）乡村普通高中专任教师学历水平

2020 年东部地区普通高中专任教师学历合格率为 99.28%❶，其中乡村普通高中专任教师学历合格率为 98.43%，区域内部专任教师学历合格率普遍较高，其中北京、江苏普通高中专任教师学历合格率达到 100%。北京、江苏、上海位居前三位，专任教师学历合格率分别为 100%、100%、99.76%；福建、辽宁、河北等省乡村普通高中专任教师学历合格率位于东部地区乡村普通高中专任教师学历合格率平均值以下（见图 4 - 11）。城镇普通高中专任教师学历合格率为 99.31%，比乡村普通高中专任教师学历合格率高出 0.88 个百分点，表明城镇普通高中专任教师学历水平总体上好于乡村普通高中专任教师学历水平。上海、江苏、北京依然位于前三位，辽宁、福建、海南位于后三位（见图 4 - 12）。总体而言，北京、上海、江苏、天津、浙江等五个省市普通高中专任教师本科学历水平在整个东部地区处于前列。

2020 年东部地区普通高中专任教师研究生学历占比为 14.71%，其中乡村普通高中专任教师研究生学历占比为 13.09%，区域内部专任教师研究生学历占比差异较大，北京、江苏、浙江位居前三位，专任教师研究生学历占比分别为 31.67%、21.13%、15.34%；排在后三位的是辽宁、福建、天津，专任教师研究生学历占比分别为 8.64%、6.09%、4.1%。排在第一位的北京乡村普通高中专任教师研究生学历占比是东部地区乡村普通高中专任教师研究生学历

---

❶　普通高中专任教师合格学历指具有本科及以上学历。

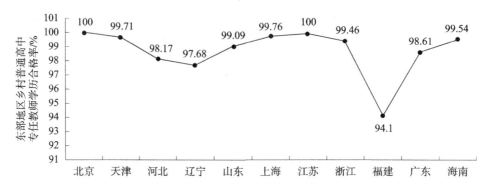

图 4 - 11　东部地区乡村普通高中专任教师学历合格率统计

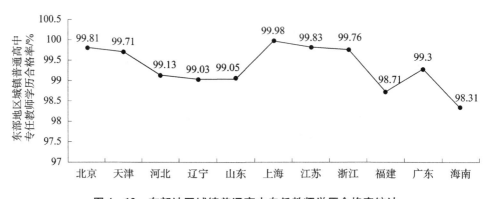

图 4 - 12　东部地区城镇普通高中专任教师学历合格率统计

占比的 2.4 倍，是排在最后一位的天津乡村普通高中专任教师研究生学历占比的 7.7 倍（见图 4 - 13）。城镇普通高中专任教师研究生学历占比为 14.77%，比乡村普通高中专任教师研究生学历占比高出 1.68 个百分点，表明城镇普通高中高学历师资配备水平好于乡村普通高中高学历师资配备水平。北京、上海、江苏、天津、广东位于区域内部普通高中专任教师研究生学历占比的平均值以上，排在第一位的北京城镇普通高中专任教师研究生学历占比是排在最后一位的海南城镇普通高中专任教师研究生学历占比的 4.8 倍（见图 4 - 14）。总体而言，北京、上海、江苏、浙江等省市普通高中高学历师资配备水平在整个东部地区处于前列。

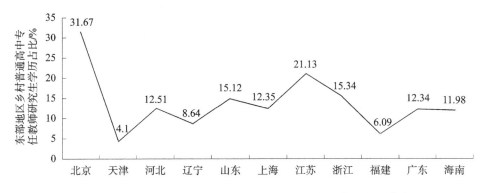

图 4 - 13 东部地区乡村普通高中专任教师研究生学历占比统计

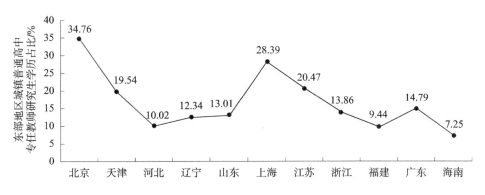

图 4 - 14 东部地区城镇普通高中专任教师研究生学历占比统计

（三）乡村普通高中专任教师职称状况

2020 年东部地区普通高中专任教师高级职称占比为 28.89%，其中乡村普通高中专任教师高级职称占比为 21.4%，区域内部专任教师高级职称占比差异较大，江苏、辽宁、天津位居前三位，专任教师高级职称占比分别为 43.94%、35.84%、33.24%；排在后三位的是广东、河北、山东，专任教师高级职称占比分别为 22.72%、12.06%、8.08%。排在第一位的江苏乡村普通高中专任教师高级职称占比是东部地区乡村普通高中专任教师高级职称占比的 2.1 倍，是排在最后一位的山东乡村普通高中专任教师高级职称占比的 5.4 倍（见图 4 - 15）。城镇普通高中专任教师高级职称占比为 29.15%，比乡村普通高中专任教师高级职称占比高出 7.75 个百分点，表明城镇普通高中高级职称师资配备水平大大好于乡村普通高中高级职称师资配备水平。区域内部差异值小于乡村差异值，排在第一位的辽宁城镇普通高中专任教师高级职称占比是排在最后一位的山东城镇普通高中专任教师高级职称占比的2.1倍（见图4-16）。总体而言，北京、天津、辽宁、上海、江苏、浙江等省市普通高中高级职称师资配备水平在整个东部地区处于前列。

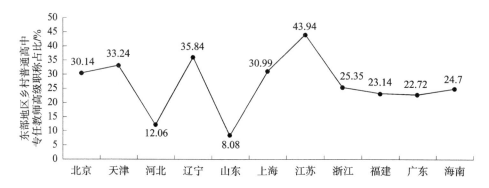

图4-15　东部地区乡村普通高中专任教师高级职称占比统计

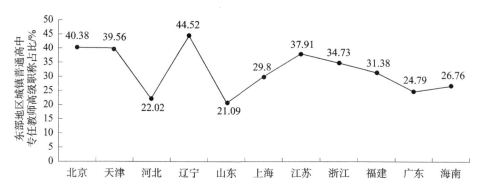

图4-16　东部地区城镇普通高中专任教师高级职称占比统计

统计数据分析表明，东部地区乡村普通高中在"生均教学及辅助用房面积""每百名学生拥有教学用计算机台数""生均教学仪器设备值""生均图书册数"等硬件办学条件资源配置水平上要好于城镇普通高中办学硬件条件资源配置水平；但乡村普通高中在专任教师队伍"生师比""学历水平""职称状况"等软件办学条件资源配备水平上整体要差于城镇普通高中师资条件配备水平。

第二节　中部地区乡村普通高中办学资源配置状况

据《中国教育统计年鉴》（2020）统计数据显示，2020 年中部地区乡村普通高中学校共有 250 所，乡村普通高中在校生共有 292961 人，乡村普通高中专任教师共有 21507 人，相较于 2001 年，乡村普通高中学校减少了 427 所，在校学生减少了 235255 人、专任教师减少了 8062 人。整体而言，乡村普通高中规模也处于不断缩减状态，规模也相对较小。

一、中部地区乡村普通高中办学条件状况

中部地区乡村普通高中办学条件也主要以"生均教学及辅助用房面积""每百名学生拥有教学用计算机台数""生均教学仪器设备值""生均图书册数"等作为主要指标，基于《中国教育统计年鉴》（2020）统计数据进行分析。

（一）生均教学及辅助用房面积

2020 年中部地区普通高中生均教学及辅助用房面积为 7.33 平方米，比东部地区普通高中生均教学及辅助用房面积少了 3.15 平方米，其中乡村普通高中生均教学及辅助用房面积为 8.63 平方米，比东部地区乡村普通高中生均教学及辅助用房面积少了 4.48 平方米，意味着东部地区乡村普通高中教学及辅助用房资源配置水平高于中部地区乡村普通高中教学及辅助用房资源配置水平。区域内部差别没有东部地区大，山西、安徽、河南居前三位，生均教学及辅助用房面积分别为 11.91 平方米、10.49 平方米、9.47 平方米；排在后三位的是吉林、湖北、湖南，生均教学及辅助用房面积分别为 7.38 平方米、6.36 平方米、5.83 平方米；排在第一位的山西乡村普通高中生均教学及辅助用房面积是排在最后一位的湖南乡村普通高中生均教学及辅助用房面积的 2 倍（见图 4 - 17）。中部地区城镇普通高中生均教学及辅助用房面积为 7.28 平方米，比东部地区城镇普通高中生均教学及辅助用房面积少了 3.1 平方米，比区域内

乡村普通高中生均教学及辅助用房面积少了 1.35 平方米，各地区乡村普通高中生均教学及辅助用房面积普遍高于城镇普通高中生均教学及辅助用房面积，比如，山西、安徽、河南乡村普通高中生均教学及辅助用房面积分别比城镇普通高中生均教学及辅助用房面积多出 1.94 平方米、1.27 平方米、3.88 平方米（见图 4 - 18）。

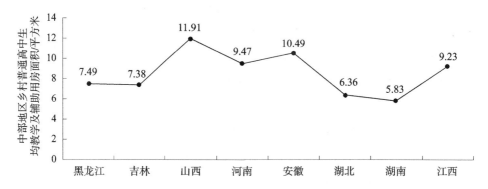

图 4 - 17　中部地区乡村普通高中生均教学及辅助用房面积统计

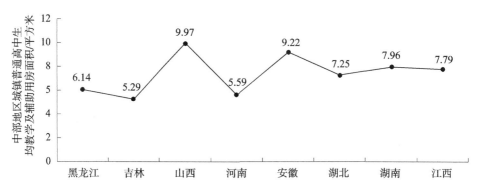

图 4 - 18　中部地区城镇普通高中生均教学及辅助用房面积统计

（二）每百名学生拥有教学用计算机台数

2020 年中部地区普通高中每百名学生拥有教学用计算机台数为 14.34 台，比东部地区普通高中每百名学生拥有教学用计算机台数少了 13.58 台，其中乡村普通高中每百名学生拥有教学用计算机台数为 16.15 台，比东部地区乡村普通高中每百名学生拥有教学用计算机台数少了 14.49 台，表明东部地区乡村普通高中教学用计算机资源配置水平远高于中部地区乡村普通高中教学用计算机资源配置水平。区域内部差别不大，安徽、山西、江西位居前三位，每百名学生拥有教学用计算机台数分别为 33.53 台、18.95 台、17.36 台；排在后三位的是河南、湖南、黑龙江，每百名学生拥有教学用计算机台数分别为 12.04 台、11.91 台、10.77 台。排在第一位的安徽乡村普通高中每百名学生拥有教学用计算机台数是排在最后一位的黑龙江乡村普通高中每百名学生拥有教学用计算机台数的 3.1 倍（见图 4－19）。城镇普通高中每百名学生拥有教学用计算机台数为 14.28 台，比东部地区城镇普通高中每百名学生拥有教学用计算机台数少了 13.55 台，比区域内乡村普通高中每百名学生拥有教学用计算机台数少了 1.87 台，表明乡村普通高中教学用计算机设备配置水平好于城镇普通高中教学用计算机设备配置水平。区域内部城镇普通高中每百名学生拥有教学用计算机台数差别不大，排在第一位的安徽城镇普通高中每百名学生拥有教学用计算机台数是排在最后一位的河南城镇普通高中每百名学生拥有教学用计算机台数的 2.7 倍（见图 4－20）。

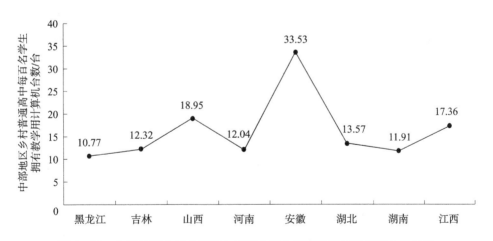

图 4－19　中部地区乡村普通高中每百名学生拥有教学用计算机台数统计

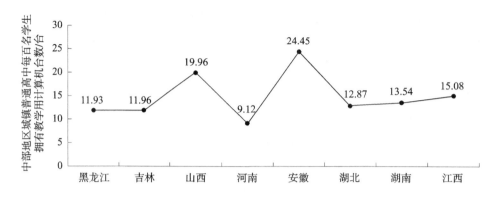

图 4 - 20　中部地区城镇普通高中每百名学生拥有教学用计算机台数统计

（三）生均教学仪器设备值

2020 年中部地区普通高中生均教学仪器设备值为 3136. 21 元，比东部地区普通高中生均教学仪器设备值少了 3490. 7 元，与东部地区差距较大，其中乡村普通高中生均教学仪器设备值为 3436. 29 元，比东部地区乡村普通高中生均教学仪器设备值少了 3591. 08 元，表明东部地区乡村普通高中教学仪器设备配置水平远高于中部地区乡村普通高中教学仪器设备配置水平。区域内生均教学仪器设备值差别不大，江西、安徽、湖北位居前三位，生均教学仪器设备值分别为 4636. 96 元、4461. 66 元、3641. 81 元；排在后三位的是河南、吉林、黑龙江，生均教学仪器设备值分别为 3060. 97 元、2644. 25 元、2268. 6 元。排在第一位的江西乡村普通高中生均教学仪器设备值是排在最后一位的黑龙江乡村普通高中生均教学仪器设备值的约 2 倍（见图 4 - 21）。城镇普通高中生均教学仪器设备值为 3125. 22 元，比东部地区城镇普通高中生均教学仪器设备值少了 3487. 24 元，比乡村普通高中生均教学仪器设备值少了 311. 07 元，表明乡村普通高中教学仪器设备配置水平略高于城镇普通高中教学仪器设备配置水平。区域内城镇普通高中生均教学仪器设备值差别不大，排在第一位的山西城镇普通高中生均教学仪器设备值是排在最后一位的河南城镇普通高中生均教学仪器设备值的 2. 7 倍（见图 4 - 22）。

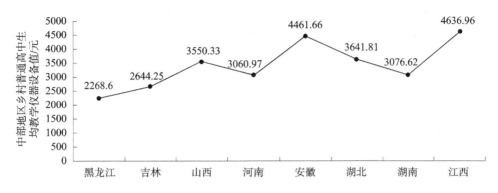

图 4 - 21　中部地区乡村普通高中生均教学仪器设备值统计

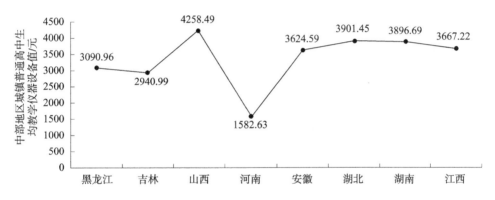

图 4 - 22　中部地区城镇普通高中生均教学仪器设备值统计

（四）生均图书册数

2020 年中部地区普通高中生均图书册数为 28.45 册，比东部地区普通高中生均图书册数少了 23.55 册，与东部地区差距较大，其中乡村普通高中生均图书册数为 30.78 册，比东部地区乡村普通高中生均图书册数少了 22.99 册。山西、安徽、江西位居前三位，生均图书册数分别为 42.14 册、41.35 册、37.73 册；黑龙江、吉林、河南、湖北位于区域平均值以下，生均图书册数均未达标。排在第一位的山西乡村普通高中生均图书册数是排在最后一位的河南乡村普通高中生均图书册数的 2 倍（见图 4 - 23）。城镇普通高中生均图书册数为 28.36 册，比东部地区城镇普通高中生均图书册数少了 23.59 册，比乡村普通高中生均图书册数少了 2.42 册，表明乡村普通高中图书资源配置水平好于城镇普通高中图书资源配置水平。山西、江西、安徽、湖南位于区域平均值以上，黑龙江、吉林、河南、湖北生均图书册数均未达标，排在第一位的山西城镇普通高中生均图书册数是排在最后一位的河南城镇普通高中生均图书册数的 2.3 倍（见图 4 - 24）。总体而言，黑龙江、吉林、河南、湖北等省生均图书资源配置较差，根据《中小学图书馆（室）规程（修订)》要求，未达到高级中学人均藏书量最低 30 册的标准规定。

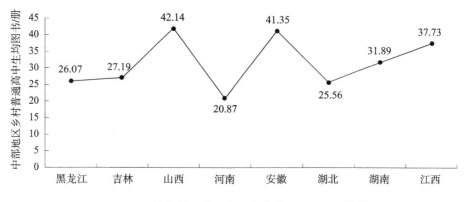

图 4 - 23　中部地区乡村普通高中生均图书册数统计

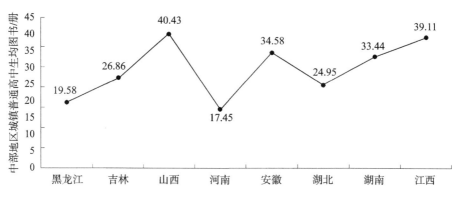

图 4 - 24　中部地区城镇普通高中生均图书册数统计

二、中部地区乡村普通高中专任教师队伍状况

乡村普通高中专任教师队伍状况主要以"生师比""学历水平""职称状况"等作为主要指标，基于《中国教育统计年鉴》（2020）统计数据进行分析。

（一）乡村普通高中生师比

2020 年中部地区普通高中生师比为 13.96∶1，比东部地区普通高中生师比高出 2.19 个点，其中乡村普通高中生师比为 13.62∶1，比东部地区乡村普通高中生师比高出 1.48 个点，区域内部生师比差异较大，山西、黑龙江、河南位居前三位，生师比分别为 10.33∶1、12.96∶1、13.58∶1；排在后三位的是江西、安徽、湖南，生师比分别为 20.2∶1、14.59∶1、13.95∶1；排在最后一位的江西乡村普通高中生师比比排在第一位的山西乡村普通高中生师比高出 9.87 个点（见图 4-25）。城镇普通高中生师比为 13.98∶1，比东部地区城镇普通高中生师比高出 2.22 个点，比乡村普通高中生师比高出 0.36 个点，表明城镇普通高中师资数量配置水平略差于乡村普通高中师资数量配置水平。区域内城镇普通高中生师比差异也较为明显，山西、黑龙江、湖北位于前三位，江西、河南、湖南位于后三位（见图 4-26）。总体而言，山西、黑龙江、湖北等省普通高中师资数量配置水平在整个中部地区处于高位。

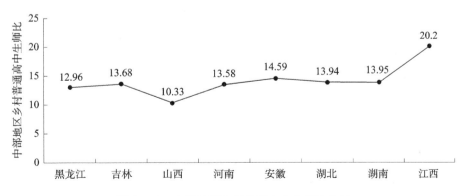

图 4-25　中部地区乡村普通高中生师比统计

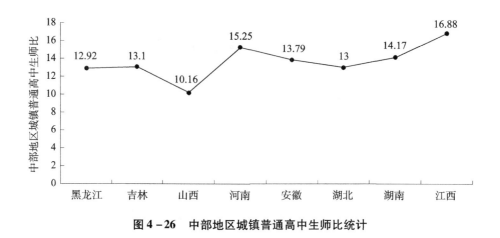

图 4 - 26　中部地区城镇普通高中生师比统计

（二）乡村普通高中专任教师学历水平

2020 年中部地区普通高中专任教师学历合格率为 98.28%，比东部地区普通高中专任教师学历合格率低了 1 个百分点，其中乡村普通高中专任教师学历合格率为 97.93%，比东部地区乡村普通高中专任教师学历合格率低了 0.5 个百分点。吉林、河南、黑龙江位居前三位；山西、湖北、江西位居后三位。排在第一位的吉林乡村普通高中专任教师学历合格率比排在最后一位的江西乡村普通高中专任教师学历合格率高出 6.14 个百分点（见图 4 - 27）。城镇普通高中专任教师学历合格率为 98.29%，比东部地区城镇普通高中专任教师学历合格率低了 1.02 个百分点，比乡村普通高中专任教师学历合格率高出 0.36 个百分点，表明城镇普通高中专任教师本科学历水平总体上好于乡村普通高中专任教师本科学历水平。吉林、黑龙江、安徽位于前三位，河南、湖南、江西位于后三位（见图 4 - 28）。总体而言，吉林、黑龙江、安徽等省普通高中专任教师本科学历水平在整个中部地区位于前列。

2020 年中部地区普通高中专任教师研究生学历占比为 10.04%，比东部地区普通高中专任教师研究生学历占比低了 4.67 个百分点，其中乡村普通高中专任教师研究生学历占比为 12.08%，比东部地区乡村普通高中专任教师研究生学历占比低了 1.01 个百分点，区域内专任教师研究生学历占比差异较大，河南、吉林、山西位居前三位，专任教师研究生学历占比分别为 20.35%、17.33%、15.68%；排在后三位的是安徽、黑龙江、江西，专任教师研究生学

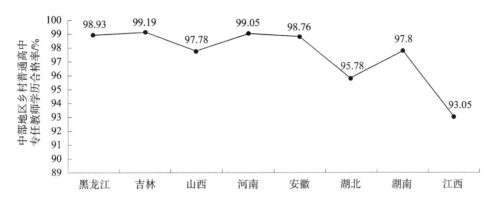

图 4 - 27　中部地区乡村普通高中专任教师学历合格率统计

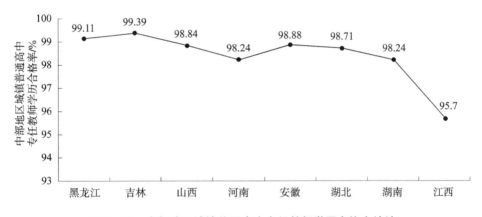

图 4 - 28　中部地区城镇普通高中专任教师学历合格率统计

历占比分别为 5.91%、5.01%、3.3%。排在第一位的河南乡村普通高中专任教师研究生学历占比是排在最后一位的江西乡村普通高中专任教师研究生学历占比的约 6.2 倍（见图 4 - 29）。城镇普通高中专任教师研究生学历占比为 9.97%，比东部地区城镇普通高中专任教师研究生学历占比低了 4.8 个百分点，比乡村普通高中专任教师研究生学历占比低了 2.11 个百分点，表明乡村普通高中高学历师资配备水平略好于城镇普通高中高学历师资配备水平。吉林、山西、河南位居前三位，排在第一位的吉林城镇普通高中专任教师研究生学历占比是排在最后一位的湖南城镇普通高中专任教师研究生学历占比的约 1.5 倍（见图 4 - 30）。总体而言，河南、吉林、山西等省普通高中高学历师资配备水平在整个中部地区处于前列。

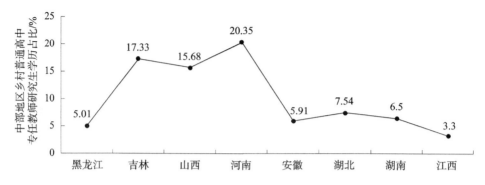

图 4-29　中部地区乡村普通高中专任教师研究生学历占比统计

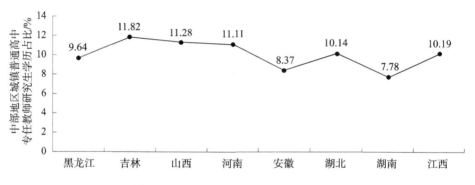

图 4-30　中部地区城镇普通高中专任教师研究生学历占比统计

（三）乡村普通高中专任教师职称状况

2020 年中部地区普通高中专任教师高级职称占比为 27.16%，比东部地区普通高中专任教师高级职称占比低了 1.73 个百分点，其中乡村普通高中专任教师高级职称占比为 18.28%，比东部地区乡村普通高中专任教师高级职称占比低了 3.12 个百分点。区域内专任教师高级职称占比差异较大，黑龙江、湖北、湖南位居前三位，专任教师高级职称占比分别为 28.72%、24.63%、23.7%；排在后三位的是江西、河南、山西，专任教师高级职称占比分别为 21.2%、11.63%、11.54%。排在第一位的黑龙江乡村普通高中专任教师高级职称占比是排在最后一位的山西乡村普通高中专任教师高级职称占比的约 2.5 倍（见图 4-31）。城镇普通高中专任教师高级职称占比为 27.5%，比东部地区城镇普通高中专任教师高级职称占比低了 1.65 个百分点，比乡村普通高中专任教师高级职称占比高 9.22 个百分点，表明城镇普通高中高级职称师资配备水平大大好于乡村普通高中高级职称师资配备水平。吉林、湖北、江西位居前三位，排在第一位的吉林城镇普通高中专任教师高级职称占比是排在最后一位的河南城镇普通高中专任教师高级职称占比的约 1.6 倍（见图 4-32）。总体而言，黑龙江、吉林、湖北等省普通高中高级职称师资配备水平在整个中部地区处于前列。

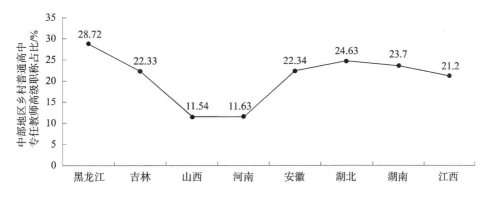

图 4-31　中部地区乡村普通高中专任教师高级职称占比统计

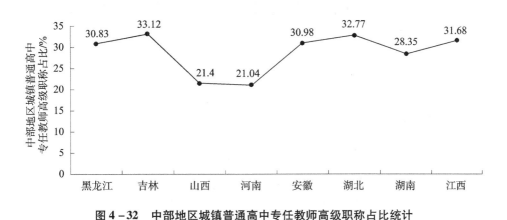

图 4-32　中部地区城镇普通高中专任教师高级职称占比统计

统计数据分析表明，中部地区乡村普通高中在"生均教学及辅助用房面积""每百名学生拥有教学用计算机台数""生均教学仪器设备值""生均图书册数"等硬件办学条件资源配置水平上要好于城镇普通高中办学硬件条件资源配置水平；乡村普通高中在专任教师队伍"生师比"等师资数量配备方面略微好于城镇普通高中师资配备水平，但在学历水平、职称状况尤其是高级职称师资配方面远远差于城镇普通高中师资配备水平。就区域角度而言，中部地区乡村普通高中在办学硬件条件及软件条件资源配置水平上都远远低于东部地区资源配置水平。

第三节　西部地区乡村普通高中办学资源配置状况

据《中国教育统计年鉴》（2020）统计数据显示，2020年西部地区乡村普通高中学校共有235所，乡村普通高中在校生共有295887人，乡村普通高中专任教师共有22129人，相较于2001年，乡村普通高中学校减少了501所，在校学生减少了48586人，专任教师减少不多，仅有9人流失。整体而言，乡村普通高中规模也处于不断缩减状态，规模也相对较小。

一、西部地区乡村普通高中办学条件状况

西部地区乡村普通高中办学条件也主要以"生均教学及辅助用房面积""每百名学生拥有教学用计算机台数""生均教学仪器设备值""生均图书册数"等作为主要指标，基于《中国教育统计年鉴》（2020）统计数据进行分析。

（一）生均教学及辅助用房面积

2020年西部地区普通高中生均教学及辅助用房面积为8.4平方米，比东部地区普通高中生均教学及辅助用房面积少了2.08平方米，比中部地区普通高中生均教学及辅助用房面积多了1.07平方米；其中乡村普通高中生均教学及辅助用房面积为10.6平方米，比东部地区乡村普通高中生均教学及辅助用房面积少了2.51平方米，比中部地区乡村普通高中用房面积多了1.97平方米，意味着西部地区乡村普通高中教学及辅助用房资源配置水平低于东部地区但高于中部地区乡村普通高中教学及辅助用房资源配置水平。区域内差别没有东部地区大，四川、宁夏、新疆居前三位，生均教学及辅助用房面积分别为14.98平方米、13.7平方米、13.33平方米；排在后三位的是重庆、西藏、甘

肃，生均教学及辅助用房面积分别为 8.02 平方米、6.99 平方米、6.98 平方米；排在第一位的四川乡村普通高中生均教学及辅助用房面积是排在最后一位的甘肃乡村普通高中生均教学及辅助用房面积的 2.1 倍（见图 4-33）。城镇普通高中生均教学及辅助用房面积为 8.31 平方米，比东部地区城镇普通高中生均教学及辅助用房面积少了 2.07 平方米，比中部地区城镇普通高中生均教学及辅助用房面积多了 1.03 平方米，比区域内乡村普通高中生均教学及辅助用房面积少了 2.29 平方米，各地区乡村普通高中生均教学及辅助用房面积普遍高于城镇普通高中生均教学及辅助用房面积，比如，四川、新疆、宁夏乡村普通高中生均教学及辅助用房面积分别比城镇普通高中生均教学及辅助用房面积多出 5.26 平方米、3.05 平方米、5.74 平方米（见图 4-34）。

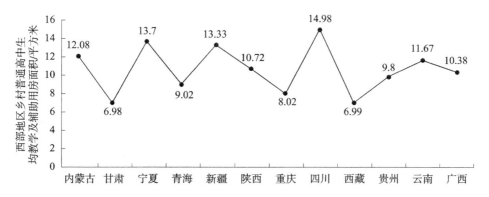

图 4-33 西部地区乡村普通高中生均教学及辅助用房面积统计

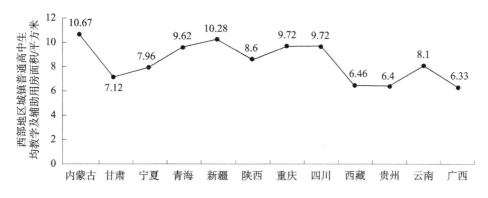

图 4-34 西部地区城镇普通高中生均教学及辅助用房面积统计

（二）每百名学生拥有教学用计算机台数

2020 年西部地区普通高中每百名学生拥有教学用计算机台数为 18.39 台，比东部地区普通高中每百名学生拥有教学用计算机台数少了 9.53 台，比中部地区普通高中每百名学生拥有教学用计算机台数多了 4.05 台；其中乡村普通高中每百名学生拥有教学用计算机台数为 19.3 台，比东部地区乡村普通高中每百名学生拥有教学用计算机台数少了 11.34 台，比中部地区乡村普通高中每百名学生拥有教学用计算机台数多了 3.15 台，表明西部地区乡村普通高中教学用计算机资源配置水平远低于东部地区但高于中部地区乡村普通高中教学用计算机资源配置水平。区域内差别较大，宁夏、四川、新疆位居前三位，每百名学生拥有教学用计算机台数分别为 36.69 台、28.48 台、25.93 台；排在后三位的是甘肃、青海、西藏，每百名学生拥有教学用计算机台数分别为 12.69 台、11.56 台、7.27 台。排在第一位的宁夏乡村普通高中每百名学生拥有教学用计算机台数是排在最后一位的西藏乡村普通高中每百名学生拥有教学用计算机台数的约 5 倍（见图 4 - 35）。城镇普通高中每百名学生拥有教学用计算机台数为 18.36 台，比东部地区城镇普通高中每百名学生拥有教学用计算机台数少了 9.47 台，比中部地区城镇普通高中每百名学生拥有教学用计算机台数多了 4.08 台，比区域内乡村普通高中每百名学生拥有教学用计算机台数少了 0.94 台，表明乡村普通高中教学用计算机设备配置水平略好于城镇普通高中教学用计算机设备配置水平。区域内城镇普通高中每百名学生拥有教学用计算机台数差别不大，排在第一位的陕西城镇普通高中每百名学生拥有教学用计算机台数是排在最后一位的西藏城镇普通高中每百名学生拥有教学用计算机台数的约 2.8 倍（见图 4 - 36）。

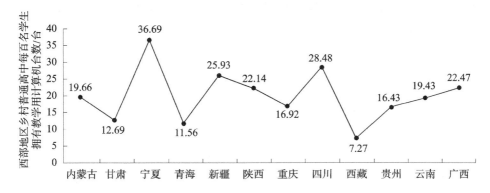

图 4 - 35　西部地区乡村普通高中每百名学生拥有教学用计算机台数统计

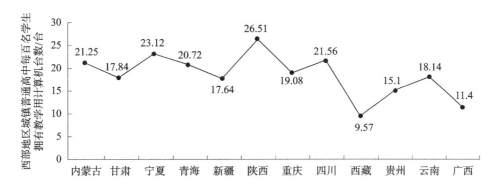

图 4 - 36　西部地区城镇普通高中每百名学生拥有教学用计算机台数统计

（三）生均教学仪器设备值

2020 年西部地区普通高中生均教学仪器设备值为 4226.15 元，比东部地区普通高中生均教学仪器设备值少了 2400.76 元，比中部地区普通高中生均教学仪器设备值多了 1089.94 元；其中乡村普通高中生均教学仪器设备值为 4408.8 元，比东部地区乡村普通高中生均教学仪器设备值少了 2618.57 元，比中部地区乡村普通高中生均教学仪器设备值高了 972.51 元，表明西部地区乡村普通高中教学仪器设备配置水平低于东部地区但高于中部地区乡村普通高中教学仪器设备配置水平。区域内生均教学仪器设备值差别较大，四川、贵州、新疆位居前三位，生均教学仪器设备值分别为 8526.45 元、6801.35 元、5356.25 元；排在后三位的是重庆、青海、西藏，生均教学仪器设备值分别为

2613.77 元、1947.06 元、1840.41 元。排在第一位的四川乡村普通高中生均教学仪器设备值是排在最后一位的西藏乡村普通高中生均教学仪器设备值的 4.6 倍（见图 4 - 37）。西部地区城镇普通高中生均教学仪器设备值为 4218.72 元，比东部地区城镇普通高中生均教学仪器设备值少了 2393.74 元，比中部地区城镇普通高中生均教学仪器设备值高了 1093.5 元，比区域内乡村普通高中生均教学仪器设备值少了 190.08 元，表明乡村普通高中教学仪器设备配置水平略高于城镇普通高中教学仪器设备配置水平。区域内城镇普通高中生均教学仪器设备值差别不大，排在第一位的内蒙古城镇普通高中生均教学仪器设备值是排在最后一位的广西城镇普通高中生均教学仪器设备值的约 2.5 倍（见图 4 - 38）。

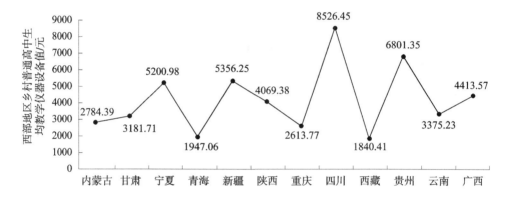

图 4 - 37　西部地区乡村普通高中生均教学仪器设备值统计

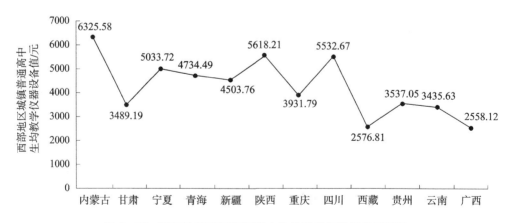

图 4 - 38　西部地区城镇普通高中生均教学仪器设备值统计

（四）生均图书册数

2020 年西部地区普通高中生均图书册数为 42.06 册，比东部地区普通高中生均图书册数少了 9.94 册，比中部地区普通高中生均图书册数多了 13.61 册；其中乡村普通高中生均图书册数为 43.98 册，比东部地区乡村普通高中生均图书册数少了 9.79 册，比中部地区乡村普通高中生均图书册数多了 13.2 册，表明西部地区乡村普通高中生均图书资源配置水平低于东部地区但高于中部地区乡村普通高中生均图书资源配置水平。四川、贵州、陕西位居前三位，生均图书册数分别为 64.76 册、59.01 册、52.93 册；青海、内蒙古、西藏位于后三位，生均图书册数分别为 32.55 册、32.25 册、19.13 册，其中西藏乡村普通高中生均图书册数未达标。排在第一位的四川乡村普通高中生均图书册数是排在最后一位的西藏乡村普通高中生均图书册数的约 3.4 倍（见图 4－39）。西部地区城镇普通高中生均图书册数为 41.98 册，比东部地区城镇普通高中生均图书册数少了 9.97 册，比中部地区城镇普通高中生均图书册数多了 13.62 册；比区域内乡村普通高中生均图书册数少了 2 册，表明区域内乡村普通高中生均图书资源配置水平略好于城镇普通高中生均图书资源配置水平。陕西、四川、青海城镇普通高中生均图书册数位于区域平均值以上，西藏城镇普通高中生均图书册数未达标，排在第一位的陕西城镇普通高中生均图书册数是排在最后一位的西藏城镇普通高中生均图书册数的约 2.1 倍（见图 4－40）。

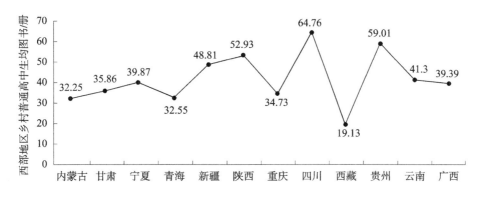

图 4－39　西部地区乡村普通高中生均图书册数统计

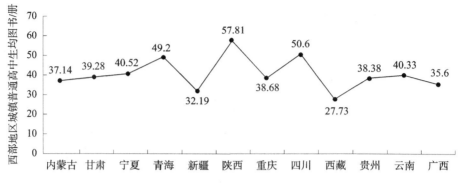

图 4 - 40　西部地区城镇普通高中生均图书册数统计

二、西部地区乡村普通高中专任教师队伍状况

乡村普通高中专任教师队伍状况也主要以"生师比""学历水平""职称状况"等作为主要指标,基于《中国教育统计年鉴》(2020)统计数据进行分析。

(一) 乡村普通高中生师比

2020 年西部地区普通高中生师比为 13.33:1,比东部地区普通高中生师比高出 1.56 个点,比中部地区普通高中生师比低了 0.63 个点;其中乡村普通高中生师比为 13.37:1,比东部地区乡村普通高中生师比高出 1.23 个点,比中部地区乡村普通高中生师比低了 0.25 个点,表明西部地区乡村普通高中师资数量配置水平低于东部地区但高于中部地区乡村普通高中师资数量配置水平。区域内生师比差异较大,陕西、新疆、西藏位居前三位,生师比分别为 10:1、11.43:1、12.32:1;排在后三位的是重庆、青海、广西,生师比分别为 17.99:1、17.84:1、15.7:1;排在最后一位的重庆乡村普通高中生师比比排在第一位的陕西乡村普通高中生师比高出 7.99 个点(见图 4 - 41)。西部地区城镇普通高中生师比为 13.33:1,比东部地区城镇普通高中生师比高出 1.57 个点,比中部地区城镇普通高中生师比低了 0.65 个点,比区域内乡村普通高中生师比低了 0.04 个点,表明城镇普通高中师资数量配置水平略高于乡村普通高中师资数量配置水平。区域内城镇普通高中生师比差别不大，内蒙古、甘肃、陕西居前三位（见图4-42）。总体而言，陕西、内蒙古、甘肃、新疆等省（区）普通高中师资数量配置水平在整个西部地区位于前列。

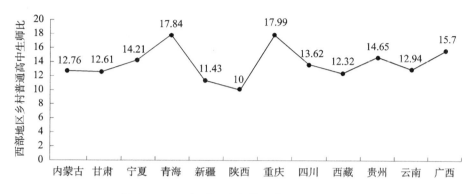

图4-41　西部地区乡村普通高中生师比统计

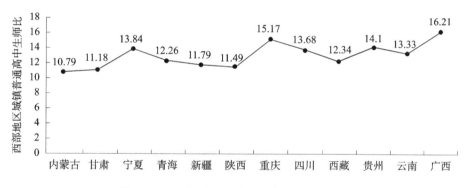

图4-42　西部地区城镇普通高中生师比统计

（二）乡村普通高中专任教师学历水平

2020年西部地区普通高中专任教师学历合格率为98.66%，比东部地区普通高中专任教师学历合格率低了0.62个百分点，比中部地区普通高中专任教师学历合格率高了0.38个百分点；其中乡村普通高中专任教师学历合格率为98.68%，比东部、中部地区乡村普通高中专任教师学历合格率分别高了0.25个百分点、0.75个百分点，表明西部地区乡村普通高中本科学历师资配备水平高于东部、中部地区乡村普通高中本科学历师资配备水平。宁夏、四川、云南位居前三位；青海、重庆、内蒙古位居后三位。排在第一位的宁夏乡村普通高中专任教师学历合格率比排在最后一位的内蒙古乡村普通高中专任教师学历合格率高出3.41个百分点（见图4-43）。城镇普通高中专任教师学历合格率为98.66%，比东部地区城镇普通高中专任教师学历合格率低了0.65个百分点，比中部地区城镇普通高中专任教师学历合格率高了0.37个百分点，比乡村普通高中专任教师学历合格率低了0.02个百分点，表明城镇普通高中本科学历师资配备水平总体上与区域内乡村普通高中本科学历师资配备水平大体相当。陕西、西藏、四川位于前三位，广西、青海、甘肃位于后三位（见图4-44）。总体而言，宁夏、陕西、四川等省（区）普通高中本科学历师资配备水平在整个西部地区位于前列。

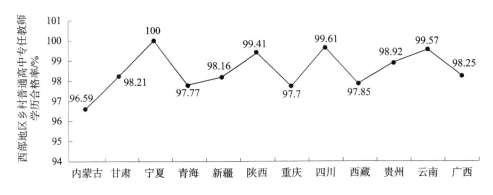

图4-43 西部地区乡村普通高中专任教师学历合格率统计

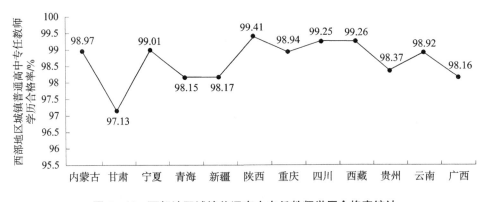

图4-44 西部地区城镇普通高中专任教师学历合格率统计

2020年西部地区普通高中专任教师研究生学历占比为8.56%，比东部、中部地区普通高中专任教师研究生学历占比分别低了6.15个百分点、1.48个百分点；其中西部地区乡村普通高中专任教师研究生学历占比为6.41%，比东部、中部地区乡村普通高中专任教师研究生学历占比分别低了6.68个百分点、5.67个百分点，表明西部地区乡村普通高中高学历师资配备水平低于东部、中部地区乡村普通高中高学历师资配备水平。区域内专任教师研究生学历占比差异较大，广西、陕西、内蒙古位居前三位，专任教师研究生学历占比分别为12.03%、11.93%、10.61%；排在后三位的是西藏、新疆、云南，专任教师研究生学历占比分别为4.30%、3.81%、3.73%。排在第一位的广西乡村普通高中专任教师研究生学历占比是排在最后一位的云南乡村普通高中专任教师研究生学历占比的3.2倍（见图4-45）。西部地区城镇普通高中专任教师研究生学历占比为8.64%，比东部、中部地区城镇普通高中专任教师研究生学历占比分别低了6.13个百分点、1.33个百分点；比区域内乡村普通高中专任教师研究生学历占比高了2.23个百分点，表明区域内乡村普通高中高学历师资配备水平略差于城镇普通高中高学历师资配备水平。内蒙古、陕西、重庆位居前三位，排在第一位的内蒙古城镇普通高中专任教师研究生学历占比是排在最后一位的新疆城镇普通高中专任教师研究生学历占比的3.2倍（见图4-46）。总体而言，内蒙古、陕西等省（区）普通高中高学历师资配备水平在整个西部地区位于前列。

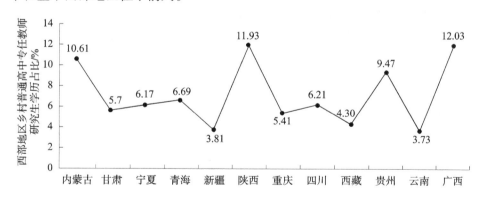

图4-45　西部地区乡村普通高中专任教师研究生学历占比统计

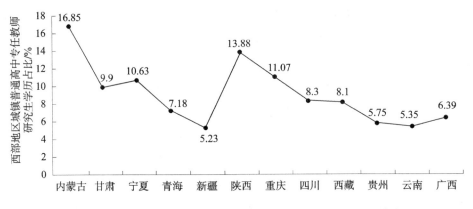

图 4-46　西部地区城镇普通高中专任教师研究生学历占比统计

（三）乡村普通高中专任教师职称状况

2020 年西部地区普通高中专任教师高级职称占比为 25.96%，比东部、中部地区普通高中专任教师高级职称占比分别低了 2.93 个百分点、1.2 个百分点；其中乡村普通高中专任教师高级职称占比为 17.52%，比东部、中部地区乡村普通高中专任教师高级职称占比分别低了 3.88 个百分点、0.76 个百分点。区域内专任教师高级职称占比差异较大，宁夏、四川、陕西位居前三位，专任教师高级职称占比分别为 41.56%、31.34%、24.35%；排在后三位的是云南、新疆、西藏，专任教师高级职称占比分别为 13.51%、9.18%、8.38%。排在第一位的宁夏乡村普通高中专任教师高级职称占比是排在最后一位的西藏乡村普通高中专任教师高级职称占比的约 5 倍（见图 4-47）。城镇普通高中专任教师高级职称占比为 26.3%，比东部、中部地区城镇普通高中专任教师高级职称占比分别低了 2.85 个百分点、1.2 个百分点，比区域内乡村普通高中专任教师高级职称占比高出 8.78 个百分点，表明城镇普通高中高级职称师资配备水平大大好于乡村普通高中高级职称师资配备水平。四川、云南、宁夏位居前三位，排在第一位的四川城镇普通高中专任教师高级职称占比是排在最后一位的西藏城镇普通高中专任教师高级职称占比的约 1.7 倍（见图 4-48）。总体而言，宁夏、四川、陕西等省（区）普通高中高级职称师资配备水平在整个西部地区处于前列。

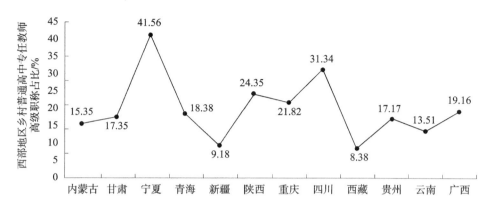

图 4－47　西部地区乡村普通高中专任教师高级职称占比统计

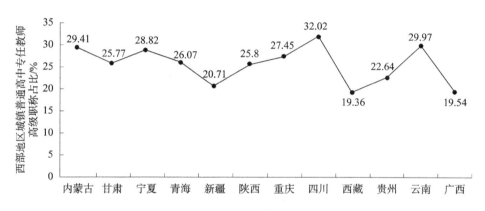

图 4－48　西部地区城镇普通高中专任教师高级职称占比统计

统计数据分析表明，西部地区乡村普通高中在"生均教学及辅助用房面积""每百名学生拥有教学用计算机台数""生均教学仪器设备值""生均图书册数"等硬件办学条件资源配置水平上要好于城镇普通高中办学硬件条件资源配置水平；但乡村普通高中在专任教师队伍"生师比""学历水平""职称状况"等软件办学条件水平方面远远差于城镇普通高中师资配备水平。从区域比较角度来看，西部地区乡村普通高中办学硬件、软件条件资源配置水平远低于东部地区但好于中部地区办学条件资源配置水平，"中部塌陷"尤为明显，相较而言，中、西部地区乡村普通高中校长发展面临的挑战更大。

第五章　乡村普通高中发展的
现状调查与发展逻辑

　　乡村普通高中相关统计数据较为客观地展现了乡村普通高中发展的样貌。乡村普通高中发展的现状调查与发展逻辑主要通过实证研究与学理分析，探讨乡村普通高中发展的现实样态以及逻辑理路，力求实现客观数据及实证调研数据的有机结合，以便于立体、全面、深刻地呈现乡村普通高中发展的状况，实现对乡村普通高中发展的立体化认识；同时，通过对乡村普通高中发展的裹挟式逻辑、内隐式逻辑、虹吸式逻辑以及嵌入式逻辑的理论分析，洞悉乡村普通高中发展逐渐式微的主要原因，厘清乡村普通高中校长发展困境的内在机理。

第一节　乡村普通高中发展的现状调查

　　《中国教育统计年鉴》（2020）的相关统计数据表明，城镇化背景下的乡村普通高中发展状况令人担忧，那么，现实中的乡村普通高中发展如何呢？研究者通过设计问卷开展乡村普通高中发展状况的调查研究，期望通过现状调查，真正了解乡村普通高中发展面临的问题与挑战，并结合统计数据，实现对乡村普通高中发展状况的立体化认识。

一、调查状况

　　研究者通过问卷调查和访谈等方式对湖北、安徽、河南、江西、贵州、广西、宁夏、甘肃等地区乡村高中开展实证调研，以乡村普通高中正职校长为研究对象，共调查 469 所乡村普通高中。在这些校长中，男校长 423 名，女校长 46 名，分别占样本总量的 90.19% 和 9.81%；年龄为 36～55 岁的共有 421 人，占样本总量的 89.77%；具有高级职称的 307 人，占样本总量的 65.46%；具有本科以上学历的 252 人，占样本总量的 53.73%，其中研究生学历 61 人，占样本总量的 13.01%；教龄在 20 年以上的 293 人，占样本总量的 62.47%。问卷设计包括结构性和非结构性选题，两个部分共 30 题，调查内容主要涉及校长、教师队伍、新课程改革以及学校内部治理等问题。

二、乡村普通高中发展的现状

（一）校长队伍理论水平不高且难以用"整个的心做整个的校长"

"校长很重要！的确，就维护和改进优质学校而言，学校的任何其他职位都不具有比校长更大的潜力。"❶ 无疑，校长对一所学校创新发展显得尤为重要，没有一个好的校长或者是没有一支好的校长队伍，对一所学校或区域内教育质量的影响是显而易见的。调查显示，有 30.7% 的校长出版过专著，有 46.91% 的校长有主持课题研究的经历，多数校长缺乏这种研究经历，这限制着校长理论水平的提升。访谈中有的校长认为自己知识缺乏，理论水平不高，希望能更多地参加专业的校长理论培训；有的校长认为自己知识匮乏，高度不够，对教育的理解有待提高；也有的校长认为自己在教育理论方面较为欠缺，希望在教育领导力方面得到提高等。

在关于"作为校长，令您烦心的问题是什么"的调查中，有 77.40% 的校长认为是"承担过多的与教育教学无关且重复无效的工作"，后面依次是"学校的责任过大，社会、家庭的教育责任都转嫁给了学校""上级频繁检查考核评估""上级依据学生成绩给学校排队""师生参与社会活动过多""教育行政主管部门过度干涉学校工作""学校党政关系协调不好"等，百分比分别是 61.41%、52.03%、40.72%、31.34%、19.83%、2.77%（见图 5－1）。在问及"实现您的办学理想，您认为还需要什么"时，有 72.92% 校长认为需要

---

❶ 萨乔万尼. 校长学：一种反思性实践观 [M]. 张虹，译. 上海：上海教育出版社，2004：117.

"更自由的办学权",有 67.59% 校长认为需要 "更多的人事权",有 57.57% 的校长认为需要 "更多的财权",有 57.14% 的校长认为需要 "更科学和创新的评价制度",有 41.15% 的校长认为需要 "更少的行政干预",有 27.93% 的校长认为需要 "更多的精神激励",还有 21.96% 的校长认为需要 "更丰厚的收入回报"等。调查表明,不管是校长整天忙于教育教学之外的繁杂事务,还是承担过多非己责任、迎接频繁的检查考核;不管校长是缺乏更自由的办学权,还是缺少更多的人事权与更多的财权。这些无疑说明校长在办学过程中的 "不务正业"与 "身不由己",难以用 "整个的心"去关心、关注学校的发展,去做 "整个的校长",显然不利于校长队伍的发展建设,更不利于学校的有效发展。

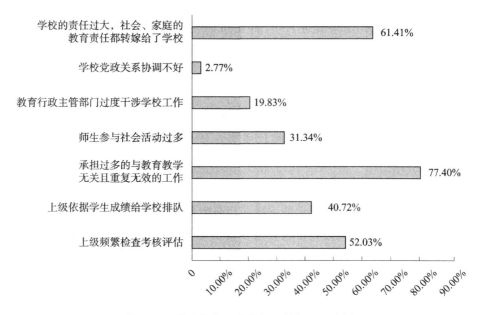

图 5−1 作为校长,令您烦心的问题及比例

(二) 教师专业发展障碍较多且学科教师结构不均衡

教师队伍是学校教育教学有序推进的根本保证,教师获得专业发展是教师质量水平提升的重要基础。调查中在进行 "您校教师专业发展的主要障碍是什么"的调研时,认为主要障碍由重到轻依次为 "教师工作量过大" "教师物质待遇较差" "教师事业心不强" "教师缺乏专业发展的意识" "教师专业发展的

相关培训机会太少""教师专业发展目标不明确""教师学习能力不足""教师社会地位较低""教师铁饭碗的人事管理机制"等，百分比分别是 74.41%、60.55%、37.53%、37.53%、31.98%、30.28%、26.01%、24.52%、24.09%（见图 5-2）。位于前四位的分别是"教师工作量过大""教师物质待遇较差""教师事业心不强""教师缺乏专业发展的意识"。一方面，说明教师可能承担着繁重的教学任务、繁杂的行政事务以及频繁的检查任务，同时承担着社会、家庭转嫁的教育责任负担等，致使教师无暇顾及自身专业发展；另一方面，说明教师自身缺乏学习动力，缺乏事业心以及缺乏专业发展意识，教师不愿主动促进自身专业发展。在涉及关于校长工作中遇到哪些问题的回答中，有近七成的学校认为不同年龄阶段教师普遍存在职业倦怠感，还有很多学校指出学校教师年龄老化现象比较严重等，这些无疑说明教师专业发展存在的主要障碍问题。

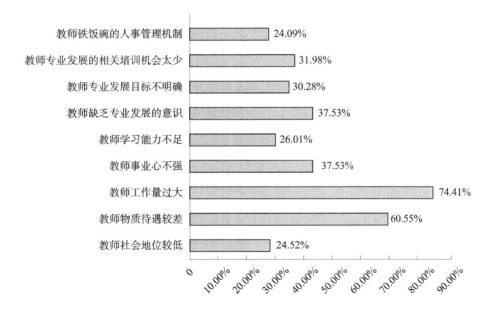

图 5-2　您校教师专业发展的主要障碍及比例

学校还存在学科教师结构不均衡现象，这进一步限制了学校新课程改革过程中选课走班制的实施，比如，在问及"您校教师结构情况怎样"时，依次认为"学科教师结构不均衡""高级职称比例较低""高水平教师比例偏低""年龄结构不合理，青年教师比例较大""学历水平整体偏低"等，百分比分别为 72.71%、54.80%、50.32%、48.40%、30.28%（见图 5-3），虽然学校存在职称结构、学历结构、年龄结构等方面的问题，但学科教师结构不均衡尤为突出，超过 70% 的学校存在这一问题。同时，在调查"您校实施选课走班存在的主要问题是什么"时，主要问题表现为"教室、实验室等硬件不足""学科教师配备不足""选课指导工作开展难度大""课程资源较少""学生组织管理难度大"等，百分比分别为 78.46%、76.33%、69.51%、67.38%、45.42%（见图 5-4）。但从整体上看，乡村高中实施选课走班问题较多，学科教师配备不足问题尤其值得关注，且集中在物理、生物、化学、地理等学科。

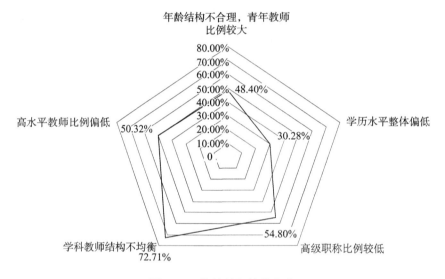

图 5-3 您校教师结构占比

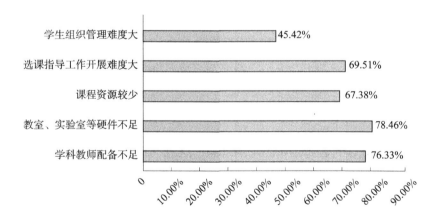

图 5-4 您校实施选课走班存在的主要问题及占比

（三）学校新课程改革缺乏保障且能力不足

课程是教育思想、教育目标和教育内容的主要载体，集中体现国家意志和社会主义核心价值观，是学校教育教学活动的基本依据，直接影响人才培养质量。课程改革能否有效落实，对乡村高中人才质量提升具有重要影响。但乡村高中在新课程改革过程中，面临着很多困难与问题。在问及"学校在课程改革中遇到的主要困难是什么"时，结果表现为"缺乏指导""缺少经费""缺少政策支持""缺少信息""缺少可供学习借鉴的经验""时间紧任务重""自身素质不适应"等，百分比分别是 76.55%、71.22%、58.00%、52.24%、44.99%、40.94%、12.79%（见图 5-5）。在关于"学校在落实课程改革中存在的主要问题是什么"的调查中，有 74.63% 的学校难以创建具有本校特色的学校课程体系，有 48.19% 的学校难以开齐、开足国家规定的各类必修和相关选修课程，有 46.48% 的学校没有能力开发更多的课程资源，有 43.07% 的学校课程的多样性和选择性不够，有 36.25% 的学校难以保证体育、艺术、技术、综合实践活动等课程的真正实施（见图 5-6）。可见，70% 以上的学校新课程改革遇到指导缺乏、经费缺少等难题，而且在政策支持、信息资源及经验借鉴等方面也很缺乏；同时，70% 以上学校难以创建具有本校特色的学校课程体系。

在问及"您校课程建设在'以生为本'方面的体现怎样"时，有 19.83% 的学校开设了几门校本课程，丰富学生活动；有 46.27% 的学校关注学生学习需求，积累了一些校本课程；有 5.54% 的学校课程内容丰富，学生有自主选择课程的权利；有 28.36% 的学校不断建构优化课程体系，凸显学生学习主体性，引领支持学生核心素养的提升。看来，学校在体现"以生为本"的课程建设方面还存在很大的问题，其中保证学生自主选择课程权利方面的问题尤为严重。在关于"您校教师开展新课程改革时遇到的最大困难是什么"的调查中，有 67.38% 的学校认为是资源不够，有 15.78% 的学校认为是认识不到位，有 11.3% 的学校认为是能力不足，有 4.05% 的学校认为是时间不够，有 1.49% 的学校认为是知识欠缺等。位于前三位的分别是资源不够、认识不到位及能力不足，其实认识不到位也属于能力不足的范畴，这些都表明学校在开展新课程改革方面存在问题。

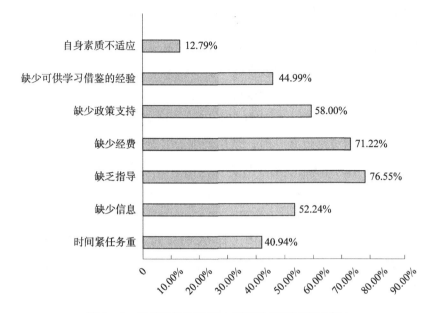

图 5-5　学校在课程改革中遇到的主要困难及占比

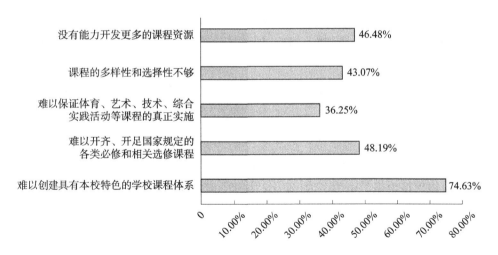

图 5-6　学校在落实课程改革中存在的主要问题及占比

（四）学校内部治理观念陈旧且缺乏有效机制

《普通高中校长专业标准》指出，"秉承先进教育理念和管理理念，建立健全现代学校制度，完善学校管理机制，依法治校，实施科学管理、民主管理，推动学校可持续、有特色的发展。"没有科学民主的管理，则很难优化学校内部环境，推动学校实现可持续、有特色的发展。在调查"您认为目前学校内部治理中存在的主要问题是什么"时，结果为"教师、学生和家长参与学校管理程度不高""校长负责制落实不到位""中层部门相互分离、效率不高""学校决策、执行、监督系统不能各司其职""学校文化建设不完善""校务委员会职能定位不清""学校管理制度不健全""学校缺乏清晰的办学理念""校长、书记责权界限不清"，百分比分别为 48.83%、46.91%、44.56%、43.92%、38.17%、31.77%、19.19%、11.94%、2.13%（见图 5－7）。位于前三位的分别是"教师、学生和家长参与学校管理程度不高""校长负责制落实不到位""中层部门相互分离、效率不高"。教师、学生参与程度不高除了教师、学生不够积极主动外，关键还在于学校内部的民主管理环境不够好，自上而下的单向度、命令式的行政化管理观念依然占据主导地位，也没有能够建立有效机制激发教师、学生参与学校管理的积极性、主动性，使得教师、学生认为自己只是学校管理场域中的"被管理者"甚至是"局外人"。校长负责制落实不到位与中层部门相互分离、效率不高两者具有很大的相关性，校长自身的责权利不清晰、没有边界，难以落实，就会直接影响到中层部门的工作关系，导致部门之间缺乏协作，难以提升行政工作效率。在关于"您工作时间和精力主要放在哪方面"的调查中，由高到低依次是"优化内部管理""引领教师成长""营造育人文化""领导课程教学""规划学校发展""应付社会和上级检查""参加各种会议""解决学校经费问题""调适外部环境"，百分比分别是 78.68%、78.25%、69.94%、59.49%、46.70%、36.67%、36.46%、32.20%、27.72%（见图 5－8）。虽然引领教师成长、营造育人文化、领导课程教学、规划学校发展等方面也是校长重点关注的，但优化内部管理受关注程度最高，近 80% 学校存在这一现象，表明乡村高中内部治理问题亟须改进。

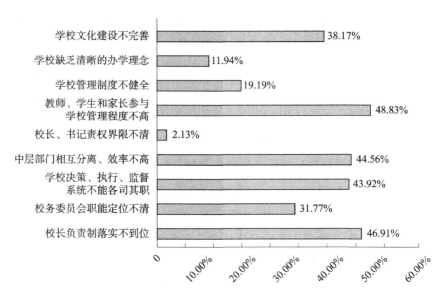

图5−7　您认为目前学校内部治理中存在的主要问题及占比

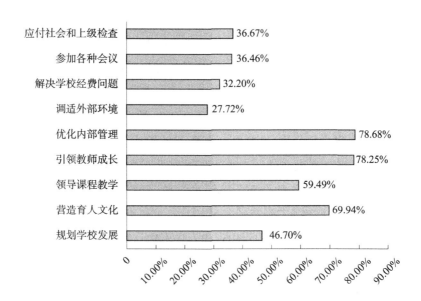

图5−8　您工作时间和精力主要放在哪方面及占比

学校管理包括"人""财""物""事""气"五大核心要素，"人"是关键，因为"人就是推动改进的关键……换句话说，找寻学校的完美，其实不过是要从中找寻人性的完美"❶。"财"和"物"是基本条件，是物质保障，是学校发展的底线要求。这里的"事"主要包括两方面：一方面，是与教育教学直接相关的形式多样的育人活动；另一方面，是与管理服务相关的各种学校管理活动。"气"是什么？也即学校的"气质"。"'气质'在这里意味着学校所秉持的理念和精神，显示了学校的整体气氛。'气质'涵盖的内容较广，包括办学理念、学校传统、学校形象、组织文化，特别是相应的学风、教风、工作作风以及领导作风等。"❷"财"和"物"属于学校办学的"硬件"范畴，在关于乡村高中的调查中，很多学校都存在经费短缺、教室实验室等硬件不足问题，这是国家在政策文件中重点强调的，比如，2016 年《国务院办公厅关于加快中西部教育发展的指导意见》指出，"加快改善乡村高中办学条件，到 2020 年，乡村高中全部达到基本办学标准。"2016 年《教育脱贫攻坚"十三五"规划》规定，各地要加大对贫困地区普通高中的投入力度，为实现 2020 年普及高中阶段教育兜住底线等。而"人""事""气"则属于学校办学的"软件"范畴，上述关于校长、教师、新课程改革及学校内部治理存在的相关问题都属于"软件"范畴的问题，在国家兜住乡村高中教育发展底线及更加重视教育质量提升的今天，乡村高中教育发展的"软件"建设越发显得重要和突出，是高中教育"后普及"时代亟须重点关注的问题，要把乡村高中教育的"软件"变得不软甚至更"硬"，才可能实现高中教育的普及攻坚任务，并最终达成高中教育的现代化发展目标。

（五）乡村普通高中教育质量不高且贡献度较低

乡村普通高中既具有为高等教育输送"拔尖人才"的任务，也具有为乡村振兴培养具有乡土情怀与知识技能的"乡土人才"的任务。故而，乡村普通高中教育的质量水平也可以通过这两个方面任务的实现程度予以衡量。就前者来说，一些实证研究表明，中国重点大学农村学生比例不断下滑，"农村生源离一流大学越来越远是不争的事实"。北京大学农村学生所占比例从 30% 跌

---

❶ 华勒斯坦，等. 学科·知识·权力 [M]. 刘健芝，等译. 北京：生活·读书·新知三联书店，1999：145.

❷ 张新平，陈粤秀. 何谓优质学校：基于 40 位教管人员的访谈研究 [J]. 教育发展研究，2011（10）：20 - 29.

至 10% 左右，清华大学 2010 级农村生源仅占 17%。2013 年，北京大学首次公布了该校的农村生源比例，3145 名本科新生中，农村学生占 14.2%。❶ 根据中国社会科学院 2019 年中国大学生追踪调查（PSCUS），农村生源学生在高职院校中所占比例高达 79.1%，在普通本科院校中所占比例为 49.1%，而在 985 高校中相应比例仅为 37.3%。虽然越来越多的农村子弟迈入大学校园，但更多的是进入高职院校和三本大学读书。❷ 另有调查显示，近 5 年农村普通高中应届生高考文考本科上线率仅在 6%~10%。❸ 有研究通过对重庆市 8 个区（县）14 所农村普通高中学校 22214 名学生开展调查表明，近 3 年，14 所学校高一、高二、高三年级辍学生总人数分别是 2287 人、1608 人、757 人，占比分别为 49.2%、34.6%、16.2%。高一年级辍学生最多，高二年级辍学生次之，高三年级辍学生相对较少。辍学率随年级的升高而递减。❹ 由此可见，乡村学生不管是考上一流大学的占比，还是高考本科上线率甚至是辍学率，都隐含着乡村普通高中学校教育在为高等教育培养"拔尖人才"方面的质量局限。

就后者而言，乡村学校在培养"乡土人才"方面存在"先天不足"及"后天营养不良"的短板，使得学校自身难以开发出有效的且凸显"乡土"特色的学校课程体系，所培养的人才更多地体现出"普遍性""通识性"，并不具有"在地性""乡土性"，坊间所说的"种地不如老子，养猪不如嫂子，生产不懂技术，致富没有门路"，即对这些"乡土人才"的形象化表达。正如有研究者所言，"学校的围墙越建越高，看守越来越严；学校的知识离生活越来越远；学校所培养的人才，心仪的目标是'高处'与'远处'，而非'此地'与'内心'。"❺ 如此的"乡土人才"无疑难以满足未来乡村建设的发展需要，难以成为乡村振兴进程中服务乡村发展的主力军，他们更多地走向城镇务工并

❶ 张亚群，张智玲. 高考招生向中西部贫困地区倾斜政策透视［J］. 考试研究，2014（1）：3-8.

❷ 李春玲. 新型城镇化与大流动环境下乡村教育发展的新征程及突破口［J］. 探索与争鸣，2021（4）：9-11.

❸ 毕石阳，申凯，余秀英，等. 新形势下农村普通高中办学思路与模式初探［J］. 教育科学论坛，2015（19）：65-67.

❹ 李志辉，王纬虹. 西部地区农村普通高中学生辍学现象研究：基于重庆市 8 个区（县）14 所学校的调查［J］. 教育理论与实践，2017（11）：21-23.

❺ 刘云杉. "悬浮的孤岛"及其突围：再认识中国乡村教育［J］. 苏州大学学报：教育科学版，2014（1）：14-19.

成为"城市陌生人"。显然，乡村普通高中为高等教育输送"拔尖人才"及为乡村振兴培养"乡土人才"的贡献度相对较低，也说明乡村普通高中教育质量整体水平不高。

第二节 乡村普通高中教育的发展逻辑

统计数据与现状调查表明，我国乡村普通高中逐渐走向式微。反观我国社会发展可以发现，进入 21 世纪以来，我国社会整体发展更加公平、更加开放、更有活力，社会经济现代化发展程度大幅提高，2010 年中国 GDP 超过日本，成为世界第二大经济体。新农村建设、乡村振兴战略等战略举措的推进，也进一步提升了乡村振兴的发展速度与质量水平，我国农村贫困人口已全部实现脱贫任务。乡村脱贫富裕了，老百姓生活质量也整体提高了。与此同时，我国教育发展也进入了新的发展阶段。

《2020 年全国教育事业发展统计公报》显示，2020 年，全国共有各级各类学校 53.71 万所；各级各类学历教育在校生 2.89 亿人。学前教育阶段，全国共有幼儿园 29.17 万所，比上年增加 1.05 万所，增长 3.75%。学前教育毛入园率达 85.2%。义务教育阶段，全国共有学校 21.08 万所，在校生 1.56 亿人，义务教育巩固率达 95.2%。全国高中阶段教育共有学校 2.45 万所，高中阶段毛入学率为 91.2%。❶ 2021 年，我国 31 个省（区、市）和新疆生产建设兵团的 2895 个县全部实现了县域义务教育基本均衡发展。我国教育发展尤其是义务教育发展实现了从"有学上"到"上好学"的跨越，教育整体上在向高质量发展阶段迈进。

与此形成反差的是，乡村教育没有与社会现代化发展及乡村脱贫"同频共振"，没有与城镇教育发展"协同进步"，而遭遇着教育现代化进程中不应有的"阵痛"与"藩篱"。对此，有学者指出，"在乡村振兴战略的大背景下，我们必须回答：新时代中国需要什么样的乡村教育，要将一个什么样的乡村教

---

❶ 2020 年全国教育事业发展统计公报 ［EB/OL］.（2021 – 08 – 27）［2022 – 11 – 29］. http：//www. moe. gov. cn/jyb_sjzl/sjzl_fztjgb/202108/t20210827_555004. html.

育带入'下一个百年'?"❶ 回答这些问题之前还需要追问为什么我国社会发展更加现代化了,乡村脱贫富裕了,乡村教育却没有"共同脱贫",乡村教育发展为何逐渐式微。乡村普通高中作为乡村教育的重要组成,究竟经历了什么样的发展逻辑。

一、裹挟式逻辑

美国经济学家斯蒂格利茨(Stiglitse)认为,21 世纪人类社会进程中对世界影响最深刻的有两件事:一是美国的新技术革命,二是中国的城镇化。城镇化是社会发展由以农业为主的传统乡村型社会向以工业和服务业等非农产业为主的现代城市型社会逐渐转变的过程。这种转变是以国家或地区社会生产力的发展、科学信息技术的进步以及产业结构的调整为基础的。我国城镇化经历了起步发展、曲折发展、停滞发展、恢复发展、稳步发展以及快速发展阶段,尤其 21 世纪以来,我国城镇化发展突飞猛进,城镇化率由 2001 年的 37.66% 增长至 2020 年的 63.89%,约 4.21 亿人由乡村进入城镇。城镇中小学学生数量也由 2001 年的 8495.4 万人,增加至 2020 年的 1.49 亿人,净增加约 6404.6 万人。城镇的数量和规模持续扩大,已成为国民经济和社会发展的主要载体。

城镇化的发展洪流奔涌向前,裹挟着乡村社会发生结构性变迁。一方面是乡村村落组织规模的变小甚至是消失,由于乡村人口急剧减少,很多村落组织规模不断变小,再加上政策性拆迁合并等,致使很多乡村走向消失。据《中国城乡建设统计年鉴(2020)》统计数据显示,2001 年我国有村庄 345.9 万个,2020 年减少为 236.3 万个,近 20 年净减少 109.6 万个。❷ 另一方面是乡村生活观念及方式的改变,乡村社会不再是一个封闭的"孤岛",城乡之间的交流和互动更加便捷与频繁,城镇社会的生活观念及方式不断浸染着、改变着乡村的现实生活。此外是乡村的"乡土文化"趋于消失,传统的节日典礼仪式不在,"乡土气息"变淡,"乡音乡愁"难觅。故而,传统的乡村社会逐渐

❶ 高书国. 重估乡村教育价值,走出中国特色现代乡村教育之路 [J]. 人民教育,2018(17):33-37.
❷ 中华人民共和国住房和城乡建设部. 中国城乡建设统计年鉴(2020)[M]. 北京:中国统计出版社,2021:138.

176

瓦解，新型的乡村社会走向重建，新型的乡村文化也处于重构之中。

如果把城镇化过程理解为一种社会制度环境建构，那么我们的社会组织或个人在这种制度环境之中则表现出一种自我发展的无意识及无力感。正如美国学者伯格（Berger）所言："社会制度不仅控制着我们的行为，而且塑造着我们的身份、思想和感情。社会制度的结构既包裹着我们，也深入我们的内心。"❶ 以至于"我们无法选择问题，我们无法选择我们的产品；我们被推着前进——被什么力量？一种制度，一种任何目标及目的都无法超越的制度"❷。这种制度使得乡村组织及个人成了"附属物"。作为乡村组织中的乡村教育在这种洪流中也未能"独善其身"，也随着这股洪流"奔流"而下。由于乡村大量人口流入城镇，乡村中小学学生数量也快速减少，据《中国教育统计年鉴》数据显示，2001 年我国有乡村学生约 1.19 亿人，2020 年减少为 3178.8 万人，共有约 8721.2 万名乡村学生流失，占比约 73.29%。再加上农村学校布局调整政策的实施，约 77.71% 的乡村学校走向消失。乡村教育发展的裹挟式逻辑使得乡村教育面临着前所未有的挑战。

二、内隐式逻辑

"城市是文明的熔炉，创新的中心，财富创造的发动机，权力的中心，吸引有创造性个体的磁石，观点、增长和创新的驱动力。"❸ "人类文明的发展，其实是以城市为核心的。"❹ 我国城乡关系的演变过程也遵循着这种以城市为中心的发展逻辑，国家在制度设计与安排、政策建构与实施、资源整合与配置以及战略规划与落实等方面都优先考虑城市，表明城市和乡村发展处于一种不平等的博弈之中，即国家以城市建设与发展为中心，以城市利益最大化为基本追求，乡村的发展要服从和服务于城市的发展需要，并通过户籍制度、土地制度、教育制度、医疗制度、劳动就业制度、财税制度以及社会保障制度等共同作用，在城乡之间筑起一道"难以逾越"的壁垒，形成城市与乡村两个具有

---

❶ 伯格. 与社会学同游：人文主义的视角［M］. 何道宽，译. 北京：北京大学出版社，2008：133.
❷ 弗洛姆. 健全的社会［M］. 孙恺详，译. 贵阳：贵州人民出版社，1994：69.
❸ 韦斯特. 规模［M］. 张培，译. 北京：中信出版社，2018：9.
❹ 徐远. 从工业化到城市化：未来30年经济增长的可行路径［M］. 北京：中信出版社，2019：71.

"天壤之别"的场域，构成我国城乡"二元对立"的社会结构。由此，一种基于城市优先发展的"城市中心主义"逻辑便成为"理所当然"，在这种逻辑运行中，乡村处于"集体无意识"状态。

这种"偏向"城市的隐性发展逻辑除了带给城市公共资源的不断集聚与优化，发展水平的不断增速与提质外，还由于"城市中心主义弥漫在中国社会的方方面面，在全社会范围内形成了一股城市中心主义的价值共识和行为认同"❶。这种价值共识通过政策制度予以规范、强化及落实。因为，"政策明显是一件'对价值观进行权威性配置'的事情；政策是对价值观的可操作性表述，是'对法定意图的表述'。但是价值观不是游离于社会背景之外的，需要问一下在政策制定中谁的价值观是有效的，谁的是无效的。因此，'价值观的权威性配置把我们的注意力集中到了政策概念中权力和控制的中心上'"❷。价值观的权威性配置使得城乡错位发展进一步"合法化"，城市逐渐成为文化价值观的"输出地"，乡村也逐步成为城市文化价值观的"浸入地"，这种"输出"与"浸入"显得"合情合理"，进而使得乡村文化成为城市文化价值观渗透的"合谋者"，共同推进乡村文化的"演变"。

作为一种内隐理论，城市中心主义价值观潜移默化地影响着乡村文化与教育。"乡村教育无论是在教学内容、教学模式上，还是在教学目标、师资条件上，都表现出了较强的城市化特征。乡村教育处于'乡村场域'，却灌输着'城市惯习'，这必然会造成'水土不服'，产生各种'不合拍'现象。"❸ "乡村学校的教育宗旨、教育导向和教学内容保持着与城市的高度一致，乡村教育关注的不是乡村的实际状况和需求，而是乡村将以何种面貌参与同外部世界（城市）的互动，学校教育与乡土生活是彼此孤立的。学校教育成为国家意志与城市价值的工具，其设置的思路内部，潜藏的是乡村的改造，这一需要又是以排除乡土社会和地方性知识的合法性来确立的。"❹ 乡村教育在这种影响下

---

❶ 文军，沈东. 当代中国城乡关系的演变逻辑与城市中心主义的兴起：基于国家、社会与个体的三维透视 [J]. 探索与争鸣，2015（7）：71－77，2.

❷ 鲍尔. 政治与教育政策制定：政策社会学探索 [M]. 王玉秋，等译. 上海：华东师范大学出版社，2003：1.

❸ 陈旭峰. 乡村社会转型对教育转型影响的机制与路径研究 [M]. 杭州：浙江大学出版社，2016：26.

❹ 王乐. 乡村教育"离土性"的话语隐喻分析 [J]. 教育研究与实验，2019（2）：10－15.

逐渐消解"乡土性""在地性"，正如库姆斯（Coombs）所言："使问题更加严重的是，这些学校学术性、城市化和现代化地区导向的课程不能适应大多数农村青年的学习需求和生活需要。而且，这些引进的教育模式使最聪明、有很强学习动机的儿童脱离他们的农村环境，正好刺激了他们移入城市的欲望，而不是促使他们留在农村发展自己的社区。"❶ "当知识的形式与集体生活脱节时，教育过程就会受到葛兰西（Gramsci）意义上的文化霸权的影响，或者用贝瑞（Berry）的术语叫作'思维支配'。"❷ 很难想象，与乡村学生的认知结构与心智意识格格不入的知识设计如何在学生的生命中真正扎根，他们如何在一次次与城市孩子的残酷竞争中胜出。这样一种既不能充盈生命又不能提供实惠的教育对乡村孩子来说，不仅是一种浪费，更可能塑造其独特尴尬的人格与生存方式——从学生时空意识的认知紧张延伸开去的，是整个一代人文化认知和生存方式的紧张，他们中的大多数既无法真切地扎根于传统乡土社会，又无法有效地被纳入现代城市社会，最终将成为漂浮无根的存在。❸ 所以，乡村教育发展的内隐式逻辑使得乡村教育在处于劣势地位的同时，也使得乡村教育越来越不像自己。

三、虹吸式逻辑

乡村与城镇是两种不同的场域，布迪厄（Bourdieu）认为，一个场域可以被定义为在各种位置之间存在的客观关系的一个网络（network），或一个构型（configuration）。❹ 在布迪厄看来，场域有两个关键特征，首先，场域是一系列关系的体现；其次，场域是一个争夺的空间。场域内存在力量和竞争，而决定竞争的逻辑就是资本的逻辑，这些附着在各个位置间的资本力量关系决定着场域的内部结构，场域中的资本既可以是经济资本、文化资本、社会资本，也可

❶ 库姆斯. 世界教育危机 [M]. 赵宝恒，等译. 北京：人民教育出版社，2001：16.

❷ 蒋福超，赵昌木. 乡村教育中的人、知识与社区：基于温德尔·贝瑞教育哲学的思考 [J]. 国家教育行政学院学报，2020（10）：43-51.

❸ 高水红. 乡村学校教育变迁与时空意识的变革 [J]. 北京大学教育评论，2012（4）：14-32，184.

❹ 布迪厄，华康德. 实践与反思：反思社会学导引 [M]. 李猛，李康，译. 邓正来，校. 北京：中央编译出版社，2004：133.

以是符号资本。作为场域的乡村与城镇，也存在各种资本力量的竞争和位置的悬殊，它们除了在各自场域内部具有资本占有多少的差异外，在两个场域之间也具有经济资本、社会资本、文化资本及符号资本所拥有量的巨大差异。城镇由于先天的发展优势以及后天的"资本注入"，其所拥有的资本在量和质上都远远优于乡村，这就在乡村与城镇之间形成了不对等的关系，也形成了乡村与城镇的位置差距。

乡村与城镇两个场域共同构成了社会场域，场域实践理论表明，城镇作为拥有更多资本的一方，代表着一个社会更发达的经济社会及文明程度，拥有更进步的技术、更高的收入、更便利的交通、更便捷的生活、更宽广的发展空间，自然在社会场域中拥有更大的"权力"和更有利的位置。乡村显然不具有这些资本优势，乡村在经济收入、知识积累、技术进步、成长空间等方面都有明显的劣势。这就会形成社会场域内部从乡村向城镇流动的现象，不断去争取拥有城镇更优质的资源以及占有更有利的"位置"。有研究指出，"人口迁移的推拉因素除了更高的收入以外，还有更好的职业、更好的生活条件、为自己与孩子获得更好的受教育机会以及更好的社会环境。"❶ 正是因为城镇拥有让个体获得美好生活的可能上升空间，故吸引着更多人才资源向城镇聚集。

这种虹吸式的发展逻辑使得乡村教育资源，尤其是优质资源更多地被城镇"吸入"。一方面，是对优质师资的吸引。正如有研究指出的，"教师流动表现出'单向上位'的特点：由乡村学校向城镇学校流动，由欠发达地区向发达地区流动，由一般学校向重点学校流动。这对师资力量本就薄弱的欠发达地区乡村学校而言，无疑是雪上加霜。"❷ 据某中学校长透露，该校离职的教师业务水平几乎都处于师资队伍的前 20%。近些年在"教师进城"风潮的影响下，该校中青年骨干教师所剩寥寥，学校教学质量受到严重影响。❸ 统计显示，2015 年以来，城镇高中专任教师高级职称占比比乡村高中分别高出 7.96、

---

❶ 李强. 影响中国城乡流动人口的推力与拉力因素分析 [J]. 中国社会科学，2003 (1)：125 - 136，207.

❷ 张晓峰，叶青，于天贞. 乡村学校师资困境：表现、归因与纾解 [J]. 教师教育研究，2019 (5)：123 - 128.

❸ 张晓峰，叶青，于天贞. 乡村学校师资困境：表现、归因与纾解 [J]. 教师教育研究，2019 (5)：123 - 128.

8.32、7.76、7.63、7.93 个百分点，研究生学历占比比乡村高中分别高出 1.46、1.38、1.2、1.03、0.85 个百分点；城镇初中专任教师高级职称占比比乡村初中分别高出 5.08、4.28、3.49、2.9、2.17 个百分点，专任教师本科学历占比比乡村初中分别高出 9.41、8.82、7.45、7.18、6.82 个百分点。这意味着我国城镇优质师资资源要明显好于乡村。另一方面，是优质的生源。乡村学生的减少除了就地城镇化变为城镇学生外，还有就是优质生源进入城镇。统计表明，各县、区（地区）高中招生中，20% 左右的优质生源进入一类高中，25% 左右的次优生进入二类高中，剩下的中差生进入三类和农村普通高中学校。加上跨地区优质生源流动，农村普通高中的生源状况进一步恶化。❶ 正如有研究所指出的，毕业生、师资力量向发达地区的聚集，也导致农村高中发展质量的下滑。这就导致费孝通先生所说的以"乡村地区向城市输送人才，这部分人力资源再通过告老回乡等方式，回流到乡土社会，并广泛参与到乡村社会的管理和乡土社会秩序的构建之中"为循环路径的人力资源双重循环回路断裂。反而形成的是"农村学生到县级以上学校念高中，导致农村高中生源匮乏；农村学生通过高考跳出'农门'，不再回去投身农村建设，又导致农村高中师资匮乏"的恶性循环。❷ 故乡村教育发展的虹吸式逻辑使得乡村学校优秀教师大量流失、优质生源急剧减少，这无疑进一步影响着乡村教育质量水平的整体提升。

四、嵌入式逻辑

管理体制是指管理系统的结构和组成方式，涉及系统的机构设置、职责范围、隶属关系、权力划分和运行机制等方面。管理体制对系统组织的改革与发展方向、速度、规模有重要影响。我国教育管理体制作为管理体制的组成部分，大致可以分为三级，即中央（教育部）、地方（省、市、县）及基层（乡镇、村）。我国行政管理体制基本上分五级，即中央政府、省（直辖市、自治

---

❶ 毕石阳，申凯，余秀英，等. 新形势下农村普通高中办学思路与模式初探［J］. 教育科学论坛，2015（19）：65 – 67.
❷ 蒋承，刘霄，戴君华，等. 当前农村高中教育的发展瓶颈与应对策略［J］. 中国教育学刊，2018（1）：56 – 60.

区）政府、地级市（自治州、盟）政府、县（区、旗、县级市）政府、乡（镇）政府。比较而言，作为基层组织的行政村则不属于行政体制范畴，且在实际运行中，由于行政体制是一种垂直领导体制，乡（镇）政府的实际作用受到很大影响。有调查显示，这种机构垂直管理对乡镇的影响是巨大的，导致乡镇功能不全，行政错位，调度失灵，并进而影响科学决策的弊端已日益显现，乡镇已日益成为"半边政府"和不完全政府。● 2001年，《国务院关于基础教育改革与发展的决定》（以下简称《决定》）规定"实行在国务院领导下，由地方政府负责、分级管理、以县为主的体制"。这无疑进一步表明，作为基层组织的乡镇和村在办学过程中的"失势""失位"与"失责"。虽然该《决定》也要求"乡（镇）人民政府要承担相应的农村义务教育的办学责任。乡（镇）、村都有维护学校的治安和安全、动员适龄儿童入学等责任"，但事实上，学校与乡村已逐步走向"渐行渐远""貌合神离"的状态。

乡村教育是"乡村"与"教育"的组合，因为乡村需要教育，教育也能够为乡村提供智力支撑，乡村需要为教育付出，教育也需要融入乡村，这才是乡村教育的本来意蕴。"貌合神离"绝不是乡村教育的本意，但事实是"一个严酷的现实，'乡村'与'教育'的隔离。学校与乡村分属两个不同系统，各有各的目标和任务。乡村与学校已形成物理性与精神性的隔离，彼此之间没有任何法定义务和行政责任。农村教育虽然身处乡村社会，却完全独立于乡村社会"●。乡村逐渐地从乡村教育中隐退，仅仅成为乡村教育的"栖息地"，乡村教育也逐步独立于乡村，成为"嵌入"乡村的存在。因此，"学校有它看得见与看不见的围墙，它只是通过农民的子弟才同乡村社区发生关系。在成片的农舍与田野中间显得既特别又孤单，它居于乡村，为乡村而设，却又不同于乡村，农民们从学校边走过，总带着关注而又疏远、陌生但又不无艳羡的眼光看着那漂亮的楼房与高高飘扬的国旗。"●

"嵌入"乡村的教育已经失去了乡村教育的意蕴，这种嵌入式发展逻辑，

● 洪晓静，吴倩. 乡镇是什么？：湖南省衡阳市机构垂直管理后乡镇境况调查［J］. 调研世界，2008（10）：28.

● 薛晓阳. 乡村教育与乡村建设的政策隔离及问题：以农村教育的文化责任和乡村义务为起点［J］. 清华大学教育研究，2018（2）：52-59.

● 李书磊. 村落中的"国家"：文化变迁中的乡村学校［M］. 杭州：浙江人民出版社，1999：13.

一方面没有体现出乡村教育的"内生性","嵌入"的字面意思是"牢固地或深深地固定或树立""紧紧地埋入""镶入"。不管是固定、埋入,还是镶入,都意味着教育是外在于乡村的,没有与乡村融合为一体,实现融合发展。乡村教育既没有更好地扎根乡村,也没有更好地融入城镇,既与乡村"同床异梦",也与城镇"朝三暮四",乡村教育在这种"漂浮"中摇摆不定,逐步迷失自我,找不准定位,找不到方向,看不清未来,难以激发内生动力并形成自身特色。另一方面没有体现出乡村教育的"乡土性",尤其表现在人才培养质量的"乡土性"上,很大程度上是乡村教师的"去乡土化"所致。本来"乡村教师在近代史上的整体群像不只是教书先生,而是具有乡土情怀、勇于担当改造社会和救国重任的公共知识分子形象",[1] 但现实教师却是"通常游离于乡村社会之外,其居所更多集中在镇上而非村落,其居家装饰、穿衣打扮、言谈举止等也更有意识地远离乡土气,在生活空间上只与学生相关的家长接触而较少直接与乡村社会发生关系"。[2] 因此,乡村教育发展嵌入式逻辑使得乡村教育逐步失去了乡土气息,也失去了自身特色。

---

[1] 申卫革. 乡村教师文化自觉的缺失与建构 [J]. 教育发展研究, 2016 (22): 47 – 52.
[2] 高水红. 乡村学校教育变迁与时空意识的变革 [J]. 北京大学教育评论, 2012 (4): 14 – 32.

第六章　乡村普通高中校长发展困境的超越

通过对乡村普通高中发展政策、统计数据以及现状调查的分析，得出乡村普通高中校长的发展困境主要来自两个方面。一是外部困境，即乡村普通高中的发展困境。从一定意义上说，乡村普通高中面临的困境与挑战是校长面临的最大发展困境与挑战，这是校长自身难以解决的，需要国家、社会共同作用于乡村普通高中的发展，以乡村教育高质量发展解决校长发展的外部困境。二是内部困境，即乡村普通高中校长自身的发展困境。一个好校长就是一所好学校，乡村普通高中校长面临着自身理论知识缺乏、能力素质不高等局限，难以更好地引领乡村普通高中走向高质量发展，需要校长不断提高自身综合素质，实现对校长内部发展困境的超越。

第一节　推进乡村教育高质量发展

当下我国乡村教育发展面临着城镇化"挟持"下日益荒芜凋敝的窘境，面对城镇化建设洪流，乡村教育的出路在哪里？根据国家统计局公布的数据，2011 年我国城镇率为 51.27%，2020 年增长至 63.89%，近 10 年年均增长 1.26 个百分点。如果未来我国城镇化进程能够以近似于年均增长 1% 的发展态势持续下去，那么 2030 年的城镇化率将达到 70% 左右。20 世纪 70 年代，美国地理学家诺瑟姆提出一条描述城镇化发展过程的经验曲线，将城镇化进程大致分为三个阶段：第一阶段为初期，城镇化水平为 30% 以下，该阶段城镇化增长速度比较缓慢；第二阶段为中期，城镇化水平为 30% ~ 70%，该阶段城镇化加速发展；第三阶段为后期，城镇化水平超过 70%，该阶段城镇化增长速度缓慢。❶这表明，未来 10 年我国城镇化仍将处于加速发展阶段。根据"诺瑟姆曲线"理论显示，当城镇化水平超过 70% 以后，城镇化增长速度缓慢。当城镇化水平达到 80% 左右时，城镇化水平几乎处于收敛状态❷，其后将长期稳定在这一水平甚至可能会出现"逆城镇化"现象。

据统计，2018 年广东省城镇化率达 70.7%，2019 年江苏省城镇化率达 70.6%，将与 2030 年全国城镇化率平均水平大体相当，那么广东省、江苏省的乡村学生及乡村学校情况如何呢？据《中国教育统计年鉴》统计数据显示，2018 年广东省乡村小学生数量为 1678536 人，乡村初中生数量为 321726 人，乡村普通高中生数量为 93915 人，占比分别约为 17%、8.6%、5.1%。乡村小学学校数为 4398 所，乡村初中学校数为 594 所，乡村普通高中学校数为 63 所，占比分别约为 42.7%、16.4%、6.2%。2019 年江苏省乡村小学生数量为 570594 人，乡村初中生数量为 99402 人，乡村普通高中生数量为 11220 人，占比分别约为 10%、4.1%、1.1%。乡村小学学校数为 1047 所，乡村初中学校数为 183 所，乡村普通高中学校数为 6 所，占比分别约为 25.2%、8.2%、1%。广东省、江苏省乡村学校发展现状说明我国乡村学校在未来 10 年不会消失。

另据统计，2019 年北京市城镇化率达 86.6%，2019 年北京市乡村小学生数量为 63224 人，初中生数量为 17329 人，普通高中生数量为 5267 人，占比分别约为 6.7%、5.6%、3.4%。乡村小学学校数为 238 所，初中学校数为 56 所，普通高中学校数为 20 所，占比分别约为 25.3%、16.7%、6.3%。2020 年天津市城镇化率达 84.7%，2020 年天津市乡村小学生数量为 89862 人，初中生数量为 29671 人，普通高中生数量为 3409 人，占比分别约为 12.3%、9.2%、2%。乡村小学学校数为 292 所，初中学校数为 64 所，普通高中学校数为 4 所，占比分别约为 33%、18.6%、2.2%。北京市、天津市乡村教育发展状况表明，当城镇化水平达到甚至超过 80% 时，乡村教育仍将继续存在，并不会消失。从国际上看，发达国家的农业就业人口占比都比较低，比如，

❶ 李国平，孙瑀. 面向 2030 年的中国城镇化及其区域差异态势分析 [J]. 区域经济评论，2020 (4)：72 – 81.

❷ 李国平，孙瑀. 面向 2030 年的中国城镇化及其区域差异态势分析 [J]. 区域经济评论，2020 (4)：72 – 81.

2015 年，美国、日本、德国、英国及法国农业就业人口占比分别为 1.63%、3.58%、1.39%、1.13%、2.71%，而我国农业就业人口占比为 28.3%。[1] 这意味着城镇化仍将是我国未来社会经济发展的重要主题。乡村教育未来发展只能"顺势而为"，继续走教育城镇化发展之路。

根据《中国统计年鉴》数据计算发现，2001—2020 年，我国城镇建成区面积增长了 60.43%，而城镇常住人口仅增长了 46.71%。表明人的主体地位被忽视，"物的城镇化"现象非常突出。美国学者格莱泽（Glaeser）指出："我们必须从'把城市看作是城市中的建筑'这种倾向中摆脱出来。永远不要忘记，真正的城市是由居民而非由混凝土组成的。"[2] 2013 年我国政府提出"以人的城镇化为核心"的新型城镇化发展战略，2014 年中共中央国务院印发《国家新型城镇化规划（2014—2020 年）》，并对"以人的城镇化为核心"作出全面规划。"人的城镇化"就是指作为城镇化主体的人自身的生产方式、生活方式、文明素质和社会权益所发生的重大变化，是居住在乡村的人们进入城镇现代文明体系的过程。[3] "人的城镇化"建设固然要以"物的城镇化"为基础，但不能对"物的城镇化"形成"误识"，进而影响"人的城镇化"发展。故而，在人的城镇化发展背景下，实现乡村教育高质量发展，需要关注以下几个方面。

一、制定乡村学校发展规划及国家标准，并构建精准帮扶体系

乡村学校在城镇化发展影响下逐渐趋于萎缩凋敝，而鉴于乡村与乡村教育的家国意义，需政府高度关注乡村、乡村教育，以及乡村学校的存续与发展问题。具体而言，可通过制定乡村学校发展规划，有计划、有步骤、有目的地改进乡村学校发展的不利境况，推进城乡教育一体化发展。《乡村振兴战略规划（2018—2022 年）》指出，到 2020 年，乡村振兴的制度框架和政策体系基本形成。到 2022 年，乡村振兴的制度框架和政策体系初步健全。到 2035 年，乡村

---

[1] 徐远. 从工业化到城市化：未来 30 年经济增长的可行路径 [M]. 北京：中信出版社, 2019: 82.

[2] 格莱泽. 城市的胜利 [M]. 刘润泉, 译. 上海：上海社会科学院出版社, 2012: 14.

[3] 李强, 王昊. 什么是人的城镇化? [J]. 南京农业大学学报：社会科学版, 2017 (2): 1-7.

振兴取得决定性进展，农业农村现代化基本实现。到 2050 年，乡村全面振兴，农业强、农村美、农民富全面实现。乡村学校建设需要与乡村振兴时间表、路线图实现同频共振，甚至要先于乡村振兴规划进度。乡村学校发展规划要体现出以下特点：一是要注重发展规划的方向性。发展规划要体现新时代乡村振兴的发展理念、主要任务与发展目标，基于理念引领、任务驱动与目标导向，构建起与乡村振兴"同频共振"的乡村教育发展体系。二是要注重发展规划的现代性。就是要求乡村教育在坚持以人民为中心的发展思想基础上实现高质量发展。三是要注重发展规划"为农"性。就是要规避"城市中心主义"政策逻辑，要真正体现乡村教育发展的价值追求、课程内容及文化内涵等。

在城乡经济社会一体化发展背景下，城乡教育一体化发展的学校建设国家标准的研制与实施尤其关键。城乡学校建设发展，没有统一的标准或有了标准没有能够真正落实，都不利于乡村学校建设与发展。乡村学校发展本来就处于弱势位置，需通过强有力的国家标准及政策支持，才可能落实乡村学校发展所应该享有的资源条件，保障其发展的基本底线，实现城乡学校发展的共同"富裕"。这也正是习近平总书记所指出的，在共同富裕的路上，一个都不能少，一个都不能掉队。国家标准就是要兜住底线，决不让乡村学校发展在城乡教育共同"富裕"的路上"缺失"与"掉队"。乡村学校建设国家标准有助于实现城乡教育现代化、一体化发展，实现城乡教育共同体的真正构建；有助于弥补乡村教育发展的短板、不足，实现城乡之间、校际之间均衡优质发展；有助于规避政府投资办学的"厚此薄彼"现象，减少人为因素带来的学校之间发展的不平衡，实现城乡学校"共同富裕"。

相较于城镇学校来说，乡村学校还处于弱势地位，存在"先天不足"与"后天营养不良"的状况。不管是在软件资源、硬件条件还是在生源来源上，都难以与城镇学校相提并论，其需要先发展的城镇学校伸出帮扶援助之手，共同致力于乡村学校的发展建设。精准帮扶体系需要重点考虑：一是帮扶价值目标在于实现乡村学校发展质量持续提升，要真正明确帮扶目标，基于目标驱动，实现对乡村学校发展建设的质量提升，真正消除乡村学校的"贫困"现象；二是帮扶机制上要建构"政府牵头、社会联动、学校主动"的协同发展机制，该机制是政府、社会及学校共同作用的结果，政府牵头是前提，社会联动是支撑，学校主动是根本；三是帮扶内容上重点关注乡村学校师资队伍建设、课程体系建构、学校内部治理、学校文化建设、学校精神凝练等，帮扶内容具有整体性、系统性，需要对学校办学理念、课程体系、内部治理、文化建设及师资队伍等进行全面的指导与帮助，实现乡村学校发展的内涵深化与特色提升。

二、以"乡村振兴战略"推进为契机，整体设计乡村教育在地化发展

既然城镇化大潮并没有完全"吞噬"乡村教育，且乡村教育在整个教育体系中仍然占据一定的比例，那就应该在城镇化发展的同时更好地规划和发展乡村教育，因为"如果乡村教育还没有实现现代化，我们就不能说中国教育实现了现代化"。❶《乡村振兴战略规划（2018—2022年）》要求，"统筹规划布局农村基础教育学校，保障学生就近享有有质量的教育。科学推进义务教育公办学校标准化建设，全面改善贫困地区义务教育薄弱学校基本办学条件，加强寄宿制学校建设，提升乡村教育质量，实现县域校际资源均衡配置。……实施高中阶段教育普及攻坚计划，提高高中阶段教育普及水平。……推动优质学校辐射农村薄弱学校常态化，加强城乡教师交流轮岗。……落实好乡村教师支持计划，……建好建强乡村教师队伍。"2021年《中共中央国务院关于全面推进乡村振兴加快农业农村现代化的意见》指出，"提高农村教育质量……继续改善乡镇寄宿制学校办学条件，保留并办好必要的乡村小规模学校，在县城和中心镇新建改扩建一批高中和中等职业学校。……推进县域内义务教育学校校长教师交流轮岗，支持建设城乡学校共同体。"显然，发展有质量的乡村教育是乡村振兴的重要内容，乡村振兴的深入推进离不开乡村教育的高质量发展，乡村教育也必须在乡村振兴进程中发挥出应有的作用与价值，我们要以乡村振兴战略推进为契机，真正回归"乡土本位"，全面加强和深化乡村教育发展。

一是注重乡村教育空间的在地性和特色的差异性。"空间不是使人类或事物排列的环境，而是使人或物得以成为可能的条件。"❷"儿童的生活经验无时

---

❶ 邬志辉. 乡村教育现代化三问 [J]. 教育发展研究，2015（1）：53-56.

❷ 庞蒂. 知觉现象学 [M]. 姜志辉，译. 北京：商务印书馆，2001：310.

无刻不受到空间和地方的限制和影响，不同的区域、文化和环境下呈现着明显的'当地'特征。"❶乡村教育不能没有"根"，其"根"就在乡村，离开了乡村空间就不是乡村教育了，其最大的特色是"乡土性"。乡村不同于城市，就在于它有乡土气息和人间温情。乡村教育要延续乡村的血脉，就不能丢失"乡土气息"。要基于乡村振兴的需要，开发乡村教育资源，开设乡村独有的课程，寻找适合乡村儿童的教育活动，让乡村儿童沐浴在自己的文化之中，而不是成为城市文化的"异乡客"。在乡村振兴的战略下，建设好乡村学校，引导城市"异乡客"重新回归乡村，成为乡村教育的主人。乡村教育必须突破普通教育、学校教育的藩篱，走出"应试教育"的误区，走向"为农"之路，为乡村儿童打造适合他们的发展之路。❷因此，要充分利用乡村空间的未来发展可能性，注重乡村物理空间、人文空间、市场空间及社会心理空间的有机结合，创新性地建构乡村教育的乡土性特色。

二是乡村教育文化的再生。文化只有内生才具有生命力，缺乏内在"根基"的文化注定走向衰落。对于乡村基础教育及贫困学生而言，"基本条件的改善与学位的保障是重要的，但却不是根本的；是必要条件，却不是充分条件。教育的根本是以文化人，文化才是教育的内在支持，乡村教育的内在发展与提升必须上升到文化的层面。"❸德国历史学家斯宾格勒（Spengler）认为，"每一种文化都植根于她自己的土壤，各有自己的家乡和故土观念，各有自己的风景和图像。"❹"乡土教育应以乡土为根，乡土文化是丰富的教育资源。我们需要重新思考：什么知识是适宜的？这些知识既要养智，还要养财，能传承父辈的生计方式，有一技之长；更为重要的，这些知识还要养心养性，能让乡村的孩子有归属感，有安全感。故土的风物人情、家乡的历史与文化，如同母亲温暖的怀抱，是他们有底气的根基所在。"❺所以，乡村教育要在吸收"城市中心主义"文化有机内核的同时，必须发展再生出符合乡村教育内涵的文化，比如，

❶ 彭辉，边霞. 让生命在场：儿童教育的空间向度：兼论西方空间理论对儿童教育的观照 ［J］. 教育研究与实验，2018（2）：15 – 20.

❷ 冯建军. 从同一性到差异性：重构乡村教育的正义之维 ［J］. 探索与争鸣，2021（4）：22 – 24.

❸ 刘铁芳. 乡土的逃离与回归：乡村教育的人文重建 ［M］. 福州：福建教育出版社，2011：13 – 14.

❹ 曾天山. 有文化的学校才是一所好学校 ［J］. 中国民族教育，2021（3）：18.

❺ 刘云杉. "悬浮的孤岛"及其突围：再认识中国乡村教育 ［J］. 苏州大学学报：教育科学版，2014（1）：14 – 19.

乡村学校课程要在统筹国家课程的基础上，积极建构体现乡土文化的课程体系。

三是发现、重估乡村教育价值。乡村教育尤其是乡村基础教育是传授基础知识、基本技能，提升村民受教育年限和基础素质的重要保证。乡村基础教育是教育振兴乡村的内在要求，能够为乡村留住孩子、留住教师、留住劳动力、留住希望，也是乡村文化得以传承、精神家园得以丰富、乡村价值认同感和归属感得以强化的基础。发展乡村教育，就是要恢复乡村学校的琅琅读书声，培养传承乡村文化的主体。乡村教育不能局限于学校之中，而是要以晏阳初、梁漱溟、陶行知等思想家的社会大教育的观念，把乡村教育与乡村文化建设联系起来，深入挖掘、继承创新优秀传统乡土文化，使乡村学校成为乡村文化、文明建设的中心，发挥乡村教育在乡村文化、文明建设中的核心作用，推动形成文明乡风、良好家风、淳朴民风，赋予朴素的乡村文化以新的时代内涵。[1] 乡村学校的价值坐标在于主动与当地乡村社区建立各种联系，争取更多的教育资源，发挥更大的作用，彰显其独特的价值。例如："勤工俭学、农业示范"模式，以山西省芮城县风陵渡中学为代表；"村校一体"模式，以山西省柳林县前元庄学校为代表；"校田地"模式，以吉林省永吉县第二十二中学等校为代表；"社区资源综合利用"模式，以河北省青龙县马丈子小学、陕西省铜川市耀州区官庄镇中学为代表；"公司＋农户＋学校"模式，以四川省蒲江县永佳学校为代表等。[2] 应充分认识并利用好乡村教育的价值，以便于更好地发展乡村教育，振兴乡村教育。

三、以"城—乡连续性发展"为方法论，实现城乡教育现代化的一体化发展

"世界并无城—乡二元的事；若有什么的话，那就是城—乡连续性（urban - rural continuum）。"[3] "100多年前城市规划学的一位奠基人曾讲过这样一句话：

---

❶ 冯建军. 从同一性到差异性：重构乡村教育的正义之维 ［J］. 探索与争鸣，2021（4）：22-24.

❷ 袁桂林. 确立农村学校教育的价值坐标 ［J］. 中小学管理，2019（2）：1.

❸ 克鲁帕特. 城市人：环境及其影响 ［M］. 陆伟芳，译. 上海：上海三联书店，2013：21.

'城市和农村必须像夫妇那样结合，才能出新的本领.'"❶ 新型城镇化建设和乡村振兴战略是城乡一体化融合发展的"两翼"，共同构成我国城乡经济社会整体性发展的战略举措和实践路径。城乡一体化融合发展的显著表征是城乡共生共荣的高质量发展关系，是城乡"二元对立"的社会结构转向"二元消解"的整体融合发展的状态。过去，乡村为城市现代化发展作出了应有的贡献，也付出了沉重的代价，今天乃至未来，城市理应反哺乡村，共同推进社会现代化发展。故而，城乡教育也应该统筹协调，走向优质协同差异化发展，在乡村教育被城镇化之时，城镇教育也要主动吸纳、衔接、帮扶乡村教育，既不能再现"过度教育城镇化"现象，也要避免"乡村教育空心化"现象。

"就教育实质而言，实际上并没有乡村与城市之别，只有教育与非教育、好教育与坏教育之分。"❷ 由于本来并无城—乡二元的事，故实现城乡教育现代化发展就需要我们不断消弭人为形成的城乡"二元对立"的教育发展不均衡、不对等状态。

首先，创新城乡教育一体化发展的思维观念。一方面，需要有城镇教育"乡村化"发展思维。这里的"乡村化"并不是要求城镇要像乡村一样办教育，办乡村的教育，而是要以一种科学与人文相互辩证的思维来设计和调整教育发展思路，要求城镇教育中渗透乡村元素，让城镇教育发展不失乡村的美质。早在20世纪三四十年代，林语堂就谈到老北京如何融入"乡土"特色的问题，他说："北京城宽展开阔，给人一种居住乡间的错觉，特别是在那秀木繁荫的庭院，在那鸟雀啾啾的清晨，这种感觉更加强烈。""北京有的是静寂。它是一个住宅的城市，在那里每一个人家都有一个院落，每一个院落中都有一缸金鱼和一棵石榴树，在那里菜蔬都是新鲜的，而且梨子是真正的梨子，柿子也是真正的柿子。北京是一个理想的城市，在那里每一个人都有呼吸的空间，在那里乡村的静寂跟城市的合适配合着。"❸ 这种发展思维也是我们今天城镇教育发展需要借鉴的，有助于规避城镇化发展带来的教育病症。另一方面，也

---

❶ 赵秀玲. 中国城镇化发展与城乡治理向度：以台湾城乡治理为例 [J]. 求索，2014（1）：75 - 80.

❷ 刘铁芳. 探寻乡村教育的基本精神 [J]. 探索与争鸣，2021（4）：15 - 18.

❸ 赵秀玲. 中国城镇化发展与城乡治理向度：以台湾城乡治理为例 [J]. 求索，2014（1）：75 - 80.

需要有乡村教育"城镇化"发展意识。这里的"城镇化"也不是要求乡村要像城镇一样办教育，办城镇的教育，而是要求在当前城镇化发展潮流下，乡村教育不能"无动于衷""坐以待毙"，既要主动适应"被城镇化"发展的不适，也要苦练内功，提质增效，深化乡村教育的发展内涵与提升发展质量，主动与城镇教育有机衔接。不管是城镇教育"乡村化"发展思维，还是乡村教育"城镇化"发展意识，其目的在于实现城乡教育的一体化融合发展，消弭二者之间的发展"鸿沟"，进而实现教育现代化的发展愿景。

其次，创新城乡教育一体化发展的体制机制。2018 年，中共中央办公厅、国务院办公厅印发的《关于建立健全基本公共服务标准体系的指导意见》指出，"要建立健全基本公共服务标准体系，规范中央与地方支出责任分担方式，推进城乡区域基本公共服务制度统一。"教育尤其是义务教育作为基本公共服务对象，需要在体制机制上突破城乡"二元对立"状态，改变过去城市中心、城市优先发展机制，建立"上下统一、城乡统筹、多方参与、协同发展"的教育管理机制，以标准化手段优化教育资源配置、明确权责关系、规范服务流程、提升服务质量。比如，四川省成都市确立"以城带乡、整体推进、城乡一体、均衡协调"的城乡教育一体化发展机制，一体化达成度由2010 年的 78.1% 提高到 87.6%。天津市通过校长教师轮岗交流、学区化办学、九年一贯制办学、引进高校资源、集团化办学等多项均衡措施，陆续推出近百所"百姓身边的好学校"。内蒙古自治区对不足 500 人的学校按 500 人拨付生均公用经费，超过 1200 人的学校按 1200 人拨付生均公用经费，既保证小规模学校正常运转，也遏制大校额产生等。●

最后，建立城乡教育一体化发展的差序格局。城乡教育一体化发展并不是要求城乡教育"同样化"发展，而是要在尊重差异的基础上，凸显城镇与乡村教育的特色化发展，在城镇教育获得优质特色发展的同时，应构建起"小而美、小而优"的乡村学校。"小"指的是乡村学校的规模，小规模乡村学校不仅能方便学生就近入学，而且由于实行小班化教学，师生比高，师生关系密切，有利于对学生情感和性格的培养，有利于实施个性化教育。"美"指的是

● 教育部. 各地有序推进城乡义务教育一体化改革发展 [EB/OL]. (2017 - 10 - 11) [2022 - 11 - 29]. http://www.moe.gov.cn/jyb_sjzl/s3165/201710/t20171011_316086.html.

环境，包括校园环境、教室环境、周边环境，以及师生精神风貌等方面的美化。通过建设美丽校园、打造美丽班级、创建美丽课堂、选树美丽教师和评选美丽学生等形式，以达到"以美启智、以美育德、以美怡情、以美健体"的目的。"优"指的是品质，包括学校拥有优秀的师资队伍、充足的办学经费、优质的办学条件和优良的教学效果等。通过培养并留住优秀的师资和充裕的教育投入，让这些"小而优、小而美"的学校成为高质量教育的同义语，让乡村的学生都能享有公平和高品质的教育，这应该是现代学校尤其是乡村学校的基本面貌。❶ 乡村教育应该致力于培养乡土文明观的生态教育，不能只限于教会学生考和读，还要使其懂得怎样"理解生存"，不能只追求"走出去"的城市生活，更要怀有一颗"在其中"的知土爱乡的心，认识脚下的土地，理解"生命存在"的意义和价值。乡村学校需要提高对乡土中国的认识，觉识文化的担当，认可乡村文化和乡民身份的价值，通过课程化的转换，将乡土资源引入课堂，❷ 从而让"乡土性知识与文化"更好地服务于乡村教育和乡村人才发展，最终形成"各美其美，美人之美，美美与共，天下大同"的城乡教育整体高质量和谐发展的局面，让教育真正造福于民。

四、激发学校发展活力，形成教育自觉，走内涵发展之路

在国家大力倡导教育优质均衡发展以及推进乡村振兴战略的背景下，努力办好乡村教育、守住乡村的精神家园无疑是重要举措，乡村教育理应在这一过程中承担起应有的责任与使命，发挥出自己应有的作用与价值。这就需要乡村学校实现转型发展，构建起具有乡村文化气息与生命力、体现乡村学校独特"气质"的文化特征，走内涵发展之路，进而筑牢乡村学校教育的育人底蕴。没有乡村学校的教育自觉，没有形成学校的活力激发，没有乡村学校内生动力的形成，仅靠外在力量的影响则难以真正实现质量的提升。访谈中有的校长认为，"学校信息不通畅，观念更新慢。建校农村，学习机会少，学习素质差，

---

❶ 陶芳铭. 逃离与坚守：乡村教育的现实困境与路径选择：基于 A 省 N 县的调研 ［J］. 现代教育科学，2021（3）：1－6.

❷ 王乐. 乡村教育"离土性"的话语隐喻分析 ［J］. 教育研究与实验，2019（2）：10－15.

业务素质不高。办学体制评价机制制约发展，我们是永远的矮子。"这种"矮子"思想要不得，需要乡村高中准确自我定位，正视自身差距，挖掘自身潜能，自觉提高自身学习力，形成学校发展的教育自觉。

2020年，教育部等八部门发布的《关于进一步激发中小学办学活力的若干意见》指出，深化教育"放管服"改革，落实中小学办学主体地位，增强学校发展动力，提升办学支撑保障能力，充分激发广大校长教师教书育人的积极性创造性，形成师生才智充分涌流、学校活力竞相迸发的良好局面，推动基础教育公平发展和质量提升。要保证教育教学自主权、扩大人事工作自主权、落实经费使用自主权等。

一方面，要加快现代学校制度建设进度，进一步扩大校长的办学自主权。现代学校制度是建立在新型政校关系以及教育发展与人的身心和谐发展的基础上，关注政府与学校、学校与家庭及社区的有机统一，渗透着教育质量与效率、公平与民主的和谐发展并具有伦理价值取向的一套制度规则体系。现代学校制度建立的前提就是要改变长期以来政府与学校之间的依附关系，转变政府的教育行政职能，把权力逐渐下放，落实学校的办学自主权。权力下放也意味着教育决策权的重新分配，要求教育行政机构改变传统的对学校实行全过程、全方位控制的方法，转而通过政策引导、拨款、中介组织、督导、信息服务等各种间接手段，对学校进行宏观调控，以保证政府目标的实现和学校公正、公平及合理有效地运用得到的权力。

另一方面，要实现学校内部管理的改革与创新，走协同共治之路。研究表明，乡村学校内部治理问题比较突出，学校治理过程中存在主体职责不明、关系不顺、协调不力、能力不足、效率不高等问题，致使学校内部缺乏凝聚力、向心力、改革力及创新力，需要学校优化内部治理体系，不断提升治理能力。一是要形成主体意识，形成治理合力。学校治理绝不是校长一个人的事情，绝不是自上而下的单向度命令式的管理，而是需要政府、学校、社会组织、家庭及其利益相关者发挥治理主体的作用与价值，实现协同共治。二是要建立治理机制，激发活力。学校要建立激励、监督、评价及奖励机制，要让学校每个部门、每个个体都有发挥优势、施展才华的平台与机会，激发学校内部发展的活力。三是提升治理能力，提高治理质量。学校需要进一步加强对治理主体的理论认知力、信息收集处理力、组织协调力、决策参与力、教育领导力、政策执行力等方面的培养，发挥学校的"元治理"作用，进而提高学校内部治理的质量水平。乡村学校办好了，教育质量提升了，相信许多离开的乡村孩子，还会回来。乡村学校，应该有回暖的时候。比如，北京市乡村高中数量由2012年的最低值8所增加至2020年的19所；山东省乡村高中数量由2013年的最低值9所增加至2020年的30所。其或许能印证乡村学校有回暖的空间与可能。

五、建好校长和教师队伍，保障乡村教育质量的生命线

乡村教育高质量发展需要有一支高素质、专业化且热爱乡村教育的校长队伍，需要国家真正关注关心这支队伍的发展建设，包括校长选拔任用、培训培养、交流轮岗、环境营造等。就选拔任用来说，应针对乡村教育发展的特点，选拔任用一批熟悉乡村文化、热爱乡村教育、具有专业水准、理论基础扎实、领导力水平很高的校长，把好乡村教育校长的入口关。就培训培养而言，虽然很多乡村校长都接受过诸如校长任职资格培训、在职校长提高培训、骨干校长高级研修培训、专项专题培训等培训，但他们反馈多数培训层次较低、质量不高，达不到预期的效果。故而应更加注重培训层次及质量的提升，从国家和省级层面给他们进行专门培训，5年内实现乡村学校尤其是乡村高中校长培训的全覆盖，以更宽的视野、更高的标准、更有效的内容和更灵活的形式提升校长培训培养的质量水平。《"十四五"县域普通高中发展提升行动计划》指出，"要将普通高中新课程新教材实施和高考综合改革重点任务以及新方法新技术应用作为培训重要内容，不断提高校长办学治校能力和教师教育教学水平。"访谈中有的校长就指出，"校长亟需拓展办学视野，优化治校方略，希望能提供向国内乃至国际优秀高中学习的机会，开展交流，学习经验，增长见识，做一位好校长。"就交流轮岗来讲，一方面，要实现区际之间、区域内部的交流轮岗；另一方面，要实现长期、中期及短期的交流轮岗、挂职学习、跟岗锻炼等。要真正让校长流动起来，实现校长管理智慧的共享及办学质量的提升。就环境营造而言，要减少不必要的行政干预，向校长放权赋权，激发校长办学的内在动力，实现"做整个校长"的价值诉求。正如陶行知所言："整个的学校

应当有整个的校长，不应当有命分式的校长。"❶ "每位校长，无论目前在位或即将上任，应抽出点空闲时间，来正视自己的办学，这种从内心正视自己角色抱负的切入点，将会使每位校长获得更多机会和更大的源自内在的动力，并使自己身份得到确立，成为每一位充满荣耀的真正的校长。"❷

乡村教育高质量发展亟须乡村教师队伍的高质量发展。"农村地区则常常像半干旱的教育荒漠一样而没有教育质量可言，不但教师通常都是水平最低的，而且贫穷的儿童比例也很高，他们得到的家庭支持也极小，这些儿童才真正需要最好的老师。"❸《国务院办公厅关于新时代推进普通高中育人方式改革的指导意见》规定，"各地要进一步加大编制统筹调配力度，于2020年年底前完成普通高中教职工编制核定，适应选课走班教学需要。各省（区、市）要完善普通高中绩效工资管理办法，在核定绩效工资总量时予以适当倾斜，并指导学校完善分配办法。创新教师培训方式，重点提升教师新课程实施、学生发展指导和走班教学管理能力。"这对加强普通高中教师队伍建设无疑具有积极意义。但这种规定更多地具有普遍性，还需要针对乡村学校尤其是乡村高中教师存在的自我发展动力不足、职业倦怠、能力欠缺、年龄老化、学科失衡等问题作出更有效的政策支持。一方面，要制定乡村高中教师人才支持计划。由于很多学校教师编制紧缺，教师配备基本上"一个萝卜一个坑"，在新课程改革的背景下，相关学科教师缺口较大，难以满足正常教学需要。国家应出台更多人才优惠支持政策，在住房、收入待遇、子女教育、文化生活、医疗及养老等方面给予保障，吸引更多优秀人才自愿加入教师队伍，为振兴乡村高中教育提供人才支撑。另一方面，要加大现有教师队伍培训培养力度，注重质量效果的提升。虽然很多教师都参加过相关培训项目，但由于培训项目本身质量层次以及教师主观懈怠、客观被动等因素的影响，培训变得只是"应付差事"而已，亟须在培训层次质量方面下功夫，使培训真正发挥教师队伍发展的"造血"功能。此外，要切实减轻教师负担，使其有自我提升的时间和空间。调查显示，很多教师负担太重，无暇顾及自我发展、自我完善。国家应出台政策

❶ 陶行知. 中国教育改造［M］. 北京：东方出版社，1996：50.
❷ 吴家莹. 跟蔡元培学当校长［M］. 北京：首都师范大学出版社，2010：7.
❸ 库姆斯. 世界教育危机［M］. 赵宝恒，等译. 北京：人民教育出版社，2001：126.

让教师从繁重的负担中解脱出来，让教师劳动真正成为"智力劳动"而不是
"体力劳动"，使教师的教育教学更有智慧、更有挑战、更有质量，让教师真
正成为更有品位、更有吸引力和竞争力的职业，从而保障乡村高中教育质量的
生命线。在我国城市获得更多"倾斜性"发展的今天，就城市反哺乡村发展
的角度而言，也应该创造条件选派最好的老师去支持发展乡村教育，让这些最
好的老师不是"去乡土化"，而是"再乡土化"，真正提升乡村教育质量水平，
实现乡村教育现代化发展。

六、高度重视教育质量管理，促进乡村教育质量有序提升

教育质量管理是指以确定质量方针、目标和职责并增强组织成员的质量意
识为基础，运用科学的手段和方法，对教育管理过程中各项工作过程及其结果
进行质量策划、质量控制、质量保证和质量改进与分析，进而实现教育质量水
平提升的管理活动。强调以"系统"理论为基础来解决教育质量问题，主张
对教育质量实施"全要素管理""全程管理"及"全员管理"。乡村教育高质
量发展离不开教育质量管理工作的深入推进，需要从质量管理观、质量责任制
度、激励机制，以及质量投诉与消费维权机制方面展开。

（一）教育质量管理应重塑"以学生发展为本"的质量意识和观念

意识是人脑对大脑内外表象的觉察，是一种理性认知成分。质量意识通常
是指人们对于产品质量以及服务质量的认知和理解。质量意识塑造的重要性在
于，质量意识直接影响人们对质量的态度，态度就是竞争力，态度又决定人的
行为，最终直接或间接地影响到产品质量和服务质量。"以学生发展为本"即
要求在学校教育中，要能够充分尊重学生的价值和尊严，体现学生作为一个主
体所具有的积极性、主动性和创造性，把学生当作一个真正的"人"来看待，
而不是"目中无人"或者是"见物不见人"。尤其是乡村教育需要特别重视这
一质量管理观。有了这种质量意识和观念，可以规避长期以来教育管理重视对
物的管理，忽视对人的管理的偏见，可以规避教育管理目标定位偏离的错误，
真正实现教育管理目标在于实现人的发展，而不是实现对物的控制。

进入 21 世纪以后，我国的教育方针政策也进一步凸显了"以人为本"，

"以学生发展为本"的理念。2007 年，国务院颁发的《国家教育事业发展"十一五"规划纲要》指出："坚持育人为本、德育为先，把立德树人作为教育的根本任务，将素质教育贯穿于各级各类教育，贯穿于学校教育、家庭教育和社会教育，努力培养德智体美全面发展的社会主义建设者和接班人。"2010 年，国务院颁布的《国家中长期教育改革和发展规划纲要（2010—2020 年）》要求，把"坚持以人为本，全面实施素质教育"作为教育改革发展的战略主题；并指出要以学生为主体，以教师为主导，充分发挥学生的主动性，把促进学生成长成才作为学校一切工作的出发点和落脚点；关心每个学生，促进每个学生主动地、生动活泼地发展；尊重教育规律和学生身心发展规律，为每个学生提供适合的教育。2015 年，教育部颁布的《普通高中校长专业标准》指出，坚持育人为本的办学宗旨。……把促进每个学生健康成长作为学校一切工作的出发点和落脚点。……遵循教育规律，注重内涵发展，始终把全面提高学生综合素质放在重要位置；树立正确的人才观和科学的质量观，全面实施素质教育，不断深化课程改革，为每个学生提供适合的教育，促进学生全面而有个性的发展。2017 年，教育部颁布修订后的《义务教育学校管理标准》规定，全面贯彻党的教育方针，坚持教育为人民服务、为中国共产党治国理政服务、为巩固和发展新时代中国特色社会主义制度服务、为改革开放和社会主义现代化建设服务，落实立德树人根本任务，发展素质教育，培育和践行社会主义核心价值观，全面改进德育、智育、体育、美育，培养德智体美全面发展的社会主义建设者和接班人。因此，在党和国家教育方针政策的指引下，教育管理工作质量的核心便是围绕人的质量提升而形成质量链条：校长及其领导班子的质量即素质（保证教育管理工作的质量）——教师的质量（保证教育教学工作的质量）——学生的质量。

（二）建立立体的教育质量责任制度

教育质量责任制度是一个多层次的责任体系。

一方面，政府要简政放权，明确责任边界。政府作为质量管理的最上位者应明确自身的责任定位，《国家中长期教育改革和发展规划纲要（2010—2020 年）》指出，"健全统筹有力、权责明确的教育管理体制。以转变政府职能和简政放权为重点，深化教育管理体制改革，提高公共教育服务水平。明确各级政府责任，规范学校办学行为，促进管办评分离，形成政事分开、权责明确、统筹协调、规范有序的教育管理体制。"《教育部关于深入推进教育管办评分离促进政府职能转变的若干意见》也指出，"全面清理规范性文件，减少对学校办学行为的行政干预，综合运用法律、政策、规划、财政拨款、标准、信息服务和必要的行政措施，引导和督促学校规范办学……没有法律法规和政策的明确依据，不得随意进入学校进行检查。政府不得法外设定管理教育的权力，没有法律法规依据不得作出减损学校、教师、学生等合法权益或者增加其义务的决定。""建立教育行政权力清单和责任清单制度，通过政府公报、政府网站等便于公众知晓的方式，向社会全面公开教育及相关政府部门职能、法律依据、实施主体、职责权限、管理流程、监督方式等事项，为公民、法人或者其他组织提供优质服务，让权力在阳光下运行。"

另一方面，要进一步强化学校作为管理主体的质量责任。学校是培养人的机构和场所，学生质量的高低与学校教育有着直接的关系，若学校没有提供优质的教育，没有进行有质量的教育管理，学生就可能难以获得高质量的成长与发展。相反，若学校能够为学生提供优质教育，并推进有质量的管理，学生就会获得更多更大的成长空间，其质量发展水平自然也会得到提高。学校在教育质量管理上必须承担主体责任，且是主要责任。学校要在确保落实国家颁布的质量目标和质量标准的前提下，自己研制适合学校自身特色的质量标准，包括教师队伍建设质量标准、学生质量评价标准、学校质量管理标准等。学校要在一系列质量标准的要求下，走内涵发展、质量提升之路。学校只有从内部发挥自身优势，挖掘自身潜能，瞄准质量目标，落实质量标准，才可能真正实现学校教育质量的提升。所以，学校必须增强自身的主体责任，改变过去一味"向上看"的管理弊端，要在结合"向上看"的同时，重点"向内看"，即学校练好内功，充实内涵，着眼点要"向下看"，即基于学生的发展需要，基于家长的教育需求，基于社会的教育诉求，进而增强学校作为主体的质量责任。

另外，也要充分体现社会作为管理主体的质量责任。社会或第三方组织要不断修炼内功，建立拥有专业权威的质量管理专家及拥有先进的管理评价技术和评价方法的独立机构，开拓第三方组织开展教育质量管理评价的市场，逐步改变过去被忽视，甚至是被忽略的不利形势。除了要参与质量管理评价外，社会公众媒体中介等社会组织团体和个人也要发挥质量主体责任，即依法公开、公正、公平、诚实地履行监督义务，用舆论的力量推动各类质量责任主体履行对质量的承诺，预防、控制和纠正质量目标的偏离，通过及时公开质量信息，不断化解机会主义的风险并遏制相关人员的机会主义动机。必须充分发挥社会媒体的舆论监督作用，及时公开质量管理信息，让权力真正在阳光下运行，让操作真正在"玻璃箱"中运作，充分体现社会组织作为管理主体的质量责任。

（三）创新教育质量发展激励机制

就创新教育质量发展激励机制来说，要进行质量发展创新激励。

一是要认识到教育质量管理的价值性与伦理性内涵。教育质量管理的核心内涵在于培养未来社会的建设者和接班人，或者是为未来社会培养合格的公民。由于教育管理本身就是一项渗透着伦理内涵的事业，正如加拿大学者迈克尔·富兰（Michael Fullan）所言："教育就是一项道德事业。因此学校的施教及其领导也就是一种道德努力。"❶ 可见，作为一种渗透着价值伦理内涵的精神活动，它首先面临着价值选择问题，教育管理工作者应该在价值冲突与价值融合之中作出正确的价值选择与判断，以正确的价值观鼓舞人和塑造人，以高尚的伦理道德思想引领人和规范人。

二是要认识到教育质量管理方法的特殊性。教育质量管理方法应以定性为主，实现定性与定量的有机结合，因为衡量学生自身素质的高低绝不仅仅是数量化结果的表现，而是对学生进行定性评价与定量评价相结合的结果。教育领域中的质量管理所面对的质量则更多地表现为人在接受教育过程中自身品质的不断提升。这种品质的提升既不同于工厂产品的技术改进，也不仅仅是学生各种考试成绩的简单累加，而是教育者在教育过程中通过与学生之间的有效交流与对话，通过"亲密"接触，达到彼此之间的相互了解与认知，并真正地走进学生内心世界的过程，是师生关系的和谐发展进而提升教育的质量与水平，并促进学生走向成功的结果。比如，2014 年，教育部出台的《关于加强和改进普通高中学生综合素质评价的意见》指出，综合素质评价是对学生全面发展状况的观察、记录、分析，是发现和培育学生良好个性的重要手段，是深入

---

❶ 迈克尔·富兰. 学校领导的道德使命 [M]. 中央教育科学研究所，加拿大多伦多国际学院，译. 北京：教育科学出版社，2005：1.

推进素质教育的一项重要制度。全面实施综合素质评价，有利于促进学生认识自我、规划人生，积极主动地发展；有利于促进学校把握学生成长规律，切实转变人才培养模式；有利于促进评价方式改革，转变以考试成绩为唯一标准评价学生的做法，为高校招生录取提供重要参考。

三是要构建积极的激励机制。在充分认识到教育质量管理的价值性、伦理性及特殊性的前提下，要能够针对学生品质的提升构建积极的质量发展激励机制。激励机制构建主要从显性质量激励和隐性质量激励两个方面进行，所谓显性质量激励即直接质量激励，对教育者的教育质量行为产生直接的激发、激励作用，如教育质量否决权、教育质量改进制度、教育质量奖励制度等；隐性质量激励即间接质量激励，它与教育者的教育质量行为之间是间接关系，主要通过对教育者的思想意识、价值观、发展需求等其他方面的激励进而激发他们的教育质量行为。就教育质量激励来说，除了做好必要的显性激励外，更重要的是要做好隐性激励，通过理念、价值观、文化等方面的培育与营造，实现教育者对教育质量行为的自觉意识，在无意识中体现教育质量的有意改变与提升。

（四）完善教育质量投诉与消费维权机制

教育质量投诉机制是实现教育质量有效反馈的重要途径。在我国不断推进依法治教的过程中，完善教育质量投诉机制显得尤为必要。首先，建立投诉机制必须有完善的法律依据，投诉行为要在法律许可的范围内进行，没有法律保障的投诉是不具有合法性和可行性的投诉，所以，我国在相关法律法规中应给予明确规定，不然再好的投诉机制也是苍白的、无力的。其次，建立投诉机制必须完善投诉程序，程序是什么？"程序指的是一个机构——一个人或一种制度——向若干他人分配利益（或负担）的规则或途径。"❶ 程序具有规则与规范性，从某种程度上说，程序是一个组织或机构取得有序与有效发展的重要保障，没有程序就没有民主，也就没有基本的公平与公正。所以，投诉程序是规范投诉行为的重要规则，有了基本的程序，才不会使投诉过程混乱，也不会使投诉者想怎么投诉就怎么投诉，要有证据、有程序才能予以解决。最后，建立投诉机制需要完善投诉对象，即哪些东西是可以投诉的，哪些是不可以投诉

---

❶ 戴维·米勒. 社会正义原则 ［M］. 应奇，译. 南京：江苏人民出版社，2005：138.

的。比如，在教育质量发展过程中，伤害学生身心健康的、课内不讲课外给学生加课并额外收取相关教育费等，这些超出法律法规范围之外的且影响到了教育质量发展的内容理应给予投诉。

对教育的消费者而言，他们需要获得更优质、更公平的教育服务。所以，教育消费维权机制就是保障消费者在接受教育服务过程中的合法权益，使其获得应有的教育权利。由于诸多因素的影响，我国教育质量消费维权机制还不够完善，老百姓的维权意识还不够强烈，维权的渠道还不够畅通，维权的法治环境还不够完善，这些都需要不断给予改进。首先，要增强老百姓的教育消费维权意识，增强维权意识既是保护老百姓的合法权益，也是对教育服务质量提升的鞭策，要通过有效途径让老百姓明白，每个人都应享有应有的教育权利，尤其在消费教育或者是购买教育服务的背景下，更应该增强自身的消费维权意识，更应该让教育的提供者努力办好教育。其次，要畅通教育维权渠道。要构建相应的教育维权渠道，要让老百姓知道怎么去维权，找谁去维权，要让老百姓的维权有充分的保障。比如，建立教育维权热线、教育维权信息发布平台、教育维权处理系统等。最后，要建构教育维权的法治化环境，教育维权需要在一定的法律范围内进行，需要在法治化的环境中进行，没有法律支持，没有法治环境，老百姓维权的基本权利难以得到保障，不仅不能真正实现教育维权，反而可能会给老百姓带来更大的心理负担，甚至威胁人身安全。所以，教育消费维权是一项系统性的工程，需要政府、学校及家庭共同努力，实现教育维权机制的有效运行，进而促进教育质量的不断提升。

第二节　提升校长自身领导水平

乡村高中校长发展困境的超越还需要进一步提升校长自身领导水平，没有高素质校长队伍的引领，乡村学校仍然难以实现内涵式发展，仍然难以走向高质量发展。正如萨乔万尼（Sergiovanni）所言，"在任何学校，校长在很多方面是最重要、最有影响力的人……正是由于他的领导，才确立了学校的风气、学习氛围、专业化水准、教师的精神面貌以及对于学生可能成为或不可能成为

什么样的人的关系程度……几乎总是可以指出，校长的领导是成功的关键。"❶
"领导才是关键所在。如果管理一所学校，而该校体制不健全，建筑物陈旧，
预算状况濒临危机，但只要校长具有真正的领导能力，那么这所学校就能越办
越好；要是该校体制完善，设施精良，但校长毫无领导能力，那么这所学校就
将越办越糟。"❷ 校长自身领导水平提升需要关注以下几点。

一、校长应加强对办学理念的理解与实施

理念，即理想和信念，是人们经过长期的理性思考及实践所形成的思想观
念、精神向往、理想追求的抽象概括。要想办好一所学校，其中一个关键要素
就是校长要有成熟的、系统的关于办学的理性思考，也就是办学理念。办学理
念是一所学校办学的总体指导思想，亦称为"学校教育哲学"（educational phi-
losophy of school）。作为学校教育哲学的办学理念有怎样的内涵呢？一般来说，
中小学校的办学理念是由学校全体成员依据教育方针政策、教育发展规律及教
育发展的时代特征，基于办学实践而形成的一种对学校发展的理性认识和价值
追求。这种理性认识和价值追求为学校师生所认同，是对办学思想、培养目标
和社会需要的综合性表述，有着鲜明的个性特征。

办学理念是学校的精神内核，是引领学校发展的灵魂，办学理念是解决
"学校是什么""办什么样的学校"及"怎样办好学校"等问题的，渗透着学
生观、教育观及学校观等价值内涵，其核心是立德树人。在理解立德树人之
前，我们要弄清楚办学理念渗透着怎样的学生观、教育观及学校观，只有厘清
了学生观、教育观及学校观，才能够清晰地认识和理解办学理念的核心为何是
立德树人。

首先，办学理念中需要什么样的学生观？

所谓的学生观，是指教育者对学生的基本认识与看法，它支配着教育者的
教育行为，决定着教育者的工作态度和工作方式。其核心即学生是什么。在知

---

❶ 萨乔万尼. 校长学：一种反思性实践观［M］. 张虹，译. 上海：上海教育出版社，2004：117.
❷ 谢尔顿. 领导是什么：美国各界精英对 21 世纪领导的卓见［M］. 王伯言，译. 上海：上海人
民出版社，2000：90.

道学生是什么之前，我们先看看教师是什么。在通常意义上，我们会认为教师是辛勤的园丁，教师是人类灵魂的工程师，教师是工厂的工人等。园丁、工程师及工人的本职工作是什么，显然园丁的本职工作在于给园内的花草树木浇水、施肥并使其整齐划一，工程师的工作在于完成对"物"的有效控制与管理，工厂工人的工作在于加工和塑造产品。既然把教师比喻成他们，也就意味着教师所面对的不是人而是物。于是，也就有了学生是祖国的花朵、是接受教育改造的被动客体、是需要教师塑造加工的"产品"、是接受知识灌输的"容器"等之说。

从这些关于教师是什么的比喻以及学生是什么的描述中，我们完全可以看出，学生已经被当作"物"了，不管是教师还是一般的社会人，都已在自己的心里产生了如此的观念。在这种观念的影响下，整个教育过程"就如同汽车的装配线一样，学生从一个年级到又一个年级，当学生流过每个教师面前时，教师给学生添加某些价值（教会他们一些具体的知识）；考试的等第被用作质量控制的尺度，以便分出产品的优劣，褒奖最好的，贬抑最差的；学校和工厂一样，分成许多层级：校长、副校长、教师、学生；学校的各层通过一系列规章制度来进行管理，这些规章制度由谁来做，做什么，怎么做，何时做，这些方面的自由空间极小；教育工作者和工厂里的工人一样分工精细，特别是在中学，划分了历史、语言、数学等许多学术专业领域，而整个过程的质量控制则建立在学生的测验成绩之上"❶。学生在这样的环境里是按照所谓"科学"管理思想以"物"的标准来进行控制和管理的，如果把对"物"的生产与对"人"的发展的要求一致化、统一化，那么，人在某种意义上也就变成毫无生机活力、死气沉沉、没有任何创造性可言的所谓"物"了。所以，从一定意义上来说，学生过去更多地是被视为被动的客体，是教育者管辖的对象，是装知识的容器，是所谓的"物"而不是真正意义上的"人"。赫舍尔（Heschel）则认为："我们的困难在于我们对人性知道得太少。我们知道人制造的是什么，但我们不知道人是什么……我们的全部文明建立在对人的错误解释的基础上，难道不是这样吗？或者说，现代人的悲剧在于人是这样一个存在：他竟忘记了'人是谁'这个问题，难道不是这样吗？不能确定自身的身份，不了解

---

❶ 冯大鸣. 沟通与分享：中西教育管理领衔学者世纪汇谈 [M]. 上海：上海教育出版社，2002：71.

人的真正存在是什么，这使人采取了错误的身份，假装出一副他不可能是的样子，不承认他的存在的基础中的东西。对人的无知不是缺乏知识，而是由于错误的知识。"❶ 显然这不是现代学校办学理念所需要的学生观，现代学校所需要的学生观应该是把学生视为真正意义上的人，是具有积极性、主动性和创造性的主体，是学习的主人，是正在成长着的人。

其次，办学理念中需要什么样的教育观？

所谓的教育观，是指人们对教育这一事物以及它与其他事物关系的认识与看法。其核心即教育是什么。对教育是什么认识的正确与否是教育者能否真正按教育规律办教育的重要基础，离开了对教育是什么的正确认识，无疑会使教育走上错误甚至是异化的道路，致使教育承担着本不应该是教育所应承担的责任，教育发展之路越发沉重，越发背离了教育的初衷。正如顾明远所言，"当前教育中存在着种种弊端，成为教育的异化，或者叫做'反教育'现象。"❷ 在我国现代教育的发展进程中，就出现过"教育是阶级斗争的工具""教育是经济发展的工具"的认识与实践。

就"教育是阶级斗争的工具"而言，从中华人民共和国成立到1978年，我国教育经历了社会主义教育制度初步建立、社会主义教育全面建设和曲折发展及社会主义教育发展受挫及其初步恢复等发展阶段。❸ 教育在巩固新政权及建设、改造社会主义过程中，围绕"为无产阶级政治服务"的宗旨，逐步成为政治化的教育。1958年，中共中央、国务院在《关于教育工作的指示》中规定："党的教育工作方针，是教育为无产阶级政治服务，必须同生产劳动相结合。"随后，"教育为无产阶级政治服务"便成为这一时期教育发展的行动纲领，教育逐渐被视为一种意识形态，被当作政治工具。通过意识形态和政治工具的影响，教育成为"无产阶级专政及阶级斗争的工具"，学校成为政治教化、政治斗争的场域。就"教育是经济发展的工具"来说，随着"文化大革命"的结束，我国社会迎来了转型发展时期，中央在拨乱反正的同时也确定了社会发展的新方向。1978年，党的十一届三中全会重新确立了马克思主义

---

❶ 赫舍尔. 人是谁 [M]. 隗仁莲，等译. 贵阳：贵州人民出版社，1994：5.
❷ 顾明远. 也谈"教育是什么"[J]. 小学语文教学，2000（10）：50-51.
❸ 方晓东，李玉非. 新中国教育60年回顾与反思 [J]. 人民教育，2009（17）：2-7.

政治路线，发展经济成为党的工作重点及社会主义现代化建设的关键。1985年中共中央《关于教育体制改革的决定》及1993年中共中央、国务院印发的《中国教育改革和发展纲要》都强调"教育必须服从和服务于经济建设这个中心"。教育也在为社会主义现代化建设，为经济建设发展服务的过程中逐步从"以阶级斗争为纲"的政治路线转变为"以经济发展为中心"的政治路线，教育的政治任务也逐步从教育为阶级斗争服务转向教育为经济建设服务。

"无论是1978年以前的教育为政治服务还是1978年以后的教育为经济建设服务，所秉持的都是典型的'社会本位论'观念，把教育看成政治或者经济的工具。"❶ 这种社会本位的观念强调以社会价值为中心，要求根据社会发展需要来建构教育，主张个人的发展依赖并受制于社会，人的身心发展的各个方面都需要社会提供营养，真正的个人是不存在的，教育过程就是按照既定的社会规定性去培养人，使人成为忠实实现社会发展要求的工具。显然，这一过程隐含着人的缺失，是一种没有"人"存在的教育。这种"无人"的教育也意味着教育忘记了自身的对象，"一旦学校忘记了它的对象，它的对象也就忘记了学校，从而出现了'学校繁荣，教育衰败'的现象，无目的升学者和非本意就学者增加。学校是繁荣了，但教育的前途未卜，多数人感到茫然。"❷ "学校繁荣，教育衰败"是一种看不到人的虚无性繁荣，更是以教育的虚无性繁荣代替了教育的实质性衰败。显然，不管是"教育是阶级斗争的工具"，还是"教育是经济发展的工具"都不是现代学校办学理念中所需要的教育观。现代学校办学理念中的教育观到底是什么呢？《中国大百科全书·教育》指出，教育是培养人的一种社会现象。《教育大辞典》也指出，教育是传递社会生活经验并培养人的社会活动。无疑，教育是培养人的发展的活动，离开了人来谈教育，也就失去了教育的本来意义。所以，教育只有回归原点，回归到以人为本并真正地发展人、成就人的轨道上来，才可能真正带来教育的繁荣与发展。这也才是现代学校办学理念中所应秉持的教育观。

最后，办学理念中需要什么样的学校观？

所谓的学校观，是指办学者对学校所持有的基本认识与看法，它支配着办

❶ 褚宏启. 漫漫现代路：我国基础教育管理60年简评［J］. 中小学管理，2009（10）：4-9.
❷ 筑波大学教育学研究会. 现代教育学基础［M］. 钟启泉，译. 上海：上海教育出版社，1986：230.

学者的教育行为、管理行为，决定着学校发展的样态和水平。其核心即学校是什么。在学校发展的过程中，对学校的认识与看法也有差异，一些关于"学校的隐喻"具有一定的代表性，比如"学校是工厂""学校是官僚机构""学校是规训机构"等。这些隐喻的背后隐含着人们对学校是什么的理解与认识，也在实践中影响着办学者的办学行为，学校中发生的很多教育教学及管理行为与"学校的隐喻"的表达极为相似，这无疑需要引起对学校到底是什么的思考。

其一，作为工厂的学校。这种认识和看法主要是受科学管理思想的影响，把工厂的管理模式直接迁移至学校，正如迪戈蕾（Diggory）所言，"20世纪初，教育家们开始像办工厂那样去办学校，我们今天所熟知的学校教育的许多方面都是从工厂车间直接移植到学校教室里来的。现在，保存记录、制订课程表、布置教室、划分学期、安排上课时间和课间休息、管理制度、教学和年级划分等都实现了标准化。每一所学校，每一个地区都有详细、准确地写明如何行事的手册。质量控制和可以互换的观念从工厂引入到了学校。"[1] 美国教育家丘伯利（Cubbberley）则认为："在某种意义上，我们的学校就是工厂。原始产品（儿童）被造成成品以满足各种生活需要。20世纪的文明对产品制造的规格提出了要求，根据规格的规定来塑造学生是学校的职责。这就要求有良好的工具、专门的机器、对产品进行不断的度量，以便看看是否按照规格行事，是否消除了制造中的浪费以及是否带来了产品的多样化。"[2]

其二，作为官僚机构的学校。较早运用科层制理论研究学校管理问题的是美国学者阿博特，在他看来，学校组织符合韦伯所提出的理想的科层组织的特征，比如，学校组织具有专业化分工的特点，学校内部具有明确的、严格的规章制度，学校的教职员工按照自己的职务、责任以及工作的质与量获取工资。因此，他认为学校管理效率的提高，有赖于学校组织管理的程序化与规范化。托尼·布什（Bush）也指出，"所有的学校都是官僚制的，通过规章制度管理成员的行为。结构是等级性的，而且有与各种角色相一致的正式的和非正式的

---

[1] 迪戈蕾. 学校教育 [M]. 韩晓燕译. 沈阳：辽海出版社，2000：14.

[2] 范国睿. 学校管理的理论与实务 [M]. 上海：华东师范大学出版社，2003：16.

行为规范。"❶

　　其三，作为规训机构的学校。"规训"是什么？"规训"（discipline），在西文中，既具有"学科"的释义，也具有纪律、训练、训诫等含义。福柯利用这个词的多义性，赋予它新的内涵，用以指近代产生的一种特殊的权力技术，既是权力干预、训练和监视肉体的技术，又是制造知识的手段，规范化是这种技术的核心特征。在作为规训机构的学校中，"规训权力既是毫不掩饰的，又是绝对'审慎'的。说它'不掩饰'是因为它无所不在，无时不警醒着，因为它没有留下任何晦暗不明之处，而且，它无时不监视着负有监督任务的人员，说它'审慎'则是因为它始终基本上是在沉默中发挥作用。"❷ 在这种全敞景式的机构中，学生是囚犯，教师是监狱看守者，校长是监狱长，学生没有任何自由可言，处处时时处于监督和控制之下。

　　显然，"学校是工厂"意味着学校按照标准化、定量化、程序化与效率化的模式去办学。这种建立在人的理性化行动之上的办学行为，在每个个体及由个体组成的群体朝着他们的效率目标前进的过程中而逐渐牺牲个性和人的精神。"学校是官僚机构"意味着校长及学校管理者不是用心地在办学治校，而是更多地寻求权力，培养长官意志，致使学校组织目标发生了置换，即官僚制及其生存本身变成了学校发展的目的，而学校的育人目标却成了次要的东西。"学校是规训机构"表明，学校以规训与惩罚技术作为主要的教育教学手段与策略，通过严密地对时间、空间和活动的编码来进行，进而实现对规训对象的约束与管制，使规训对象具有"驯顺性"，这种规训技术理性在学校教育中的出现及运用，无疑是对学生主体性的压制与剥夺，使学生逐渐成为丧失主体性的所谓的"人"。那么，学校应该是什么呢？显然学校不是工厂，不是官僚机构，也不是所谓的规训机构。《教育大辞典》指出：学校是人类进行自觉的教育活动，传递社会知识文化，有目的、有计划、有组织地为一定社会培养所需人才的机构。可见，学校是一个实现人的身心和谐发展的机构与场所。这也是现代学校办学理念中所应秉持的学校观。

　　由此观之，现代学校办学理念所需要的学生观、教育观及学校观渗透着浓

---

❶ 王家军. 对学校管理"唯制度主义"症候的辨析及反思 [J]. 中小学管理, 2009 (8)：43 - 45.

❷ 福柯. 规训与惩罚 [M]. 刘北成, 等译. 北京：生活·读书·新知三联书店, 2003：200.

浓的人文关怀,都是以实现人的发展为前提的,离开了人和人的发展去谈所谓的学生观、教育观及学校观是没有意义的,只有有了人及人的发展才是教育发展的核心。党的十八大报告指出:"把立德树人作为教育的根本任务,培养德智体美全面发展的社会主义建设者和接班人"。无疑,现代学校办学理念作为引领学校发展的灵魂,其价值追求及其发展愿景应真正体现教育发展的根本任务。因此,办学理念的核心是"立德树人"既体现了教育的本体价值,也体现了学校发展的价值定位,对于教育的发展、学校的发展及人的发展无疑是一种价值引领,具有积极的价值意义。第一,"立德树人"指明了学校教育的方向就是"树人",要坚持育人为本,通过合适的教育来发展人、改造人、塑造人。第二,"立德树人"指出了学校教育的途径就是"立德",要坚持德育为先,通过正面的教育来引导人、感化人、激励人。第三,"立德树人"指定了学校教育的内容就是要在传授基础知识、基本技能的同时,突出社会主义核心价值体系,从而规范人、要求人、提高人。例如,杭州文澜中学在"学教和谐、因人施教、发展个性、提高素质"的办学理念影响下,强调立德树人,培养学生的社会责任感、创新精神和实践能力,确立全面发展、和谐发展、个性特长充分发展的学生发展目标;坚持"自强不息""厚德载物"的优秀传统,强化"内铸气质,外塑形象""明礼诚信,文明修身"的道德践行,争做"谦谦君子,大家闺秀",并以"言传身教,见微知著"作为师生的行为准则,力求使每一个学生在气节、操守、品德、学习、生活习惯等方面不断完善,成为德智体全面发展的人才。

先进的办学理念对内是凝聚力、向心力,对外就是核心竞争力和品牌。现实办学实践中,很多校长对办学理念缺乏完整、科学的认识,难以厘清办学理念与教育理念、办学思路、教育模式等概念。一些校长在对办学理念的认识上存在肤浅化、片面化的倾向。办学理念的内核应为学校观、教育观和学生观的集合,要求它不可规避"学校是什么""办什么样的学校"及"怎样办好学校"等问题。同时,实践中校长办学理念的个性特色不够凸显,比如现实中多数校长以"育人为本""质量立校""和谐发展""文化育人""科研兴校""终身发展""全面发展"等概念作为办学理念的主要内容。不难发现,这些办学理念中的概念重复率高,特色不够鲜明,且有"放诸四海而皆准"的可能,缺乏对本校历史及现实的深入思考,难以适应学校发展需要。作为校长尤其是乡村高中校长更要重视这一问题的解决。

(一) 校长应关注办学理念塑形的理论性

办学理念的形成需要教育理论知识的塑形，因为教育理论知识是统领人们思想认识、价值信仰及行动策略的基础，只有拥有充分的理论依据和知识基础，办学理念才可能更具有科学性，才可能作为一种知识在学校内部被传播、学习、领会、内化和践行。理念的理论性不是要求理念多么高深、多么艰涩、多么具有学术性，而是要求学校办学理念的确立要遵循教育方针政策的要求、教育的发展规律及人的发展规律，要通过研究理念所依附的理论知识，使办学理念更具有科学性、教育性，而不是一句没有实质内涵的、干涩的、缺乏根基的口号。办学理念一定不是随意的、不是想怎么说就怎么说、想怎么定就怎么定的教育问题，而是一个需要校长领导团队、全校师生员工以及与学校发展相关的利益者共同商讨面对的问题，需要在理论知识研究的基础上进一步确定的问题。这就要求校长及其领导团队要加强自身理论知识的学习，自觉提升自身理论素养水平，以理论自觉提升学校办学理念的价值内涵。

(二) 校长应注重办学理念语言表述的可读性

办学理念属于学校的理念系统，要求表述应清晰、简洁、准确，防止偏颇、偏激，应具有可读性。一方面，要注重语言的凝练、概括。语言的凝练、概括有助于避免语言表达上的琐碎、啰唆，能够给人以简洁、清晰之感。比如，调研中，有学校的办学理念为：办有精英追求的平民教育；建一所现代学校；培养规矩情理安身立命的手艺人，人格独立文明质朴的读书人；让学校的每一天为全体师生能够成为这样的人提供助力打下基础；以人影响人，以人教育人。这种表述无疑让人很难知道学校办学理念到底是什么，不够凝练，不够清晰。另一方面，要注意语言的准确、贴切。办学理念的语言表述上要避免说一些正确的废话，如有的学校以"坚持社会主义办学方向，办人民满意的教育"为办学理念，也有的学校以"传承文明、播种希望、与时俱进、开创未来"为办学理念等，这些表述不能说不正确，但至少对学校来说是不准确、不贴切的，没有清晰地回答办学者对学生观、教育观及学校观的理解与认识，没有体现出学校自身的本体价值。同时，办学理念中要避免"示范""特色"

"名校"等表达，这种标签式的表述带有明显的功利性，有违学校教育发展的质朴性内涵。调研中很多学校的办学理念都有类似的表达，需要加以规避。

（三）校长应重视将办学理念内化为师生的共同愿景

办学理念不是虚幻的标志，而是学校师生共同的价值追求和理想信念。只有将办学理念内化为全体师生共同的价值信念，为全体师生所接纳和认同，才能在办学实践中发挥出其应有的价值，才能焕发出学校发展的无限潜能。教师是校长办学治校中最重要、最值得依靠的人力资源，办学理念的践行、改革项目的推进、管理制度的落实、办学目标的实现，都需要依靠教师队伍的共同努力。教师是实施办学理念的主体，任何教育理想和理念的贯彻与落实都需要依靠教师。学校办学理念的践行要充分发挥教师的作用，使教师深刻理解并接受学校的办学理念，让办学理念成为全体教职工的共同愿景。教职工只有接纳、认同学校的办学理念并将其内化为自身的教育理念，才能更好地把办学理念融入日常的教育教学行为之中，进而引导和影响学生的成长与发展，从而发挥出办学理念应有的价值和意义。要将办学理念内化为师生的共同愿景，首先，要广泛宣传。通过多种形式宣传、讲解办学理念，使教职工了解办学理念确立的来龙去脉，理解和熟悉办学理念的具体内涵，达成对办学理念的深刻理解，为全面推广工作的进行奠定基础。其次，要让教职工积极参与。在形成办学理念的过程中，应鼓励教职工积极参与对办学理念的讨论，认真听取教职工的意见和建议，并将大家的意见整合形成共识。最后，要让办学理念具体化。学校办学理念需要转化为班级和个人的理念，并体现在具体的行为上，使办学理念渗透、细化到每一节课、每一次活动、每一个教育行为之中。这一过程必然促使教职工加深对办学理念的理解，从"旁观者"转变为办学理念的"参与者"，从而使教师对办学理念能够有更深刻的体会和见解。

（四）校长应重视将办学理念外化为学校办学治校的制度

理念是制度的先导，制度是理念的保障。办学理念催生出相应的学校管理制度，反过来，办学理念的实现则需要相应的学校管理制度作为保障。因此，校长要在学校管理过程中，把办学的理念贯彻到学校制度中去，通过健全的制度和民主的管理，使学校形成良好风气，确保办学理念的有效落实。在制定制度的过程中应充分发扬民主，广泛征求意见，要充分考虑各种特殊的情况，不能把制度定成"死制度"，使人成为制度的"奴隶"，要让师生都能在日常的工作学习中充分体会到办学理念的存在，通过制度的制定实施，使大家明白应该做什么，不应该做什么，应该怎样做，不应该怎样做，怎么做是对的，怎样做是错的；违反了规章制度要受什么处罚，符合条件将得到什么奖励，从而形成自我约束、自我管理、自我激励、自我发展的制度环境。所以，校长应注意将办学理念外化为学校管理制度，以相应的学校管理制度来保障办学理念的实现。比如，湖北郧县一中在践行"三让"办学理念过程中，把办学理念外化为规章制度，以规章制度约束人，做到了奖罚分明。学校制定和完善了《年级组年度目标管理责任书》《教学评估及奖励办法》《班级量化管理考核方案》《教研组工作量化评定方案》《教师量化评定实施方案》等一系列制度，对抓好学校日常教育教学活动、加强教学科研、优化课堂教学都起到了监督和规范作用；坚持抓好各项制度的日常落实和量化考评，以事实说话，客观公正，公开评价，并将考核结果与教师待遇、评优和聘任挂钩，极大地激起教工的竞争意识，调动了教职工的积极性，提高了教育教学水平。❶

（五）校长应重视体现办学理念实践的整体性

办学理念确立后，需要在学校办学实践中落实，用办学理念来引领办学行为。办学理念是否具有科学性，是否能起到引领作用，只能靠办学实践来检验。也只有通过办学实践的检验，办学理念本身才更具有价值与意义，才可能实现学校特色办学。实践理念的整体性是要求理念作为学校发展的灵魂，要渗透到学校办学的所有方面，一方面，办学理念要统领学校的理念系统，要形成办学理念与学校的办学目标、校训、校风、教风、学风、校歌等的一体化，学校办学理念体系只有一体化、系统化，才不至于出现思想上的冲突以及行为上的盲动。另一方面，办学理念要渗透到学校办学的具体行为之中，办学理念要与学校的管理创新、课程教学改革、人才队伍建设、环境营造等内容紧密结合，并且内化在具体行动之中，不能出现理念与行为的"两张皮"现象，否

---

❶ 朱爱国，熊效军，石磊. 让校园闪烁人性的光芒：解读郧县一中"三让"办学理念［J］. 湖北教育，2003（24）：22－24.

则，理念再好也终将无法满足学校的发展需要。如某校将"幸福教育"列为办学理念，自我诠释为"让每一个学生都享受学校教育的幸福和快乐"。理念的确美好，但是，数年实践下来，始终无法走出瓶颈——"上不去，下不来"，其根源在于该校无法将"幸福"落实到具体的学科教学之中。❶

二、校长应更加重视提升个人权力

权力对校长而言是非常重要的，校长拥有权力是实现学校办学治校目标的重要因素。随着教育综合改革的深入推进，校长依法办学、自主办学逐步得到重视，校长的领导权力尤其是个人权力也逐步成为校长引领学校有效发展的关键影响力。

现代领导理论研究表明，领导者一般具有两种权力，即职位权力和个人权力。职位权力是领导者的法定权力，很大程度上是由组织程序和组织政策所规定的。个人权力不是领导者的法定权力，也不是组织赋予的，更多地取决于领导者个人的知识、能力、性格及领导风格等。美国学者弗伦奇和雷文认为，职位权力主要包括合法权力、强制权力及奖励权力；个人权力主要包括参照权力和专家权力。合法权力（legitimate power）是指从组织中的正式职位获得的权力。个人拥有正式的领导职位就会获得相应的权力与责任，下属因此接受领导者设定的目标、制定的决策和指导的行动。强制权力（coercive power）是领导者通过惩罚不合要求的行为而影响下属的能力。强制权力的影响取决于惩罚的严厉性以及惩罚难以避免的可能性。奖励权力（reward power）是指领导者通过奖励他们所期望的行为而影响下属的能力。这种权力的影响取决于奖酬的吸引力以及一个人可以控制奖酬的确定性程度。参照权力（referent power）是领导者以下属对自己的喜好和认同为基础而具有的影响下属行为的能力。这种权力主要来自领导者的个人特征，它可以让领导者博得追随者的认可、尊敬和钦佩，以至于他们会追随、效仿领导者。专家权力（expert power）是领导者以专业知识和技能为基础影响下属行为的能力。当领导者是一名真正的专家时，下属会由于他出众的知识、技能而接受其意见与建议。

---

❶ 孔凡哲. 如何走出"办学理念"误区 [J]. 人民教育，2015（8）：40－42.

分析表明，校长个人权力是指校长因其个人的学识、领导风格及人格魅力所形成的影响下属的能力，主要包括参照权力和专家权力。校长的参照权力是校长领导魅力的直接体现，魅力是什么，魅力是"点燃追随者激情和承诺的熊熊烈火，能够带来职责范围内以及超越职责的成果"。❶只有校长具有魅力，是一位有魅力的领导者，才可能使下属成为追随者、效仿者，才可能产生参照性的权力。达夫特也指出："有魅力的领导者（charismatic leaders）能鼓舞和激励人们去完成比他们通常能干的事情更大的目标，不管有多大困难或者需要个人做出多大牺牲。""有魅力的领导者对人们有感情影响，因为他们能感染心灵和思想。"❷可见，校长参照权力是让下属产生内心认同的重要因素，也是引起下属在思想上、心理上共鸣并进而成为追随者的内驱力。校长的专家权力是校长学识与学养的直接体现，专家之所以具有影响力是因为他们能够提供所需的知识、信息与技能。知识经济时代，校长更需要具有扎实的基础知识、学科知识以及教育管理知识，没有知识作为基础，校长很难胜任岗位工作的需要。以前那种靠行政权力主宰学校发展的方式已经过去，现代学校的发展更需要校长是一位教育内行、教育专家、教育家。所以，校长个人权力中的参照权力、专家权力的根基在人，而不在于职位，是因为校长个人的天赋、智慧、能力及魅力而使得校长成为学校的精神领袖，成为学校发展的价值引领者，进而使学校真正成为学校，而不是商场、学店及官僚机构。

校长个人权力相较于职位权力更加凸显了人的主体性，更加凸显了校长作为一个主体在办学治校过程中的价值与意义，改变了校长过去"被工具化"的现象。校长的"被工具化"，意味着人的缺失，意味着校长的领导行为难以遵循教育的规律以及人的发展规律，并不是学校发展尤其是内生发展所需要的。因为学校是为人的成长发展服务的机构，因人而存在、因人而发展，所以校长个人权力的提升使得校长办学治校回归到了教育的本质，回归到了教育的原点，回归到了真正尊重人、发展人和成就人的轨道上来。正如饶见维所言："如果我们从'人'的角度来思考校长的领导内容，我们会发现，校长的领导作为必须有别于很多组织或机构的领导者，校长不能以'利益'或'市场'

❶ 达夫特. 领导学：原理与实践［M］. 3 版. 杨斌，译. 北京：电子工业出版社，2008：96.
❷ 达夫特. 领导学：原理与实践［M］. 3 版. 杨斌，译. 北京：电子工业出版社，2008：96.

为最高考量，而必须以'人性'为最高考量，否则不仅无法达成学校的教育目标，有时甚至可能伤害到人。"❶ 针对校长个人权力问题，在教育实践中还需要在教育放权、提升校长个人权力以及监督校长用权等方面不断改进与完善。

（一）实施有效制度管理，向校长适度放权

教育部在《关于深入推进教育管办评分离 促进政府职能转变的若干意见》中指出，推进政校分开，建设依法办学、自主管理、民主监督、社会参与的现代学校制度。……通过政府简政放权，进一步落实各级各类学校的法定办学自主权；通过章程制定，进一步健全法律法规规定的各项办学自主权的实施机制。现代学校制度的实施意味着校长要依法治校、自主管理。依法治校与自主管理要求教育行政部门要转变职能，逐步理顺权责关系，厘清权力边界，制定权力清单，逐步适度放权，落实校长及学校的办学自主权。逐步改变教育行政部门的"越位""错位"和"失位"的管理现象，进而通过政策引导、督导、建立标准、拨款、信息服务等各种间接手段对学校进行宏观调控，使学校从教育行政机构的行政附属物转变为真正意义上的教育实体，真正享有更多的办学自主权。比如，青岛市在实施现代学校制度及下放权力方面作了大胆尝试，人民网以《青岛："两张清单"为校长赋权》为题进行报道，"两张清单"即"给校长开出一张'负面清单'，除了上面列明的不能做的事之外，其余的事情原则上都可以做；给教育行政部门开出一张'正面清单'，只有上面列明的事情可以做，其余的一律不允许做"。青岛市教育局逐步把用人权、财经权、课程设置权以及中层干部聘任、内部机构设置、设备采购和基建项目招标管理、招生和校企合作等十几项管理权限下放给了学校。正如青岛市教育局局长邓云锋所言，"改革的最终目的是构建依法办学、自主管理、民主监督、社会参与的现代学校制度。"他同时指出，"教育改革，首先要解除校长的桎梏，让真正有情怀和先进理念的教育家去治理学校、教书育人。"

---

❶ 饶见维. 校长的情绪领导［M］. 台北：五南图书出版股份有限公司，2014：7.

（二）创新校长培训体系，提升校长个人权力

创新校长培训体系是提升校长个人权力的有效形式。一方面，校长培训理念要创新。创新校长培训理念有助于实现校长的思维转型与创新。过去校长培训理念存在重知识、轻技能，重理论、轻实践，重传授、轻批判，重视共性、缺乏个性，重视主导性、缺乏选择性等局限，致使校长培训在课程设置、培训形式、培训过程等方面缺乏创新与活力，培训效果不太理想。因此，在理念创新意蕴上要体现校长发展的方向性、思维的创新性、学习的灵活性以及内容的选择性等。另一方面，校长培训机制要创新，要能够通过机制创新，切实为校长自主发展、自我修炼提供更好的发展平台和空间，激活校长发展的内驱力。比如，浙江省构建的中小学校长培训"自主选学"机制，是指参训者根据组织需求、岗位需求和个人需求，在教育行政部门的统筹协调下，由校长自主选择培训机构、培训内容、培训形式等，实现培训机构与参训校长共同发展的一种运行方式。再一方面，校长培训形式要创新。培训形式的创新可以进一步激发校长参与的热情，进一步体现校长在培训中的主体价值。据校长最喜欢的培训形式调查显示，依其喜欢程度从高到低依次是案例分析与经验交流研讨相结合、国内外参观考察、异校跟岗学习、课题研究与学校改进相结合、专家理论讲座、读书交流，其百分比分别为 76.4%、60.2%、46.3%、37.4%、34.1%、22.8%。● 因此，需要根据校长的学习需要，提供更加灵活有效的培训形式。通过培训理念、机制及形式的创新，有助于更好地促进校长个人权力的提升。当然，校长个人权力的提升除了创新培训体系以外，还需要校长在培训体系的影响下主动形成学习自觉，尤其是专家权力的提升，需要校长从"要我学"变为"我要学"，以主体自觉意识形成对自我的超越。

（三）完善校长权力监督机制，保障校长更好用权

给校长适度放权以及提升校长个人权力后，校长面临着如何更好地合理用权的问题。就校长五种权力的使用监督而言，可以从下属对每种权力使用的可

● 徐金海，郑锡军. 多方提升校长领导力：中小学校长科研、培训与自主办学现状调查 ［J］. 辽宁教育，2015（8）：38–40.

能回应入手,校长使用每种权力的频率和力度不同,下属对其的反应也是有差异的。例如,经常使用参照权力、专家权力最有可能产生信奉,其次是简单服从。过多使用强制权力、合法权力、奖励权力产生信奉的可能较低,尤其是强制权力最有可能产生抵制等。换句话说,校长若在领导过程中过于注重因职位产生的行政权力,则带来的是下属的不认同与不服从,即使存在认同与服从的可能,这种认同与服从也仅仅是被迫的认同与服从。反之,若校长在领导过程中十分重视个人综合品质的提升并以参照权力、专家权力影响下属,则获得更多的是下属的信奉与服从,而这种信奉与服从是出于内在的,是一种自愿的意志表达,更是下属对校长追随与效仿的核心要素。可见,校长职位权力的无边界使用会使下属产生不认同与不服从,由此可能产生领导与下属之间的关系紧张,致使学校内部不够和谐、缺乏凝聚力、向心力,同时,校长职位权力过多使用也可能使领导者权力欲望过于膨胀,产生以权压人、以权谋私、权力寻租等现象。当然,校长对个人权力的使用也需要加以引导,不能因为自身有魅力就无限放大自我,也不能因为自己是专家就以为自己无所不能。总体而言,对校长权力的运行需要形成有效的监督与问责。一是要完善学校法规体系,明确校长权力范畴,厘清权力边界,做到用权有据,用权有界;二是要实现权力监督常态化,要充分运用信息技术手段,建立权力运行系统,实现权力运行的公开化与监督的常态化;三是加大权力问责力度,对在权力使用过程中出现的以权谋私、权力寻租以及用权不道德等现象要加大惩罚力度,严厉问责。

概言之,一方面,校长自身的领导权力还不够大,还需要向校长不断放权、赋权,同时,也要对校长权力给予合理化的约束。另一方面,校长对职位权力的依赖程度在逐步降低,当然,校长降低对职位权力的依赖程度并不意味着校长不需要职位权力了,校长的职位权力尤其是合法权力依然重要。校长的合法权力是与校长的产生同步出现的,可以说校长合法权力与校长是合而为一的,有校长就需要有合法权力,没有合法权力做保证,校长的领导行为则难以体现,也不会有合法权力所派生的强制权力与奖励权力,并且校长的参照权力、专家权力等个人权力也会因此而失去其应有的价值与意义。另外,校长更加倾向于个人权力,更加倾向使用参照权力、专家权力去影响下属,以校长的人格魅力、学识与能力去引领学校改革走内生发展之路。如果说职位权力是校长办学治校的前提和基础,那么校长个人权力则是校长实现学校深化发展,引领学校走内涵发展、特色发展的重要力量。正如美国学者霍伊和米斯克尔所指出的,"使用组织权力来发展个人权力,使用个人权力激发和生成虔敬。"❶ 所以,校长应该在职位权力的基础上加大对个人权力使用的倾斜力度,这是学校内生发展所需,也是育人所需。

三、校长应重视深入推进学校治理

何谓治理?《新华词典》的解释:(1)统治、管理,使安定有序;(2)整修,使不危害并起作用。"治理"的英文为"governance",源于拉丁文和古希腊语,原意是控制、引导和操纵。《英汉大词典》对"governance"的解释:(1)统治、管理、控制、支配;(2)统治方式、管理方法;(3)统治权、管理权;(4)被统治地位。治理理论创始人之一詹姆斯·罗西瑙(Rosenau)在其代表作《没有政府的治理》中将治理定义为,多元主体参与共同目标的活动,通过政府权力运行提供公共服务,还要通过利益激励让更多相关者参与活动。❷ 全球治理委员会在《我们的全球之家》界定,"治理是各种公共的或私人的个人和机构管理其共同事务的诸多方式的总和。它是使相互冲突的或不同的利益得以调和并且采取联合行动的持续的过程。""治理不是一整套规则,也不是一种活动,而是一个过程;治理过程的基础不是控制,而是协调;治理既涉及公共部门,也包括私人部门;治理不是一种正式的制度,而是持续的互动。"❸

"治理是一种多元化的系统思维,通过多元参与,照顾多元利益,实现良性互动,遵循过程化思维,综合运用软、硬权力,'梳''统'并举,使主体、结构、机制、过程与结果等区别于管理的理念。"❹ 治理意味着治理理念的创新发展,意味着治理主体的多元平等,意味着治理过程的协商共治,意味着治理效用的"至善至美"。从过去的学校管理走向学校治理,意味着学校管理内

❶ 霍伊,米斯克尔. 教育管理学:理论·研究·实践 [M]. 7版. 范国睿,译. 北京:教育科学出版社,2007:206.
❷ 蒋庆荣. 协同治理视角下中国高等职业教育治理模式研究 [D]. 长春:吉林大学,2018:32.
❸ 俞可平. 论国家治理现代化 [M]. 北京:社会科学文献出版社,2014:20-21.
❹ 李维安,牛剑波,等. 公司治理 [M]. 2版. 北京:北京大学出版社,2014:序1.

涵与外延的性质改变，意味着学校管理方式的根本转型，意味着学校资源的充分共享，意味着学校教育质量与效能的全面提升。学校治理的过程是行政管理部门、学校、社会组织、家长、学生及利益相关者协商共治的过程，没有多元主体的共同参与，没有合理的分权与授权，学校治理只能是领导者"一厢情愿"的意愿表达，难以体现治理的意义与价值。概言之，学校治理是指多元主体依据国家政策法规与学校章程，在既定的组织架构和制度安排下，通过平等对话、民主协商、利益协调等方式，共同参与学校教育事务，协同推进学校教育事业发展，共同实现学校教育发展目标的活动过程。

校长领导水平的提升，离不开学校治理的深入推进。如何在学校实现从管理向治理的真正跨越，必须要结合学校的特殊性、治理的独特性及学校治理的价值规定性，以问题为导向，从问题解决入手，分析学校治理的实践逻辑，解决学校治理的实践难题，提升学校治理的现代化水平。

（一）注重树立正确的学校治理观

学校治理作为治理理论在学校场域的综合运用，是一种新思想、新理论、新话语、新机制、新模式，面对全新的事物，既不能有怀旧依恋、停滞不前的意识，也不能有犹豫不决、畏首畏尾的思想，而是需要有一种继承创新、破"旧"立新的观念。继承创新就是要遵循学校治理是学校管理发展的现代形态、高级形态的规律，是在学校管理发展基础上的改变与创造；破"旧"立新就是要打破对学校管理的"深度迷恋"与"痴心不改"的思想，打破学校管理中的思维定式，建立学校治理发展的新思想、新观念，形成正确的学校治理观。学校管理与学校治理作为学校场域中的不同的理论运用及话语体系，由于学校管理在学校发展中的"先天优势"，要想实现学校治理完全超越并形成学校治理的场域与"惯习"，必须首先有治理观念的深度渗透，必须有学校管理场域内的灵魂深处的"革命"，这种"革命"是对学校管理理念改变、学校管理主体职能重新定位、学校管理模式重塑、学校管理体制机制改进、学校管理评价系统创新的新的观念认识，就是要树立正确的学校治理观念系统。随着我国政府职能逐步从管控型向服务型的转变，随着教育领域"放、管、服"改革的不断落地，随着现代学校制度改革的不断深入，要逐步打破观念认识上的定向趋势，突破惯性思维的认识误区，一方面，要自觉形成对学校治理理论认识的主动"亲近","敬而远之"只会造成更深的隔阂、更大的误解和更多的排斥，也就不可能形成对学校治理的理解与接纳；另一方面，要自觉形成与治理改革相一致的观念系统，应该迎难而上，顺势而为，形成适应学校治理改革的思维模式，进入学校治理的观念认识"轨道"。

（二）加强培养多元主体治理能力

随着教育（学校）治理时代的到来，工业化时代管理的官僚思维文化已经不能适应当今信息化时代人才的发展需要，文化土壤中一味地限制、压制、压抑人才发展的文化"基因"应不断地予以消解、消除，基于治理的价值追求更应该凸显"多问、多思、多想、多干、多担当"的人才发展文化蕴涵。在新的人才发展文化背景下，宏观上，国家应在"推进教育治理体系和治理能力现代化"重要战略任务的基础上，完善教育（学校）治理体系，推进教育（学校）治理人才发展战略，制定人才发展规划，建立教育（学校）治理能力评价指标体系，以规划和标准进一步引领规范治理人才及其能力提升的发展要求。中观上，学校应发挥治理能力提升过程中的"元治理"作用，多元主体共治过程中，即使每一主体都具备很好的组织协调能力，也很难保证实现有效共治，这就需要学校在其中发挥主导作用。学校应根据学校治理的发展需要，对其他主体参与治理的理论认知力、信息收集处理力、组织协调力、决策参与力、教育领导力、政策执行力等作出要求，不同参与主体可以结合自身角色定位，在参与共治过程中有选择地提高自身治理能力，比如，家长就可以在信息收集处理、决策参与、政策执行等能力提升方面加以侧重等。微观上，每个治理主体都需要自觉提升自身参与治理能力，这就要求每个主体要能在日常生活工作中了解教育常识，理解教育知识，树立正确的教育观、学校观、学生观，并掌握一些决策参与的基础性知识和基本技能等，这样才可能"使他们能理性表达利益诉求、整合利益诉求，并在此基础上进行理性决策，避免决策的情绪化和随意性"。❶

---

❶ 褚宏启. 自治与共治：教育治理背景下的中小学管理改革［J］. 中小学管理，2014（11）：16－18.

（三）重视建立学校治理话语体系

学校治理话语体系是在学校场域中阐明治理立场、表达观点、明确规范、建构体系的综合体现，主要包括理论话语、政策话语及实践话语。就理论话语而言，要开展学校治理的理论研究，从理论层面上进行总结梳理与创新探索，比如，要研究学校治理的发展历史、研究学校治理的国外经验、研究学校治理的现代化发展等，通过理论研究，形成对学校治理的理性认识与理论建构，建立起能够指导中小学实践发展的理论体系，既能够为多元主体的治理实践拨开迷雾、指点迷津，也能够为学校治理的有效实施奠定坚实的理论支撑和智力支持。就政策话语来看，要构建学校治理的政策法规制度体系，从政策法规制度层面进行规范与引领。因为"制度是社会生活的基础……制度一旦被人们创造出来，就会成为外在于人们的强大力量，并有助于人们理解他们所在的世界之意义，以及他们的行为在他们的世界中的意义"❶。比如，通过颁布《学校法》等对学校治理过程中的行政职能划分、权力边界、治理主体的定位、各主体之间的关系、治理参与的范围与程度、治理主体的利益回报等予以规定，从而更好地规范保障学校治理的法理基础。就实践话语来说，要建构学校治理的实践指导体系，从实践范式层面进行规范与指导，比如，可以通过凝练中小学治理理念系统、建立中小学治理结构模型、构建中小学治理评价指标体系、树立中小学治理典型范例等，从而为中小学治理实践探索提供范式与范例。学校治理话语体系的建立是学校治理走向独立、形成治理特色、产生治理效应的重要载体，也是治理理论知识有效运用的结果。"如果没有运用理论知识作指南，就像是在专业教育领导艺术的迷宫里盲目摸索，希望采取恰当的策略，然而却只能边做边猜。"❷

（四）创新完善学校治理机制

学校治理机制是学校治理过程中各要素互为联结与有效运转的润滑剂，主要包括党的领导机制、激励机制、监督机制及问责机制。一是党的领导机制。

---

❶ 坎贝尔. 制度变迁与全球化 [M]. 姚伟，译. 上海：上海人民出版社，2010：1.
❷ 欧文斯. 教育组织行为学 [M]. 7版. 窦卫霖，等译. 上海：华东师范大学出版社，2001：42.

中央组织部、教育部党组印发的《关于加强中小学校党的建设工作的意见》（中组发〔2016〕17 号）指出："加强中小学校党的建设，对于全面贯彻党的教育方针、保证社会主义办学方向、落实立德树人根本任务、办好人民满意的教育，具有重要意义。"党的十九大明确提出："坚持党对一切工作的领导。"作为新时代的学校治理场域必须加强党的建设，凸显党对学校一切工作的领导，充分发挥学校党组织的战斗堡垒作用。二是激励机制。激励可以起到发掘潜能、鼓舞士气、提升效能的作用，在学校治理改革进程中，要能够对那些坚持理论创新、坚守实践探索、构建有效范式、树立典型范例的改革主体给予更多更大的激励，既关注内部激励，也重视外部激励；既有精神激励，也有物质激励，实现激励的动态化、持续化与多元化。三是监督机制。监督是一种察看、督促与鞭策，由于中小学校承担着较为繁重的教学任务、繁杂的行政事务以及频繁的检查任务，它们在面临新事物、新改革时总会出现不积极、不主动甚至不作为的现象，这就需要采取有效方式，建立可行的监督检查机制，从而督促、鞭策它们积极行动起来。四是问责机制。学校治理作为一种学校发展更好更有效的形式，作为一种好的教育载体，需要在学校教育变革实践中加以践行，故而对于那些在学校治理实践过程中不参与、不努力、不作为的应主动问责，通过有效的问责机制促进学校治理的持续推进。

学校治理作为一种涉及内容范围比较广泛、内涵比较丰富的全新话语体系，在实现对传统学校管理超越与创新并纳入学校管理实践体系之时，势必会产生理念冲突、话语矛盾、实践错位等问题，还需要进一步明确学校治理原则等相关理论问题。

第一，多元主体共治原则。

多元主体共治是实现学校治理的重要基础。强调的是各主体共同参与、适度分权、合理授权、责任分担、权责对等、协同共治的行为。多元主体共治是把过去学校管理体系中行政管理部门、学校、社会组织、家庭及利益相关者等各自利益驱动的分散化主体聚合的结果，改变了过去各主体之间利益分散、交流不多、协调不畅、权责不等的局面，克服了片面化、碎片化及功利化的管理弊端，通过理念趋同、利益驱动、机制整合、激发活力等形成整体化、系统化的治理模式。这种治理模式是对传统单一主体"全知全能"行为的超越，是群体智慧的"多元共识"，是学校治理优越性的内在体现。"教育治理的优越性在于多元主体的民主参与。在教育治理的框架下，各种不同的教育利益诉求能得到充分表达，教育决策、教育政策与教育立法得到充分讨论与论证，并从政治生态上消除了人治显性或者隐性存在的可能性。"❶

多元主体共治具有明显的民主化、科学化特征。一方面，民主化蕴含着学校治理逐渐远离强权、独断及专制，表明治理过程更加开放、自由与包容。在民主的治理环境中，传统自上而下的机械式的、行政式的权威统治也将逐渐消解，一种新的自上而下、自下而上的协商对话的民主共治正在形成，机械僵化让位于灵活自由、行政命令让位于协商对话、权威统治逐步让位于民主共治。另一方面，科学化意味着学校治理突破了传统学校孤岛、自我封闭、"孤芳自赏"的管理局限，更加注重遵循规律、尊重多元交流、重视决策的合理化、重视育人合力的综合影响等。

第二，利益合理化原则。

利益合理化是学校治理过程中实现利益相关者共治内驱力的重要动力。学校治理是多元主体共治的结果，也是利益相关者共同参与所为，共同的目标驱动使多元主体成为利益共同体。利益合理化原则强调的是各主体全心投入、"各美其美"、合理回报、"美美与共"的行为。利益相关者理论认为和公司利益相关的所有个人以及团体都被视为公司的构成要素或者内生变量，公司追求的是利益相关者的整体利益，而不仅是某些主体的利益，公司治理应当是利益相关者利益冲突的协调机制，平衡协调利益冲突，使所有利益相关者实现利益合理化分配。为此，多元主体必须在平等协商的基础上，达成利益的合理化。

坚持利益合理化原则一方面要保证多元主体地位的平等性，"平等表达了相同性概念……两个或更多的人或客体，只要在某些或所有方面处于同样的、相同的或相似的状态，那就可以说他们是平等的。"❷ 平等为多元主体共治之间的彼此尊重与合作、沟通与对话提供了平台。行政管理部门不应是以领导者或统治者的身份唯我独尊，而是和其他主体地位平等的基础上进行民主协商、合作共进。另一方面要强化多元主体利益的整体性，整体性意味着利益的共担与共享，是多元主体共治的黏合剂、推进剂，每个主体都要为整体利益服务，

---

❶　褚宏启. 教育治理：以共治求善治 [J]. 教育研究，2014（10）：4－11.
❷　萨托利. 民主新论 [M]. 冯克利，等译. 北京：东方出版社，1998：340.

都要为实现整体利益而努力。比如，行政管理部门不能只追求教育投入的"短视"行为，学校不能只看到每年的升学率、"北清率"，社会组织不能只重视教育的经济效益等，这些都只是多元主体利益的某个方面，确实需要关注但还不全面、不完整，需要从学校整体利益的角度进行思考，重视彼此之间的整合、协作与整体运作，实现利益的整体性诉求。

第三，治理法治化原则。

治理法治化是学校治理有序推进的重要保障。法治化强调的是通过政策法规对学校教育事务的管理，代表着理性、效率、文明与秩序。其目的在于规范学校利益相关者的行为，维持正常的学校教育教学秩序，并最终保护每一个利益相关者的自由、平等及其他基本权利。没有健全的法规制度，没有法规对权力的合理支配，没有建立在法规基础上的基本规范与秩序，没有良好的法治环境，也就没有学校治理的深入推进与实施。教育部关于印发《依法治教实施纲要（2016—2020年)》的通知指出，要切实转变观念，以法治思维和法治方式推进教育综合改革，加快构建政府依法行政、学校依法办学、教师依法执教、社会依法支持和参与教育治理的教育发展新格局，全面推进教育治理体系和治理能力现代化。治理法治化已成为政府所推、社会所想、学校所需。

治理法治化首先要关注治理主体法治化，通过法律赋予治理主体资格，明确主体地位，以保障治理主体的广泛性、独立性、专业性。其次要明确治理程序与过程法治化，要建立健全行政管理法律程序、学校重大决策参与程序、学校治理决策程序、治理纠纷解决程序等，同时也要完善行政管理部门越权渎职行为、学校教育质量保障以及其他利益相关者损害学校利益行为的法律责任追究等。最后要营造法治化环境，环境形塑人们的认知方式、思维习惯及行为模式，通过法治化环境的营造，可以更好地促进学校治理新理念、新思维以及新行为模式的达成，也便于促进学校治理场域及实践"惯习"的形成。

第四，治理有效性原则。

治理有效性是衡量学校治理成效的重要体现。治理有效性越高，则治理深化发展的程度就越高，治理的优越性体现就越明显，治理超越传统学校管理的优势就越大，就越有利于学校治理话语体系、实践体系的生成。由于传统学校管理是在科层制体系影响下发展建设的，而"科层制破坏了优效组织最基本的条件：它从上而下地对学校目标、组织结构等因素提出种种要求，命令学校管理人员和教师该做哪些工作和如何去做。于是，学校没有足够的自主权发展其专长（expertise）和进行专业评定（professional judgment），也大大丧失了团队所需的灵活性"。❶ "从管理走向治理，超越的是单一权力中心对科层体系中组织和个体的指令化操控，突出的是在特定愿景引领下的互动、协作和共进。"❷ 显然，治理为学校发展提供足够的自主权并激发办学的灵活性提供了可能，为学校有效性发展提供了保证。

学校治理有效性的核心表现为对学校作为一个专业教育机构的治理，而不是把学校作为行政机构或商业机构附属物的治理，因为"首先，学校不是生产经营性组织。它的基本作用不是创造利润，或要追求直接的经济效应，而是要继承和发扬人类的文化遗产，这是人类赋予学校组织的最基本也是最崇高的历史使命。其次，学校从根本上说是一种服务性组织，它的服务对象就是学生，因此学校必须处处重视学生的利益，杜绝一切有损于学生利益的行为"❸。这就意味着治理有效性就是要关注学生的发展，就是要围绕学生发展把学校建设成为优质学校，办有质量、有品质的教育。任何抛开这一核心使命的所谓"有效性"都是没有意义的，这也是学校治理有效性的质的规定性。

教育部原部长陈宝生在全国教育大会精神贯彻落实会议上提出，要把握"转时态、转语态、转状态、转心态"的工作方法。学校治理的深入推进也需把握这种工作方法，要进入学校治理的频道与节奏，坚持学校治理话语体系，以奋进的状态、改革的办法、创新的思路以及敢于负责、勇于担当、善于作为的态度积极践行学校治理理念，建构学校治理新样态。

四、校长应自觉提升自身领导力

"在过去 50 多年中，对领导力（Leadership）的研究远远超过任何一个与组织相关的论题，不管组织是大是小，复杂或是简单，全球化或是虚拟化，有

❶ 约翰·E. 丘伯，泰力·M. 默. 政治、市场和学校［M］. 蒋衡，等译. 北京：教育科学出版社，2003：193.

❷ 董辉，杜云洁. 对教育治理及其体系与能力建设的认识与构想［J］. 教育发展研究，2015（8）：39－43.

❸ 吴志宏. 教育行政学［M］. 北京：人民教育出版社，2000：94.

效的领导力是至关重要的。人力资源研究会（The Human Resource Institute）的一次调查显示，312 名被调查者中，70% 的被调查者认为最紧迫的与人有关的问题中领导力是最重要的。"❶ "当社会变革、国际交流、信息技术、个性发展等诸多挑战与机遇降临到社会分工的每一位参与者面前时，无论我们是否身处领导者的职位，都应该或多或少地具备某些领导力。这是因为，领导力意味着我们总能从宏观和大局出发分析问题，在从事具体工作时保持自己的既定目标和使命不变；领导力也意味着我们可以更容易地跳出一人、一事的层面，用一种整体化的、均衡的思路应对更加复杂、多变的世界；领导力还意味着我们可以在关心自我需求的同时，也对自己与他人的关系给予更多的重视，并总是试图在不断的沟通中寻求一种更加平等、更加坦诚也更加有效率的解决方案……"❷ 可见，领导力是至关重要的，这已经成为当下组织发展中最需要关注的问题。

从词源来看，领导力是由英语单词"leadership"翻译过来的。在《朗文当代英语辞典》中，"leadership"的含义是"the qualities necessary in a leader"❸（领导者必备的品质或资质）；在《兰登书屋英文辞典》中，"leadership"的第 2 条含义是"ability to lead"❹（进行领导的能力）。看来，词源上一般把领导力理解为领导者必须具备的一种资质或能力。就概念本身而言，美国学者詹姆斯·库泽斯（James Kouzes）等人指出，领导力，是领导者如何激励他人自愿地在组织中作出卓越成就的能力。❺ 另一位美国学者约翰·麦斯威尔（John Maxwell）认为，领导力就是影响力。❻ 我国的一些研究者也对领导力作出了不同的理解，邱霈恩指出，从领导理论上看，领导力即指由领导素质、领导体制、领导环境和一定物质基础等多种因素综合作用所产生出来的最高组织性作用，是领导主体用以指导、推动一个组织群体或社会去应对并制胜挑战和竞

---

❶ 宗骞，赵曙明. 高绩效组织领导力的挑战 [J]. 现代管理科学，2004（1）：3-4.

❷ 李开复. 什么是领导力 [J]. 东方企业文化，2012（3）：2-3.

❸ LONGMAN GROUP UK LIMITED（ED.）. Longman Dictionary of Contemorary English [M]. Burnt Mill, Harlow：Longman House, 1987：593.

❹ FLEXNER S B. The Random House dictionary of the English language（2nd ed., unabridged）[M]. NewYork：Random House, 1987：1093.

❺ 李昌明. 领导力与造就优秀企业人才 [J]. 经济论坛，2005（6）：75-76.

❻ 中国科学院"科技领导力研究"课题组，苗建明，霍国庆. 领导力五力模型研究 [J]. 领导科学，2006（9）：20-23.

争，达到共同目标的核心力量。^❶ 王修和认为，领导力就是实施科学领导的领导者（领导班子群体），运用领导权力影响和非权力影响在实现符合规律的领导实践中，与被领导者共同作用于客观环境并产生相应的物质力量与精神力量的总和，^❷ 等等。

总体来看，领导力具有以下一些特征：（1）领导力与领导密切相关，可以认为领导力是领导的派生概念，领导力的内涵是由领导的内涵决定的，所以，领导力是在领导过程中形成、发展并服务于领导过程的能力的总称。（2）领导力也是领导者自身能否影响他人的一种素质。正如美国学者博伊德（Boyd）所言："人们对领导的界定虽然多种多样，不尽统一，但一致公认的是，领导包含了影响他人的能力——常被界定为能使他人去做没有领导就不会去做的事的能力——以及使人们接受一个群体、一个小队、一个组织应当遵循的目标、目的所带来的使命或抱负。"^❸（3）领导力是最重要的组织资源和核心竞争力之一，领导力在很大程度上决定着组织目标能否实现以及组织目标实现的程度。可见，所谓的领导力就是指在特定的组织情境中，领导者引领被领导者及其他利益相关者并持续实现组织目标的影响力。

校长领导力是指校长在国家教育方针政策的指引下，在特定的领导体制规范下，通过采取科学有效的措施，引领被领导者及其他利益相关者并持续实现学校组织目标的影响力。校长领导力以区域内学校师生员工为基础、以校长自身领导素质为先决条件、以领导决策和激励为主要形式、以学校组织愿景的实现为主要目标，集中表现为校长领导能力和领导水平的决胜实力。在学校教育改革发展过程中，这种领导力就是一股凝聚力、启发力、感召力和推动力，从根本上决定着学校组织群体或成员的内在关系、精神面貌和发展潜力，是学校教育组织有序与有效发展的黏合剂、推进剂和动力源泉。所以，校长领导力的培养和提升不仅有利于学生综合素质的提高、教师队伍的优化、和谐校园的建构、学校治理的深化以及教育质量的提升，也有利于国家教育方针政策在学校有效地贯彻落实，还有利于党在教育领域内的领导执政能力的增强乃至我国教

---

❶ 邱霈恩. 领导力：制胜新世纪的关键力量 [J]. 领导科学，2002（3）：12–13.
❷ 王修和. 谈领导与领导力 [J]. 领导科学论坛，2002（2）.
❸ 冯大鸣. 沟通与分享：中西教育管理领衔学者世纪汇谈 [M]. 上海：上海教育出版社，2002：86–87.

育水平的提升。

校长领导力具有以下一些属性：（1）教育性。教育职能是教育管理者的内在职责，培育人才是教育管理工作的核心，这就决定了教育管理本身必须具有教育性，也即管理育人。由于校长是学校教育改革发展的设计师和指挥官，学校办学理念、课程体系、学校文化、学校安全、人事安排、资源配置、素质教育等均是作为一把手的校长关注的主要议题。这些无疑都是实现人的发展所必需的，可见，校长领导力的教育性渗透在校长的点滴工作之中。（2）政治性。教育作为一种社会实践，不是独立于一个国家或一个社会的政治之外的，而是与其政治意识形态具有紧密的相关性。科根（Kogan）指出，教育就其本质而言，是政治性的，它是一种"人们所期望的人工制品，而不是一套具有不证自明的价值的程序"。❶ 琼斯（Jones）也认为，教育中虽然还存在其他政策，但就权力与权威的关系来说，政治背景仍很重要，这些关系影响着那些提到公共议事日程上来的问题，例如，如何研究与选择建议、如何使用公共资源来实施各种决策、如何分配成果等。❷ 所以，对于校长领导力而言，其隐含着政治性则是不言而喻的。（3）示范性。教育是通过言传身教、上行下效的方式发挥作用的，作为学校教育发展的主要负责人，校长在学校教育改革发展中处于重要位置，其一言一行无不对学校教育工作者甚至是学生产生积极或消极的影响。可见，校长具有很强的示范性。结合校长领导力的内在需求及基本特性，对于校长领导力的提升应关注以下几个方面的措施。

第一，应重视制度设计与建构的伦理品性。邓小平指出："我们过去发生的各种错误，固然与某些领导人的思想、作风有关，但是组织制度、工作制度方面的问题更重要。这些方面的制度好可以使坏人无法任意横行，制度不好可以使好人无法充分做好事，甚至会走向反面。"❸ 波普尔（Popper）认为："我们需要的与其说是好的人，还不如说是好的制度。甚至最好的人也可能被权力腐蚀；而能使被统治者对统治者加以有效控制的制度却将逼迫最坏的统治者去做被统治者认为符合他们利益的事。正因为这样，设计甚至使最坏的统治者也

---

❶ 瞿葆奎. 教育与教育学［M］. 北京：人民教育出版社，1993：874.

❷ 瞿葆奎. 教育与教育学［M］. 北京：人民教育出版社，1993：873 - 874.

❸ 邓小平. 邓小平文选：第二卷［M］. 北京：人民出版社，1994：333.

不会造成太大损失的制度是十分重要的。"❶ 法国教育家卢梭（Rousseau）则指出好的有德性的制度是："它知道如何才能够最好地使人改变他的天性，如何才能够剥夺他的绝对的存在，而给他以相对的存在，并且把'我'转移到共同体中去，以便使各个人不再把自己看作一个单独的人，而是看作共同体的一部分。"❷ 可见，好的制度是实现校长领导力有效发挥的重要路径。相较而言，对于现实领导制度的设计，一是要改变校长领导的任命制，实施具有一定民主基础的选任制，这既能够体现民意，也能够反映民主集中的领导意愿；二是要改变单一的行政领导考核制度，实施具有责任伦理特性的校长问责制，校长问责制既是学校教育发展的价值要求，也是社会发展的现实所需。因此，通过德性制度的设计，凸显其价值伦理的内涵，彰显人性的光芒，使制度植根于人的内心，因为没有人心的健全，制度的健全就是无本之木。对此，张康之也指出，官僚制所追求的客观化、形式合理性背后隐含着对人的否定。它把人当作一种工具，把人降低为物，从根本上否认人的价值与意义。因而，必须用人文精神来进行救治，即要超越工具理性，引入价值理性，在科学精神中加入人文精神，在公共行政领域实现公共行政的道德化。❸

第二，要重视教育行政专业化发展。教育行政专业化就是指在教育行政过程中，以教育的、专业的、发展的眼光审视和发展各项教育工作，从而使教育行政工作能够更好地遵循教育发展规律和人的发展规律，进而提升教育行政管理质量水平的过程。教育行政专业化是当今教育改革与发展的趋势与潮流，也是解决教育行政相关矛盾、提高教育行政工作效率的有效途径，同时也是教育行政人员专业化发展的重要推力和现实需要。赛克斯（Sykes）指出："所有的教育类职业都力求专业化，并倾向于在专业化的策略上相互借鉴。例如，如果教师们建立了一个委员会来确定专业标准，那么教育管理人员也会如此，其他教育类行业亦然。"在教师专业化的同时，"教育管理人员也在追求专业化，二者是平行进行的"。❹ 陶行知则强调地方教育行政是一种专门事业，他指出

❶ 卡尔·波普尔. 猜想与反驳：科学知识的增长［M］. 傅季重，等译. 上海：上海译文出版社，1986：491.
❷ 卢梭. 爱弥儿：上卷［M］. 李平沤，译. 北京：人民教育出版社，1985：6.
❸ 唐土红. 论权力伦理的核心问题［J］. 学习与实践，2009（3）：68－72.
❹ 张新平，褚宏启. 教育管理学通论［M］. 北京：高等教育出版社，2012：337.

"地方包含都市和乡村,故地方教育行政有都市和乡村教育行政两种","市教育行政以一市为行政单位,县教育以全县为行政单位。我所讨论的就是说:这种市教育行政和这种县教育行政要当他为一种专门事业看待,要以专门的目光研究他,要以专门的学术办理他"。❶ 罗廷光认为:"因了教育行政之日益科学化,所需要的专门知识和技能便益多,单凭个人一点小聪明和普通常识,绝不足以胜任愉快,于是教育行政领袖,督学或视导员及学校校长的职务,成了一种专业,正如医生、律师、工程师需要长期的专门训练一般。"❷ 褚宏启也指出,必须为教育行政设定"教育"的标准,必须从"教育"的意义上判定教育行政的质量,不能删除评价教育行政的"教育"维度,因为教育行政是对"教育"的行政管理。失去了"教育"的维度,教育行政就不再是真正的教育行政。❸看来,教育行政专业化是今天教育行政发展的必然选择,需要给予高度重视。当然,教育行政专业化发展的关键则是教育行政从业者即教育行政人员的专业化,只有如此,校长才能对学校教育改革发展以及教育教学进行有效的指导,才不会搞"瞎指挥"。因此,校长领导力的充分发挥需要有教育行政的专业化发展,只有教育行政系统实现专业化发展了,大的环境改变了,校长领导力才可能发挥更大的潜能,才可能更好地推进学校高质量发展。

第三,要重视校长自身综合素养的培养与提升。威尔森(Wilson)等人认为:"人就是推动改进的关键……换句话说,找寻学校的完美,其实不过是要从中找寻人性的完美。"❹ 无疑,校长自身综合素养的高低是其领导力能否完全发挥的重要基础,所以,应努力实现校长自身综合素养的有效提升,尤其是在专业化培养及其教育改革实践锻炼中,要能够为校长及其可能担任校长的相关行政人员创造有利的条件,使其能够更好地提升自我,并能够成为教育家型校长。陶行知则指出:"我们常见的教育家有三种:一种是政客的教育家,他只会运动,把持,说官话;一种是书生的教育家,他只会读书,教书,做文章;一种是经验的教育家,他只会盲行,盲动,闷起头来,办……办……办。

---

❶ 华中师范学院教育科学研究所. 陶行知全集:第一卷[M]. 长沙:湖南教育出版社,1984:160.
❷ 罗廷光. 教育行政:上册[M]. 福州:福建教育出版社,2008:27.
❸ 褚宏启. 教育行政专业化与教育行政职能转变[J]. 人民教育,2005(21):5-8.
❹ 华勒斯坦,等. 学科·知识·权力[M]. 刘健芝,等译. 北京:生活·读书·新知三联书店,1999:145.

第一种不必说了，第二第三种也都不是最高尚的，依我看来，今日的教育家，必定要在下列两种要素当中得了一种，方才可以算为第一流的人物。一是敢探未发明的新理；二是敢入未开化的边疆。敢探未发明的新理，即是创造精神，敢入未开化的边疆，即是开辟精神。创造时，目光要深；开辟时，目光要远。总起来说，创造开辟都要有胆量。在教育界有胆量创造的人即是创造的教育家，有胆量开辟的人即是开辟的教育家，都是第一流的人物。"❶ 这无疑也是今天校长的领导行为所要体现的，更是教育家型校长所要真正具有的素质。

期待着校长领导力在制度改进、教育行政专业化及校长个人素质提升中不断升华，使其既能够更好地贯彻国家教育方针政策，也能够更好地服务于学校教育改革发展实际，既能够遵循教育发展和人的发展的基本规律，也能够实现学校教育改革发展的创新与创造，既能够更好推动学校教育质量发展水平的提高，也能够在教育改革实践中促动"教育人"的自我发展与完善。

五、校长应重视实现领导转型

校长领导是一种复杂行为，这种行为是在一定制度环境中发生与发展的，从制度环境出发，易于理解校长领导的行为与责任。"制度理论指出，一个由上至下的力场的存在，制约了每一个相继连接层面——包括领导者、管理者及其他雇员个体的层面——行动的独立性。结果，作为个体的管理者和教师在一个制度世界从事工作，而这个世界在有意无意间不仅塑造了他们的工作模式，而且塑造了他们有关工作的思维。"❷ 在我国教育发展过程中，随着政治经济制度体系的发展变化，教育制度环境也发生了相应的变化，进而带来了教育形态的发展变迁。校长领导出现工具化导向，工具化领导无疑是一种约束与控制系统，"在这种系统中，人的口味被标准化，易受他人影响。他们的要求能够预期，虽然他们认为自己是自由的、独立的，但却更愿从事他人已安排好的活动，更愿去适应这部社会大机器，而不会与之形成冲突。他们能够在没有领袖

---

❶ 陶行知. 中国教育改造［M］. 北京：东方出版社，1996：18-19.
❷ E. 马克·汉森. 教育管理与组织行为［M］. 5 版. 冯大鸣，译. 上海：上海教育出版社，2005：388.

时仍顺从地继续做事。"❶ 所以，工具化领导对教育的"本体性价值"——促进人的全面发展的价值则关注不够。校长需要实现领导转型，转向校长的人本化领导，重点应关注以下几个方面。

（一）理念转型：从"以物为本"到"以人为本"

领导理念支配领导行为，有什么样的领导理念必将产生什么样的领导行为。校长领导的工具化隐含着以物为本的哲学思想，在校长领导过程中，关注"物"、突出"物"、强调"物"的思维成为惯性，一方面，学校所有教育行为不是从人受教育出发，而是更多地关注人与人之间的相互斗争与争权夺利，更多地关注教育所培养的"政治工具"，导致政治这个"物"被神秘化、神圣化；另一方面，学校中"以金钱为本"、效率至上也被过分强调，学校不是在办学，更像是在办商场、办工厂与办企业，人在受教育过程中成了经济发展的附属物，导致经济这个"物"被扩大化、被泛化。在这种状况下，教育发展让位于并依附于政治与经济发展，人的发展让位于"物"并依附于"物"的发展。人成为"物"支配、奴役的对象，人进一步沦为"物"的奴隶。显然，这种"以物为本"的领导理念是特定时期所形塑并适应于特定教育环境发展需要的，在人本化教育发展的现实情境中，无疑需要实现从"以物为本"向"以人为本"的理念转型。校长领导理念转向以人为本，就是要求校长在领导过程中要真正地关注人、发展人、成就人，真正地摆脱"物"统治人、支配人、奴役人的现象，使教育真正回归自身发展的正常轨道，使人的发展成为人自己主宰自己的过程，实现教育的人化与人性化，实现人支配"物"，"物"服务于人的教育价值追求。当然，校长领导理念从"以物为本"转向"以人为本"，并从"以物为本"的理念中解放出来，并不意味着校长在领导学校发展的过程中对"物"的彻底摈弃，而是要把"物"的价值真正用到"人"的发展上，发展"物"的目的归根结底就是实现人的发展，这既是教育发展的应有之义，也是校长领导价值的应有体现。

---

❶ 尼尔. 夏山学校：养育子女的最佳方法［M］. 周德，译. 北京：京华出版社，2002：序言3.

(二) 方式转型：从权力控制到权力分享

工具化取向意味着领导过程是一种自上而下的单向灌输的过程，是权力从上至下强力推进的过程。权力集中、权力控制是校长领导方式的最集中体现，这种权力控制蕴含着"我说，你做""我命令，你服从""我决策，你执行"的管理意蕴，体现着领导过程中的集权与专制。一是权力的泛化与滥用。由于领导权力缺乏有效的监督机制，校长领导过程中出现了权力的泛化与滥用现象。二是民主决策的缺乏与缺失。校长在领导过程中，以长官意志自居，独断专行，"家长式的""一言堂"决断代替了下属的决策参与。三是强调控制与强迫。管理中的"管、卡、压"现象突出，要求下属"理解的要执行，不理解的也要执行"，以控制与强迫"强奸"民意。这种集权控制式的领导，很难实现学校内涵式发展，而人本化领导在关注人的自我价值实现的过程中，更加强调权力分享，强调领导的民主与和谐，强调被领导者生活的意义与价值。权力分享的过程既能够规避权力集中所带来的专制、独裁甚至是腐败；也能够让下属真正参与学校管理，为学校发展建言献策，实现下属对校长领导的真正认同；还能够使校长领导权力敞示于阳光下，实现对权力的有效监督。所以，校长领导方式从权力控制向权力分享转型，既是学校发展的需要，更是人发展的需要。"如果领导花太多的精力到操作与维修上，到科层制度和争夺无意义的资格上，领导就意味着承受复杂、模糊、繁多局面所带来的特别后果。但对领导来说，尤其重要的是，能有机会把被领导者的生活变得更有意义。"❶

(三) 内容转型：从"一元领导"到"多元领导"

工具化领导的内容是单一的，是"一元化"的领导，是通过对"物"的领导而促成价值极大化的行为。这种"一元化"的领导既不符合教育的发展规律，也背离了人的身心发展规律。人本化领导无疑有别于工具化领导，它从人的价值多元的角度给予了规范。就人的价值实现而言，校长对学校的领导内容无疑是广泛的，从制定目标到建构愿景，从凝聚共识到文化建构，从策略规划到组织再造，从提升质量到发展人才，从绩效管理到改革创新等。《普通高

---

❶ 欧文斯. 教育组织行为学 [M]. 7版. 窦卫霖，等译. 上海：华东师范大学出版社，2001：334.

中校长专业标准》从育人的角度，对校长领导的内容进行规范，指出校长领导的内容与任务应该包括规划学校发展、营造育人文化、领导课程教学、引领教师成长、优化内部管理及调适外部环境等六个方面。《义务教育学校管理标准（试行）》从立德树人的角度对校长领导内容进行了规定，包括平等对待每位学生、促进学生全面发展、引领教师专业发展、提升教育教学质量、营造和谐安全环境及建设现代学校制度等。可见，人本化领导的"多元化"领导内容更加符合学校的发展及人的身心发展需要，更能实现学校教育的育人价值目标。

（四）价值转型：从强调理性到关注伦理

工具化领导在价值取向上更加强调理性，很少关注人的情绪情感和价值追求。校长在领导过程中，缺乏对下属的关心与关怀，缺乏人文情感，下属也缺乏应有的归属感、认同感，一个缺乏人文气息、没有"灵魂"的学校场域在侵蚀着人的精神与肉体，在规训着人的思想与行为。学校中没有"教育"、没有"人性"，有的只是威严与威权。正如范炽文所言："在学校组织中，长久以来，受到官僚体制影响下，变得较为形式化、无人情味，凡事讲求效率，追求经济目的，而行政人员也成为官僚者而非教育家，其思想长期受到理性—工具之宰制，故遇到伦理两难之问题，即以惯例、技术处理，使得学校问题，重复发生，也令人感到校园秩序与和谐度不够，文化与伦理尤待发扬。是故有效的行政运作，要有伦理规范，只求效率，而无伦理道德为指引，可能成为'强盗的行政'。"❶ 人本化领导是关注人的领导，是关注价值的领导，也是关注伦理道德的领导。由于学校是一个培养人的场所，是一个充满着伦理道德意蕴的机构，所以，校长领导从强调理性到关注伦理的价值转型则显得尤为必要，谢文全也指出："学校是一个道德机构（moral institution），除了教授知识与技能外，也要教导道德伦理。教育与学校行政人员必须遵守专业伦理规范，才配从事教育与学校行政工作，其领导也才能深得人心。"❷

---

❶ 范炽文. 教育行政研究：批判取向 [M]. 台北：五南图书出版股份有限公司，2008：118.
❷ 谢文全. 教育行政学 [M]. 台北：高等教育文化事业有限公司，2004：551.

参考文献

［1］何东昌. 中华人民共和国重要教育文献：1949—1975 ［M］. 海口：海南出版社，
1998.

［2］何东昌. 中华人民共和国重要教育文献：1976—1990 ［M］. 海口：海南出版社，
1998.

［3］何东昌. 中华人民共和国重要教育文献：1991—1997 ［M］. 海口：海南出版社，
1998.

［4］何东昌. 中华人民共和国重要教育文献：1998—2002 ［M］. 海口：海南出版社，
2003.

［5］袁振国. 论中国教育政策的转变：对我国重点中学平等与效益的个案研究 ［M］. 广
州：广东教育出版社，1999.

［6］傅禄建. 对我国重点中学发展历史的考察 ［J］. 教育评论，1994 （4）.

［7］安庆九. 一六中学党总支. 高举毛主席教育革命的旗帜 努力办好重点中学：纪念毛主
席视察我校二十周年 ［J］. 安徽教育，1978 （9）.

［8］纪大海. 对重点中学制度的再认识 ［J］. 四川师范大学学报（社会科学版），1986
（1）.

［9］于璇. 我国中西部贫困地区普通高中教育发展困境与治理路径研究 ［D］. 上海：华东
师范大学，2019.

［10］谢宁. 面向 21 世纪的基础教育和民族教育 ［M］. 北京：气象出版社，1992.

［11］赵中建. 教育的使命：面向二十一世纪的教育宣言和行动纲领 ［M］. 北京：教育科
学出版社，1996.

［12］安徽省教育厅. 安徽省教育厅草拟省、市、县、乡（镇）对小学、幼儿园分级管理
试行方案（草案）［J］. 安徽教育，1957 （12）.

［13］兴华. 一九五一年开始实行初步分级管理的财政体制 ［J］. 财政，1982 （12）.

［14］彭山县教育局. 分级管理好 教育气象新［J］. 四川教育，1985（4）.

［15］周田. 分级管理解决了教育上的一大难题［J］. 安徽教育，1986（11）.

［16］刘冬梅. 我国普通高中教育投资体制政策的价值分析［J］. 基础教育，2011（4）.

［17］刘贵华. 区域推进教育发展的若干问题［J］. 大学（学术版），2010（11）.

［18］刘世民，姚立斌. 政策支持：农村普通高中教育改革和发展的当务之急［J］. 教育
科学研究，2001（5）.

［19］王慧，梁雯娟. 新中国普及义务教育政策的沿革与反思［J］. 河北师范大学学报
（教育科学版），2015（3）.

［20］人民教育编辑部. 大力普及小学教育［J］. 人民教育，1981（2）.

［21］梁丹，王家源. 全国95.32% 的县通过国家义务教育基本均衡发展督导评估认定：义
务教育迈向优质均衡阶段［N］. 中国教育报，2020 - 05 - 19.

［22］朱鹏华. 新中国70 年城镇化的历程、成就与启示［J］. 山东社会科学，2020（4）.

［23］牛文元. 中国新型城市化报告：2012［M］. 北京：科学出版社，2012.

［24］中共中央文献研究室. 毛泽东文集：第六卷［M］. 北京：人民出版社，1999.

［25］蔡昉，都阳，杨开忠，等. 新中国城镇化发展70 年［M］. 北京：人民出版
社，2019.

［26］中国经济信息编辑部. 中国户籍管理制度变迁［J］. 中国经济信息，2002（17）.

［27］刘敏，顾严. 加快提高户籍人口城镇化率的空间情景［J］. 经济体制改革，2017
（3）.

［28］彭世华. 发展区域教育学［M］. 北京：教育科学出版社，2003.

［29］萨乔万尼. 校长学：一种反思性实践观［M］. 张虹，译. 上海：上海教育出版社，
2004.

［30］华勒斯坦，等. 学科·知识·权力［M］. 刘健芝，等译. 北京：生活·读书·新知
三联书店，1999.

［31］张新平，陈粤秀. 何谓优质学校：基于40 位教管人员的访谈研究［J］. 教育发展研
究，2011（10）.

［32］张亚群，张智玲. 高考招生向中西部贫困地区倾斜政策透视［J］. 考试研究，2014
（1）.

［33］李春玲. 新型城镇化与大流动环境下乡村教育发展的新征程及突破口［J］. 探索与
争鸣，2021（4）.

［34］毕石阳，申凯，余秀英，等. 新形势下农村普通高中办学思路与模式初探［J］. 教
育科学论坛，2015（19）.

［35］李志辉，王纬虹. 西部地区农村普通高中学生辍学现象研究：基于重庆市 8 个区（县）14 所学校的调查［J］. 教育理论与实践，2017（11）.

［36］刘云杉. "悬浮的孤岛"及其突围：再认识中国乡村教育［J］. 苏州大学学报（教育科学版），2014（1）.

［37］高书国. 重估乡村教育价值，走出中国特色现代乡村教育之路［J］. 人民教育，2018（17）.

［38］伯格. 与社会学同游：人文主义的视角［M］. 何道宽，译. 北京：北京大学出版社，2008.

［39］弗洛姆. 健全的社会［M］. 孙恺详，译. 贵阳：贵州人民出版社，1994.

［40］韦斯特. 规模［M］. 张培，译. 北京：中信出版社，2018.

［41］徐远. 从工业化到城市化：未来 30 年经济增长的可行路径［M］. 北京：中信出版社，2019.

［42］文军，沈东. 当代中国城乡关系的演变逻辑与城市中心主义的兴起：基于国家、社会与个体的三维透视［J］. 探索与争鸣，2015（7）.

［43］鲍尔. 政治与教育政策制定：政策社会学探索［M］. 王玉秋，等译. 上海：华东师范大学出版社，2003.

［44］陈旭峰. 乡村社会转型对教育转型影响的机制与路径研究［M］. 杭州：浙江大学出版社，2016.

［45］王乐. 乡村教育"离土性"的话语隐喻分析［J］. 教育研究与实验，2019（2）.

［46］库姆斯. 世界教育危机［M］. 赵宝恒，等译. 北京：人民教育出版社，2001.

［47］蒋福超，赵昌木. 乡村教育中的人、知识与社区：基于温德尔·贝瑞教育哲学的思考［J］. 国家教育行政学院学报，2020（10）.

［48］高水红. 乡村学校教育变迁与时空意识的变革［J］. 北京大学教育评论，2012（4）.

［49］布迪厄，华康德. 实践与反思：反思社会学导引［M］. 李猛，李康，译. 邓正来，校. 北京：中央编译出版社，2004.

［50］李强. 影响中国城乡流动人口的推力与拉力因素分析［J］. 中国社会科学，2003（1）.

［51］张晓峰，叶青，于天贞. 乡村学校师资困境：表现、归因与纾解［J］. 教师教育研究，2019（5）.

［52］蒋承，刘霄，戴君华，等. 当前农村高中教育的发展瓶颈与应对策略［J］. 中国教育学刊，2018（1）.

［53］洪晓静，吴倩. 乡镇是什么？：湖南省衡阳市机构垂直管理后乡镇境况调查［J］. 调研世界，2008（10）.

[54] 薛晓阳. 乡村教育与乡村建设的政策隔离及问题：以农村教育的文化责任和乡村义务为起点 [J]. 清华大学教育研究，2018（2）.

[55] 李书磊. 村落中的"国家"：文化变迁中的乡村学校 [M]. 杭州：浙江人民出版社，1999.

[56] 申卫革. 乡村教师文化自觉的缺失与建构 [J]. 教育发展研究，2016（22）.

[57] 李国平，孙瑀. 面向 2030 年的中国城镇化及其区域差异态势分析 [J]. 区域经济评论，2020（4）.

[58] 格莱泽. 城市的胜利 [M]. 刘润泉，译. 上海：上海社会科学院出版社，2012.

[59] 李强，王昊. 什么是人的城镇化？[J]. 南京农业大学学报（社会科学版），2017（2）.

[60] 邬志辉. 乡村教育现代化三问 [J]. 教育发展研究，2015（1）.

[61] 庞蒂. 知觉现象学 [M]. 姜志辉，译. 北京：商务印书馆，2001.

[62] 彭辉，边霞. 让生命在场：儿童教育的空间向度：兼论西方空间理论对儿童教育的观照 [J]. 教育研究与实验，2018（2）.

[63] 冯建军. 从同一性到差异性：重构乡村教育的正义之维 [J]. 探索与争鸣，2021（4）.

[64] 刘铁芳. 乡土的逃离与回归：乡村教育的人文重建 [M]. 福州：福建教育出版社，2011.

[65] 曾天山. 有文化的学校才是一所好学校 [J]. 中国民族教育，2021（3）.

[66] 袁桂林. 确立农村学校教育的价值坐标 [J]. 中小学管理，2019（2）.

[67] 克鲁帕特. 城市人：环境及其影响 [M]. 陆伟芳，译. 上海：上海三联书店，2013.

[68] 赵秀玲. 中国城镇化发展与城乡治理向度：以台湾城乡治理为例 [J]. 求索，2014（1）.

[69] 刘铁芳. 探寻乡村教育的基本精神 [J]. 探索与争鸣，2021（4）.

[70] 陶芳铭. 逃离与坚守：乡村教育的现实困境与路径选择：基于 A 省 N 县的调研 [J]. 现代教育科学，2021（3）.

[71] 陶行知. 中国教育改造 [M]. 北京：东方出版社，1996.

[72] 吴家莹. 跟蔡元培学当校长 [M]. 北京：首都师范大学出版社，2010.

[73] 迈克尔·富兰. 学校领导的道德使命 [M]. 中央教育科学研究所，加拿大多伦多国际学院，译. 北京：教育科学出版社，2005.

[74] 戴维·米勒. 社会正义原则 [M]. 应奇，译. 南京：江苏人民出版社，2005.

[75] 谢尔顿. 领导是什么：美国各界精英对 21 世纪领导的卓见 [M]. 王伯言，译. 上海：上海人民出版社，2000.

[76] 冯大鸣. 沟通与分享：中西教育管理领衔学者世纪汇谈 [M]. 上海：上海教育出版

社, 2002.

[77] 赫舍尔. 人是谁 [M]. 隗仁莲, 等译. 贵阳: 贵州人民出版社, 1994.

[78] 顾明远. 也谈 "教育是什么" [J]. 小学语文教学, 2000 (10).

[79] 方晓东, 李玉非. 新中国教育 60 年回顾与反思 [J]. 人民教育, 2009 (17).

[80] 褚宏启. 漫漫现代路: 我国基础教育管理 60 年简评 [J]. 中小学管理, 2009 (10).

[81] 筑波大学教育学研究会. 现代教育学基础 [M]. 钟启泉, 译. 上海: 上海教育出版社, 1986.

[82] 迪戈蕾. 学校教育 [M]. 韩晓燕, 译. 沈阳: 辽海出版社, 2000.

[83] 范国睿. 学校管理的理论与实务 [M]. 上海: 华东师范大学出版社, 2003.

[84] 王家军. 对学校管理 "唯制度主义" 症候的辨析及反思 [J]. 中小学管理, 2009 (8).

[85] 福柯. 规训与惩罚 [M]. 刘北成, 等译. 北京: 生活·读书·新知三联书店, 2003.

[86] 朱爱国, 熊效军, 石磊. 让校园闪烁人性的光芒: 解读郧县一中 "三让" 办学理念 [J]. 湖北教育, 2003 (24).

[87] 孔凡哲. 如何走出 "办学理念" 误区 [J]. 人民教育, 2015 (8).

[88] 达夫特. 领导学: 原理与实践 [M]. 3 版. 杨斌, 译. 北京: 电子工业出版社, 2008.

[89] 饶见维. 校长的情绪领导 [M]. 台北: 五南图书出版股份有限公司, 2014.

[90] 徐金海, 郑锡军. 多方提升校长领导力: 中小学校长科研、培训与自主办学现状调查 [J]. 辽宁教育, 2015 (8).

[91] 霍伊, 米斯克尔. 教育管理学: 理论·研究·实践 [M]. 7 版. 范国睿, 译. 北京: 教育科学出版社, 2007.

[92] 蒋庆荣. 协同治理视角下中国高等职业教育治理模式研究 [D]. 长春: 吉林大学, 2018.

[93] 俞可平. 论国家治理现代化 [M]. 北京: 社会科学文献出版社, 2014.

[94] 李维安, 牛剑波, 等. 公司治理 [M]. 2 版. 北京: 北京大学出版社, 2014.

[95] 褚宏启. 自治与共治: 教育治理背景下的中小学管理改革 [J]. 中小学管理, 2014 (11).

[96] 坎贝尔. 制度变迁与全球化 [M]. 姚伟, 译. 上海: 上海人民出版社, 2010.

[97] 欧文斯. 教育组织行为学 [M]. 7 版. 窦卫霖, 等译. 上海: 华东师范大学出版社, 2001.

[98] 褚宏启. 教育治理: 以共治求善治 [J]. 教育研究, 2014 (10).

[99] 萨托利. 民主新论 [M]. 冯克利, 等译. 北京: 东方出版社, 1998.

[100] 约翰·E. 丘伯, 泰力·M. 默. 政治、市场和学校 [M]. 蒋衡, 等译. 北京: 教育

科学出版社，2003.

[101] 董辉，杜云洁. 对教育治理及其体系与能力建设的认识与构想［J］. 教育发展研究，2015（8）.

[102] 吴志宏. 教育行政学［M］. 北京：人民教育出版社，2000.

[103] 宗骞，赵曙明. 高绩效组织领导力的挑战［J］. 现代管理科学，2004（1）.

[104] 李开复. 什么是领导力［J］. 东方企业文化，2012（3）.

[105] LONGMAN GROUP UK LIMITED（ED.）. Longman Dictionary of Contemorary English（new ed.）［M］. Burnt Mill, Harlow：Longman House，1987.

[106] FLEXNER S B. The Random House Dictionary of the English Language（2nd ed., unabridged）［M］. NewYork：Random House，1987.

[107] 李昌明. 领导力与造就优秀企业人才［J］. 经济论坛，2005（6）.

[108] 中国科学院"科技领导力研究"课题组，苗建明，霍国庆. 领导力五力模型研究［J］. 领导科学，2006（9）.

[109] 邱需恩. 领导力：制胜新世纪的关键力量［J］. 领导科学，2002（3）.

[110] 王修和. 谈领导与领导力［C］. 北京：中国领导科学论坛研究会会议论文集，2006.

[111] 范斯科德，等. 美国教育基础［M］. 北京师范大学外国教育研究所，译. 北京：教育科学出版社，1984.

[112] 瞿葆奎. 教育与教育学［M］. 北京：人民教育出版社，1993.

[113] 邓小平. 邓小平文选：第二卷［M］. 北京：人民出版社，1994.

[114] 卡尔·波普尔. 猜想与反驳：科学知识的增长［M］. 傅季重，等译. 上海：上海译文出版社，1986.

[115] 卢梭. 爱弥儿：上卷［M］. 李平沤，译. 北京：人民教育出版社，1985.

[116] 唐土红. 论权力伦理的核心问题［J］. 学习与实践，2009（3）.

[117] 张新平，褚宏启. 教育管理学通论［M］. 北京：高等教育出版社，2012.

[118] 华中师范学院教育科学研究所. 陶行知全集：第一卷［M］. 长沙：湖南教育出版社，1984.

[119] 罗廷光. 教育行政：上册［M］. 福州：福建教育出版社，2008.

[120] 褚宏启. 教育行政专业化与教育行政职能的转变［J］. 人民教育，2005（21）.

[121] 陶行知. 中国教育改造［M］. 北京：东方出版社，1996.

[122] E. 马克·汉森. 教育管理与组织行为［M］. 5版. 冯大鸣，译. 上海：上海教育出版社，2005.

［123］尼尔. 夏山学校：养育子女的最佳方法［M］. 周德，译. 北京：京华出版社，2002.

［124］范炽文. 教育行政研究：批判取向［M］. 台北：五南图书出版股份有限公司，2008.

［125］谢文全. 教育行政学［M］. 台北：高等教育文化事业有限公司，2004.

［126］中华人民共和国住房和城乡建设部. 中国城乡建设统计年鉴（2020）［M］. 北京：中国统计出版社，2021.

［127］中华人民共和国国家统计局. 中国统计年鉴：2002［M］. 北京：中国统计出版社，2002.

［128］中华人民共和国国家统计局. 中国统计年鉴：2003［M］. 北京：中国统计出版社，2003.

［129］中华人民共和国国家统计局. 中国统计年鉴：2004［M］. 北京：中国统计出版社，2004.

［130］中华人民共和国国家统计局. 中国统计年鉴：2005［M］. 北京：中国统计出版社，2005.

［131］中华人民共和国国家统计局. 中国统计年鉴：2006［M］. 北京：中国统计出版社，2006.

［132］中华人民共和国国家统计局. 中国统计年鉴：2007［M］. 北京：中国统计出版社，2007.

［133］中华人民共和国国家统计局. 中国统计年鉴：2008［M］. 北京：中国统计出版社，2008.

［134］中华人民共和国国家统计局. 中国统计年鉴：2009［M］. 北京：中国统计出版社，2009.

［135］中华人民共和国国家统计局. 中国统计年鉴：2010［M］. 北京：中国统计出版社，2010.

［136］中华人民共和国国家统计局. 中国统计年鉴：2011［M］. 北京：中国统计出版社，2011.

［137］中华人民共和国国家统计局. 中国统计年鉴：2012［M］. 北京：中国统计出版社，2012.

［138］中华人民共和国国家统计局. 中国统计年鉴：2013［M］. 北京：中国统计出版社，2013.

［139］中华人民共和国国家统计局. 中国统计年鉴：2014［M］. 北京：中国统计出版社，2014.

［140］中华人民共和国国家统计局. 中国统计年鉴：2015 ［M］. 北京：中国统计出版社，2015.

［141］中华人民共和国国家统计局. 中国统计年鉴：2016 ［M］. 北京：中国统计出版社，2016.

［142］中华人民共和国国家统计局. 中国统计年鉴：2017 ［M］. 北京：中国统计出版社，2017.

［143］中华人民共和国国家统计局. 中国统计年鉴：2018 ［M］. 北京：中国统计出版社，2018.

［144］中华人民共和国国家统计局. 中国统计年鉴：2019 ［M］. 北京：中国统计出版社，2019.

［145］中华人民共和国国家统计局. 中国统计年鉴：2020 ［M］. 北京：中国统计出版社，2020.

［146］中华人民共和国国家统计局. 中国统计年鉴：2021 ［M］. 北京：中国统计出版社，2021.

［147］中华人民共和国教育部发展规划司. 中国教育统计年鉴：2001 ［M］. 北京：人民教育出版社，2002.

［148］中华人民共和国教育部发展规划司. 中国教育统计年鉴：2002 ［M］. 北京：人民教育出版社，2003.

［149］中华人民共和国教育部发展规划司. 中国教育统计年鉴：2003 ［M］. 北京：人民教育出版社，2004.

［150］中华人民共和国教育部发展规划司. 中国教育统计年鉴：2004 ［M］. 北京：人民教育出版社，2005.

［151］中华人民共和国教育部发展规划司. 中国教育统计年鉴：2005 ［M］. 北京：人民教育出版社，2006.

［152］中华人民共和国教育部发展规划司. 中国教育统计年鉴：2006 ［M］. 北京：人民教育出版社，2007.

［153］中华人民共和国教育部发展规划司. 中国教育统计年鉴：2007 ［M］. 北京：人民教育出版社，2008.

［154］中华人民共和国教育部发展规划司. 中国教育统计年鉴：2008 ［M］. 北京：人民教育出版社，2009.

［155］中华人民共和国教育部发展规划司. 中国教育统计年鉴：2009 ［M］. 北京：人民教育出版社，2010.

［156］中华人民共和国教育部发展规划司. 中国教育统计年鉴：2010［M］. 北京：人民教育出版社，2011.

［157］中华人民共和国教育部发展规划司. 中国教育统计年鉴：2011［M］. 北京：人民教育出版社，2012.

［158］中华人民共和国教育部发展规划司. 中国教育统计年鉴：2012［M］. 北京：人民教育出版社，2013.

［159］中华人民共和国教育部发展规划司. 中国教育统计年鉴：2013［M］. 北京：人民教育出版社，2014.

［160］中华人民共和国教育部发展规划司. 中国教育统计年鉴：2014［M］. 北京：人民教育出版社，2015.

［161］中华人民共和国教育部发展规划司. 中国教育统计年鉴：2015［M］. 北京：中国统计出版社，2016.

［162］中华人民共和国教育部发展规划司. 中国教育统计年鉴：2016［M］. 北京：中国统计出版社，2017.

［163］中华人民共和国教育部发展规划司. 中国教育统计年鉴：2017［M］. 北京：中国统计出版社，2018.

［164］中华人民共和国教育部发展规划司. 中国教育统计年鉴：2018［M］. 北京：中国统计出版社，2019.

［165］中华人民共和国教育部发展规划司. 中国教育统计年鉴：2019［M］. 北京：中国统计出版社，2020.

［166］中华人民共和国教育部发展规划司. 中国教育统计年鉴：2020［M］. 北京：中国统计出版社，2021.

［167］中华人民共和国住房和城乡建设部. 中国城乡建设统计年鉴：2020［M］. 北京：中国统计出版社，2021.